2015年度浙江省社科联省级社会科学学术著作
出版资金资助出版（编号：2015CBZ02）

浙江省社科规划一般课题（课题编号：15CBZZ01）

当代浙江学术文库

DANGDAI ZHEJIANG XUESHU WENKU

中国宅基地权利发展研究

向　勇　著

中国社会科学出版社

图书在版编目（CIP）数据

中国宅基地权利发展研究／向勇著 . —北京：中国社会科学出版社，2016.1
（当代浙江学术文库）
ISBN 978 – 7 – 5161 – 7575 – 0

Ⅰ.①中…　Ⅱ.①向…　Ⅲ.①农村—住宅建设—土地使用权—研究—中国
Ⅳ.①F321.1

中国版本图书馆 CIP 数据核字（2016）第 022487 号

出 版 人	赵剑英	
责任编辑	田　文	
特约编辑	陈　琳	
责任校对	张爱华	
责任印制	王　超	

出　　版	中国社会科学出版社	
社　　址	北京鼓楼西大街甲 158 号	
邮　　编	100720	
网　　址	http://www.csspw.cn	
发 行 部	010 – 84083685	
门 市 部	010 – 84029450	
经　　销	新华书店及其他书店	

印　　刷	北京君升印刷有限公司	
装　　订	廊坊市广阳区广增装订厂	
版　　次	2016 年 1 月第 1 版	
印　　次	2016 年 1 月第 1 次印刷	

开　　本	710×1000　1/16	
印　　张	14.25	
插　　页	2	
字　　数	245 千字	
定　　价	55.00 元	

凡购买中国社会科学出版社图书，如有质量问题请与本社营销中心联系调换
电话：010 – 84083683

前　言

每个作者都有自己所钟爱的写作对象。我喜欢宅基地，八年来，我写了两本有关它的书。这本书是《中国宅基地立法基本问题研究》的姊妹篇。

起初，我并未看上宅基地这个研究对象，因为它就在大家的脚底下，几乎毫无秘密可言，立法也无须太多复杂规定，更重要的是，西方法律制度中找不到宅基地使用权这样的"法言法语"，中国宅基地法律制度研究，似乎是一个不可能与国际接轨并缺乏前途的课题。

然而，现实生活中，农村房屋买卖、"小产权房"建设、"城中村违章建筑"、"宅基地置换"、"地票交易"等诸多宅基地制度变革现象却在反复诉说宅基地法律制度的现实价值。宅基地法律向何处去，是我国城镇化进程中不可回避的一个重要法治命题。

2008 年我开始到各地调研宅基地利用制度改革实践情况，我发现，就事论事地讨论某个宅基地利用行为是否合法、是否正当、是否应纳入正规的法律体系或者为解决某个具体问题而提出某种立法建议，过于小看了宅基地利用制度变革的力量。我预感到，新的宅基地法律或许正在中国社会现实中萌芽。于是，我设计了一张比较"宏伟"的研究蓝图，先研究宅基地立法的基本问题，再研究宅基地立法的具体问题，并且没有时间表，我准备耗上整个下半生。所幸的是，只用了八年，就完成了两部书稿。

第一本书完成后，第二本书的写作就比较顺畅。在《中国宅基地立法基本问题研究》中，我提出了以下几个主张：（1）宅基地是农户家庭的身份物，宅基地使用权与土地承包经营权具有耦合关系，共同维系中国的农业生产秩序和农村社会秩序，宅基地使用权改革不能不系统地考虑农民的集体成员身份权和土地承包经营权。（2）宅基地法律既包括立法之法，也包括进化中的自发规则。立法之法既包括具有法律约束力的制定法，也包括事实上发挥法律作用的政策法。（3）指导中国宅基地立法的基本价值观念是集体主义不是个人主义，宅基地立法应努力通向"真集体主义"，宅基地立法应在土地公有制的前提下坚持走集体化道路。（4）事关人们居住生活的宅基地法律制度，应该尊重人们的居住生活习惯，并满足居者的生存发展需求。我认为，以上几点构成宅基地立法的中国"国情"。

基于上述主张，本书把现实中的各种宅基地利用行为和改革行为归结为"宅基地权利发展问题"，旨在研究中国社会现实中正在生长的宅基地权利，并探究其生长机理和发展规律。全书的中心观点是，宅基地权利在不同地域、不同的基层探索中会生长出不同的权能。具体来讲，宅基地使用权在城中村的宅基地上长出了平等使用权能，在开展农村副业生产的宅基地上长出了收益权能，在宅基地置换改革中的宅基地上长出定向转让权能，在地票交易改革中的宅基地上长出了复垦权能。农村集体有权处分存量宅基地，依照规划修建商品房。在城市化进程中，愿意定居城镇的农民可以和城镇居民一样，享有城市宅基地的公平占有权利。

笔者的思考始终围绕社会现实展开。权利的新生，意味着新生利益在立法者的利益衡量中获得优越地位。显然，必须充分利用中外学者的利益衡量理论来论证宅基地权利发展的正当性，但最终的判断标准依然是"国情"。能实现公地的正义、能通向"真集体主义"、能满足居住生存发展需求、能稳定农村和农业秩序、能体现执政党和居者的共同意志的利益，就应当及时得到法律的保护。

对待农民的宅基地，社会各界有不同的观点，出现了宅基地有偿退出、宅基地回收、宅基地置换、宅基地上市交易等诸多主张，在此基础上，如何合理分配宅基地增值收益、确保农户合法宅基地权益成为重要的研究课题。宅基地权利发展是对待农村集体宅基地所有权和农户宅基地使用权的另外一种态度。在城镇化进程中，农民的宅基地使用权和农村集体的宅基地所有权不仅仅只能是交易的"标的物"，更应该是由农民和农村集体支配的真正的物权。宅基地权利发展就是宅基地权利逐渐演变为由农民集体和农民"支配"的物权，即宅基地物权的权能完善。

善待农民、善待农民市民化，或许可以着眼于发展宅基地权利，而不仅仅是交换或消灭宅基地权利。

向勇

2015 年 6 月 18 日

目　录

导　论 ……………………………………………………… （1）

一　研究背景 ………………………………………………… （1）

二　文献述评 ………………………………………………… （3）

三　研究问题 ………………………………………………… （6）

四　研究内容 ………………………………………………… （8）

第一章　权利发展:宅基地改革研究的问题转向 ……………… （11）

第一节　宅基地改革中宅基地使用权变法及其争议 ………… （11）

第二节　宅基地改革合法律性问题的局限性 ………………… （15）

第三节　宅基地权利发展问题的提出 ………………………… （27）

第四节　宅基地改革研究问题转向的法律逻辑:宅基地改革的

　　　　民权性质 …………………………………………… （30）

第二章　平等使用:城中村中新生的宅基地权利 ……………… （47）

第一节　城中村违法建筑法律问题之所在 …………………… （47）

第二节　宅基地使用、使用限制与平等使用 ………………… （48）

第三节　宅基地平等使用权的生长机理:村民与政府的博弈 …… （50）

第四节　宅基地平等使用权应纳入正规法律体系 …………… （62）

第三章　经营收益:农村副业中新生的宅基地权利 …………… （68）

第一节　问题的提出 ………………………………………… （68）

第二节　宅基地经营收益权生长的实践经验 ………………… （70）

第三节　宅基地经营收益权生长的政治基础 ………………… （78）

第四章　自由转让：农房买卖契约中不可合法化的宅基地权利 …… （82）

第一节　宅基地流转概念辨析 ……………………………… （82）

第二节　中国法律对待宅基地转让的态度 ………………… （85）

第三节　农村房屋买卖中宅基地转让实践述评 …………… （88）

第四节　基于农房买卖的宅基地转让不应纳入正规法律体系 … （100）

第五章　集体处分：小产权房中新生的宅基地权利 ……… （104）

第一节　概念厘定 …………………………………………… （104）

第二节　小产权房的法律问题 ……………………………… （108）

第三节　立法限制集体宅基处分权的根源 ………………… （112）

第四节　立法限制宅基地处分的基础还能存续多久 ……… （114）

第五节　宅基地处分规则纳入正规法律体系的社会效果 … （117）

第六章　定向转让：宅基地置换中新生的宅基地权利 …… （121）

第一节　问题的提出 ………………………………………… （121）

第二节　宅基地换房的制度成因 …………………………… （123）

第三节　宅基地换房政策不能直接纳入正规法律体系 …… （127）

第四节　脱胎于宅基地换房的宅基地定向转让 …………… （139）

第七章　自主复垦：地票中新生的宅基地权利 …………… （170）

第一节　地票改革试点的目的 ……………………………… （170）

第二节　地票是不是土地发展权 …………………………… （173）

第三节　地票是不是地役权 ………………………………… （179）

第四节　地票中生长的宅基地复垦权 ……………………… （181）

第八章　公平占有：城市化中新生的宅基地权利 ………… （187）

第一节　城市化发展趋势与宅基地改革任务 ……………… （187）

第二节　城乡宅基地改革方向："同地同权"下的宅基地

　　　　公平占有权 ………………………………………… （196）

第三节　宅基地公平占有权的制度基础 ……………………（202）

参考文献 ………………………………………………（210）

后　记 …………………………………………………（218）

导　论

一　研究背景

相对于城镇住宅用地使用权而言，中国农村宅基地使用权权能残缺。依照《物权法》规定，宅基地使用权人依法对集体土地享有占有和使用的权利，而城镇商品房住宅用地使用权人依法对国有土地享有占有、使用、收益、依法流转等权利。城乡住宅用地使用权的差异化构造彰显了二者不同的立法目的。城镇商品房住宅用地使用权旨在满足城镇居民拥有城镇住房的需求，进而促进城市商品房产业发展。宅基地使用权着眼于满足农户居住需求，进而维护农业生产秩序、保障粮食安全。因此，不能简单地以宅基地使用权权能残缺为由断定现行宅基地使用权制度不合理。现行宅基地使用权是否合理，关键看宅基地使用权立法的社会背景是否发生了根本性的改变。如果社会变迁产生了不变革宅基地使用权就会阻碍社会进步的现实需求，产生了变革宅基地使用权就会促进社会发展的改革动力，那么，唯有变革才能让宅基地使用权继续保持合理性。

中国正处在社会全面转型时期，与宅基地使用权有关的社会变迁主要表现为以下三个方面：

1. 中国农民和中国农村宅基地分化情况复杂。农民主要分化为三类群体。一是已经脱离农业生产的老板，主要是建设工程的包工头、餐饮娱乐业的老板和业务骨干。二是基本脱离农业生产的农民工，高技能农民工基本上不会回家耕种土地，而低技能农民工在农忙季节或生产淡季会从事农业生产。三是主要从事农业生产的耕者，无论种粮大户还是小户，比较繁重的播种、收割等农活主要靠雇工完成。在他人土地上从事农业生产的农业工人主要依靠机械。不同群体的农民对城镇化和市民化必然有不同的诉求。不能笼统地把农民老板的诉求作为农民工和耕者的诉求，反之亦然。

农村宅基地主要分化为四类情形。一是城中村土地，分享城市土地升值和城市人口集聚带来的房屋租赁市场资源。二是城郊村土地，除分享房屋租赁市场资源外，还有土地征收的期待利益。三是远郊村土地，既无法分享房屋租赁市场资源，也无法期待土地征收利益。包括粮食生产基地和老少边穷山区。四是资源村土地，主要包括旅游资源和矿产资源。虽地处远郊，但凭借得天独厚的先天资源，能部分分享资源收益。远郊村的土地发展前景显然不能与城中村、城郊村和资源村相提并论。

正是看到了上述分化现象，贺雪峰指出，不能用笼统的农民、农村或农民土地来抽象讨论农民的权利问题，必须具体有针对性地讨论哪一部分农村的哪一部分农民的哪一部分土地权利。[①] 具体到宅基地权利研究，自然不能不充分考虑到农民的分化和宅基地的分化情况。城中村、城郊村、资源村和远郊村的宅基地发展前景不同，老板、农民工和耕者的宅基地权利诉求不同，脱胎于农业社会的宅基地权利立法显然无法完全适应上述分化现象。

2. 耕地保护和建设用地节约集约利用任务艰巨。耕地保护基本国策根源于我国人口和耕地等基本国情。不管国际粮食市场如何变化，划定一定数量的耕地面积并禁止占用是确保粮食安全的一种战略选择。在不触碰耕地保护红线的前提下拓宽城镇建设空间，出路为盘活存量建设用地。据统计，我国城镇建设用地面积达 800 万公顷左右，集体建设用地达 2500 万公顷左右。我国城镇化率 2011 年为 51.27%，人口是 13.39 亿，不剔除城镇化中的非户籍常住人口，计算出来的平均城镇人口占地面积达到 117 平方米，超过人均 100 平方米的城镇规划标准，农村人口占地面积不论按何种人口统计口径，都超过人均 300 平方米，远高于 150 平方米的人均标准。[②] 集体建设用地除少量乡镇企业用地外，大部分是农户存量宅基地。盘活这部分建设用地，足以满足城镇化建设用地需求。因而，长远来看，盘活农村存量宅基地，是拓展城镇建设用地的有效路径。但存量宅基地上有农村集体的所有权和农户的宅基地使用权，盘活存量宅基地不仅不能损害农村集体和农户的权利，反而要增加农村集体和农户受法律保护的

---

① 贺雪峰：《地权的逻辑Ⅱ：地权变革的真相与谬误》，东方出版社 2013 年版，第 20 页。
② 中国国土资源报：《存量建设用地足以支撑我国城镇化发展》（http://www.gtzyb.com/pinglun/20130305_ 32072. shtml）。

利益。这是盘活存量宅基地政策的底线。动用征收权征收宅基地基本上达不到盘活存量宅基地的目的。城中村、城郊村的宅基地征收后可直接转为城镇建设用地，但数量有限。偏远乡村的宅基地征收后恐怕难以发挥其建设用地的效用，城镇不可能建设到偏远乡村去。所以，盘活农村存量宅基地，实现存量建设用地的节约集约利用的制度变革需要反复试验、权衡利弊、衡平利益。在不征收宅基地的前提下盘活存量宅基地，必然要变革宅基地权利制度。

3. 农业转移人口市民化任重道远。农业转移人口市民化是左右我国城镇化发展水平和质量的关键因素。将近3亿的农业转移人口长期工作、生活在城镇，却难以转化为市民。影响农业转移人口市民化的因素被归结为户籍、住房、教育、医疗、社会保障、就业、收入等。其实，关键因素还是农村的土地。统一户籍制度改革后，无论是经济发达地区，还是经济欠发达地区，农户的首选还是维持农民工状态不变，不主动选择市民化，因为他们不愿舍弃宅基地使用权、土地承包经营权和农村集体成员权。现实是，农民工家庭的承包地基本上流转了，但宅基地流转情况复杂。一些人想流转，但由于存在法律障碍无法有效实现宅基地的市场价值。一些人也想流转，但由于宅基地位置偏僻缺乏流通价值。还有一些人根本不想流转宅基地，他们希望持有宅基地为自己家庭留一条生存退路或待价而沽。另外还有大部分人不能流转宅基地，因为他们要继续维持"半工半农"的生存状态。留下宅基地这块农村的"根据地"，意味着农业转移人口不可能实现彻底的市民化，城镇化建设也无法有效盘活存量宅基地。在此意义上，市民化的关键是宅基地使用权制度的变革。

一方面，宅基地权利满足农户居住需求、维护农业生产秩序、保障粮食安全的立法目的并未消失，宅基地权利立法必须稳定；另一方面，社会变迁对宅基地使用权制度提出了新的要求，宅基地权利立法不能静止不变。宅基地权利立法面临"稳中求变"的重任。

二　文献述评

我国《土地管理法》和《物权法》中规定的宅基地权利亟待改革已成社会共识。一些地方政府推行各种形式的宅基地改革试点，比如，从早期的"撤村并庄"、"三集中"，到后来的"城乡建设用地增减挂钩"名义下的"宅基地置换"、"宅基地换房"、"两分两换"、"地票交易",再到近期的"人地挂钩",改革内容均涉及存量宅基地的盘活。一些农村集体和农户自发尝试改变宅基地利用规则。例如,城中村居民突破法定的建筑面积和建筑层数在保留的宅基地上修建违章建筑。大城市周边农村集体违反土地规划集中修建面向城镇居民销售的"小产权房"。大城市周边农户违反土地管理法规定通过农房买卖形式转让宅基地使用权。宅基地权利改革事实上已经沿着自上而下和自下而上两条路径同时展开。学界有关宅基地权利如何回应社会发展挑战的研究成果众多。相关研究主要围绕宅基地收益、流转、有偿使用、继承、抵押,城中村改造,小产权房,农村房屋(宅基地)买卖,宅基地置换改革,"地票交易"改革等命题展开。主要学术主张和学术争议有:

1. 主张宅基地的商业化利用。不允许农民利用宅基地使用权抵押、出资、进行商业化利用,将严重限制农村经济发展和农村城市化进程,也不符合市场经济的基本原则。因此,必须向农民开放其宅基地商业化利用途径和规则。[1]

2. 主张赋予宅基地使用权完整的物权权能。一种观点是宅基地使用权应包含占有、使用、收益和处分的权利。[2] 具有完整物权权能的宅基地使用权可以自由买卖、出租、抵押、继承和赠与。[3] 另一种观点是增加宅基地使用权的收益权能。[4]

3. 宅基地流转的争议。一种观点是允许农村集体内部的宅基地流转。"宅基地使用权可以本着调剂余缺的原则,在本集体内成员之间协议转让,但必须经乡(镇)政府批准,而且出让方不得牟利。"[5] 另一种观点认为,宅基地使用权的转让范围没有必要局限于本集体内成员,集体建设

---

① 高富平:《土地使用权和用益物权——我国不动产物权体系研究》,法律出版社 2001 年版,第 450 页。

② 高圣平、刘守英:《集体建设用地进入市场:现实和法律困境》,《管理世界》2007 年第 3 期。

③ 刘俊:《农村宅基地使用权制度研究》,《西南民族大学学报》(人文社科版)2007 年第 3 期。

④ 朱岩:《"宅基地使用权"评释——评〈物权法草案〉第十三章》,《中外法学》2006 年第 1 期。

⑤ 王卫国:《中国土地权利研究》,中国政法大学出版社 2003 年版,第 193 页。

用地上设定的农村宅基地使用权均可自由转让。[①] 第三种观点认为，物权法必须重申禁止农村宅基地交易的现行法律政策。[②]

4. 为解决农房买卖困境，应创设"土地租赁权"，在宅基地上形成宅基地所有权、宅基地使用权和宅基地租赁权的权利结构。[③]

5. 为顺利盘活农村存量宅基地，应建立宅基地附条件退出机制和有前提的收回制度。[④]

6. 宅基地改革法律性质之争。一种观点认为，浙江模式的宅基地改革是土地发展权转移与交易。[⑤] 另一种观点认为，天津的"宅基地换房"改革是新型的土地征收。[⑥]

7. 小产权房合法性之争。主要有三种观点，一是认为小产权房不合法，主要是政府部门发文提示购买风险并禁止再建，房地产开发商极力反对小产权房合法化。二是建议合法化小产权房。没有法律明文禁止建造和销售小产权房，从现行立法的精神和利益衡量角度，应当合法化小产权房。[⑦] 三是建议法律分类处理小产权房，已经建成的和尚未建成的区分处理，以前存在的和明文禁止后继续修建的，分别适用不同的处理办法，即有些合法、有些不合法。[⑧]

8. "地票"法律性质之争。包括指标说、资格说、土地发展权说、特许权说、债权说、资本化说、利益证券化说、新型准物权说、

---

① 陈健：《中国土地使用权制度》，机械工业出版社 2003 年版，第 176—177 页。

② 孟勤国：《物权法开禁宅基地交易之辩》，《法学评论》2005 年第 4 期。

③ 韩世远：《宅基地的立法问题——兼析物权法草案第十三章"宅基地使用权"》，《政治与法律》2005 年第 5 期。

④ 陈小君、蒋省三：《宅基地使用权制度：规范解析、实践挑战及其立法回应》，《管理世界》2010 年第 10 期。

⑤ 汪晖、陶然：《论土地发展权转移与交易的浙江模式制度起源、操作模式及其重要含义》，《管理世界》2009 年第 8 期。

⑥ 万国华：《宅基地换房中的若干法律问题》，《中国房地产》2009 年第 3 期。

⑦ 参见曹俊英《关于小产权房合法化的思考》，《江苏警官学院学报》2008 年第 3 期；赵海萍《小产权房合法化问题的立法探讨》，《湖南农业大学学报》（社会科学版）2009 年第 2 期；杨海静《小产权房拷问〈物权法〉》，《河北法学》2009 年第 9 期。

⑧ 任辉：《利益衡量视角下"小产权房"的出路探究》，《西南政法大学学报》2009 年第 1 期；鲁晓明：《论小产权房流转——原罪的形成与应然法的选择》，《法学杂志》2010 年第 5 期。

地役权说等。①

总体来看，扎根中国农村现实以发现宅基地权利的基本原理，介绍、引进西方国家或地区的住宅用地法律制度，针对实践中的宅基地权利改革和宅基地利用现象开展"合法律性"论争，大致形成了我国民法学界研究宅基地权利的基本套路。但宅基地权利立法的"理性建构"和"法律移植"研究较多，宅基地权利立法的实证研究相对偏少。学术成果多半是为立法顶层设计建言献策，从基层探索中概括出的理论观点大多依附于已有的权利概念体系，认为规范我国宅基地上的新生事物应移植国外已有的权利，鲜有人提出宅基地上新生的权利或宅基地权利上新生的权能，几乎没有人从权利发展和权利发展社会理论的视角来研究宅基地权利的，更谈不上辨析宅基地新生权利和新生权能的生长机理和发展规律。未来，我国宅基地权利研究的方向或许会更加侧重于宅基地权利发展问题研究，侧重于研究宅基地新生权利与宅基地使用权新生权能的生长机理和发展规律。

三　研究问题

宅基地权利立法向何处去，是继续维持宅基地权利现有的结构和内容还是增加新的权利内容，是继续采取全国统一立法还是允许地方立法，面对宅基地利用实践中不合法律规定的做法、面对形形色色的宅基地利用制度政策改革试点，立法的态度是承认还是否定，这些问题不是单纯的立法技术问题，而是立法价值判断问题。做出准确而明智的立法价值判断，取决于研究者的立场和问题。站在不同主体的立场上，或者提出不同的问题，均可能得出不同的价值判断。

本书站在农民和农民工立场，研究宅基地权利发展问题。

20世纪末期，我国著名人权法学家夏勇提出"权利发展说"。所谓权利发展，是权利的观念、体系和保护机制的发育和生长。他认为权利发展与社会发展是互动关系。学术研究应走向权利发展的社会理论，即找出刺激或抑制权利发展的具体因素，发现不同社会场合下权利发展的共同基础

---

① 参见刘俊、杨惠、白庆兰等《地票的制度基础与法律性质》，法律出版社2012年版，第63—85页；黄忠《地票交易的地役权属性论》，《法学》2013年第6期。

和共同规律①。

"权利的发展"与"法律的生长"在西方学术体系中曾经是一个意思。法律是"客观的权利",权利是"主观的权利"。② 因而有关法律生长、成长、发展的观念可视为权利发展的理念。事实上,西方有关法律生长的思想主要针对"私域"的权利法律制度而言。莱奥尼认为,在整个西方历史上存在着三种主要的造法方式:(1)法学家之法;(2)法官所造之法;(3)立法之法。发现法律的任务主要由法学家和法官完成。③ 从法律发展规律看,权利的发展并不总是只能依靠立法之法,相反,"私域"内的权利主要是自发生成的,由法学家和法官发现社会生活中存在的权利。这种思想在卡多佐和哈耶克等学者的著作中都有专门的论述。④国内学界一般比较关注政策试点、地方法治层面上的法律和权利生长现象。一般认为法治或法治秩序既是演进的,又是建构的。⑤

虽然发展与生长概念可互换,但本书决定采用权利发展概念,这是因为在汉语语义中,生长更侧重于从无到有,发展侧重于从少到多,也能包含生长的内容。权利发展包括已有权利的权能扩张和新生权利的发育。所谓宅基地权利发展是指宅基地所有权的发展和宅基地使用权的发展,既包括宅基地权利权能的生长与扩张,也包括宅基地上新生权利的发育。

研究宅基地权利发展问题,其意义有二:

1. 现实意义。在城镇化大潮中,与宅基地权利相关的伦理的、政治的、经济的、文化的多种因素正在改变。研究宅基地权利发展旨在回应城镇化社会变迁。其现实意义在于回答宅基地权利制度如何逐步从服务于农业生产和粮食安全转向服务于城镇化和农民市民化,如何从全国统一立法转向区域地方立法,如何从身份性权利转向财产性权利等诸多问题。

①　夏勇主编:《走向权利的时代——中国公民权利发展研究》(修订版),社会科学文献出版社2007年版,第1—27页。
②　[美]罗斯科·庞德:《法理学》(第四卷),王保民、王玉译,法律出版社2007年版,第51页。
③　[意]布鲁诺·莱奥尼等:《自由与法律》,秋风译,吉林人民出版社2011年版。
④　参见[美]本杰明·内森·卡多佐《法律的生长》,刘培峰、刘骁军译,贵州人民出版社2003年版;[英]弗里德利希·冯·哈耶克《法律、立法与自由》,邓正来、张守东、李静冰译,中国大百科全书出版社2000年版。
⑤　孙笑侠等:《先行法治化:"法治浙江"三十年回顾与未来展望》,浙江大学出版社2009年版。

2. 理论意义。权利发展理论和实践是中国特色法治体系建设的重要内容。宅基地权利发展研究是具体的法治建设的一种尝试。将权利发展理论运用到民事权利发展实践中，既是法理学、法哲学理论的成果转化，也是传统民事权利理论的升华。宅基地权利发展必然要学习、借鉴西方先进文明的法治经验，但并非全盘西化。在土地公有制前提下，宅基地权利发展必然是一个结合西方法治经验，结合本国国情，尊重农民意愿，推进城镇化建设的现代化进程。宅基地权利发展研究是寻找中国特色的宅基地权利体系的一种理论探索。

四　研究内容

赋予不同区域、不同农民不同的宅基地权能，是分类解决宅基地权利发展问题的答案，也是本书的中心论点。

为论证该观点，本书结合浙江、重庆、四川、北京、广东等地宅基地改革和宅基地利用实践，分析城镇化变革对于宅基地权利发展的要求和期待，梳理学界对宅基地改革政策和宅基地利用现实的研究成果，在此基础上扎根具体事实分类研讨不同事实中宅基地新生权利和新生权能的生长机理和发展规律，论证该新生权利或新生权能是否应纳入正规法律体系。

宅基地权利发展的分类研究包括以下内容和具体问题：

1. 权利发展：宅基地改革研究的问题导向。解答宅基地改革研究为什么要从静态的是否合乎法律的问题转向动态的权利发展问题。为什么不能笼统地研究宅基地权利，而要从不同的宅基地利用现实和不同的宅基地改革实践中发现不同的宅基地新生权能和新生权利。论证宅基地改革的问题是权利发展，核心是论证宅基地改革的性质不是地方政府在行使土地行政管理权，而是农村集体和农户在行使宅基地民事权利。

2. "城中村"中新生的宅基地权利。农户依法享有宅基地使用权的使用权能，但宅基地使用权能的具体内容有待进一步明确。城中村农户自主开发利用宅基地修建超法定标准的建筑物的行为是违法行为，还是一种使用宅基地的权利创新？在城中村村民违法建筑行为中是否正在生长"宅基地平等使用权"？

3. 农村"副业"中新生的宅基地权利。我国《物权法》没有规定宅基地使用权人的收益权能，但农村"副业"政策和"农家乐"政策允许农户经营利用宅基地以获取经营收益。分析宅基地收益权能的生长机理和发展规律，论证将其纳入正规法律体系的理由。

4. "农房买卖"实践中能不能生长出宅基地自由转让权。在城市周边和风景旅游区存在大量农房买卖现象。农房买卖合同的效力与宅基地流转权能密不可分。农村房屋自由买卖意味着农村宅基地的自由转让。宅基地自由转让是否背离了宅基地立法的宗旨？构建"法定租赁权"的方式解决现有的农房买卖纠纷是否可行？是否可以根据现实情况承认"房地区分"规则，是否可以明确规定农房买卖有效、农房财产权转让合法而宅基地使用权不能自由转让的法律规则？或者基于农业、农村的规划，禁止以农房买卖或出租等形式变相转让宅基地使用权？

5. "小产权房"中新生的宅基地权利。现实中农村集体开发并面向城镇居民销售"小产权房"的行为如何定性，是妥善处理存量"小产权房"的前提。是否可以把"小产权房"的开发和销售理解为农村集体处分宅基地的行为。宅基地"处分权能"概念与宅基地流转概念如何区分。农村集体处分宅基地或许是妥善处理小产权房的方案。

6. "宅基地置换"中生长的宅基地权利。在"城乡建设用地增减挂钩"和"人地挂钩"改革中，地方政府组织了"宅基地置换"、"宅基地换房"等多种形式的宅基地利用制度改革试点，农户的宅基地使用权被置换成了新的权利形式。在政府面向农村集体和农户发出的宅基地置换要约中，在农户集中居住的城镇安置房中，或许已经生长出一种新的宅基地定向转让权利。

7. "地票"交易中新生的宅基地权利。我国成渝地区推行的"地票交易"改革中是否能生长出土地发展权，或者这种改革是否可以按照地役权规则加以规范，抑或从中会生长出什么新的宅基地权能。

8. 城镇化中新生的宅基地权利。城镇化的本意是农业转移人口的市民化。中国有近3亿蜗居在城镇的农民工，他们迫切需要像城镇居民一样购买城镇商品房，但城镇商品房价格超出了绝大多数农民工的购买力。农民工家庭在城镇享有一块宅基地是实现农民工市民化的前提条件。城镇宅基地的公平占有权是农民工家庭在城镇化进程中的基本诉求，或许这是解开农民工市民化难题的钥匙。

本书在研究上述内容时提出了宅基地权利发展的五个新观点：

1. 城中村农户享有平等开发使用宅基地的权利，即享有与城市住宅开发权的同等权利，在开发强度和开发密度上"同城同权"。

2. 农户宅基地使用权不能自由转让给城镇居民，但可统一定向转让给地方政府。

3. 农村集体享有农村存量宅基地的处分权，在符合乡镇规划的前提下，可整治存量宅基地，并出让、出租或自主经营集体存量宅基地。

4. 农户享有宅基地复垦权，有权复垦宅基地并依法获取复垦收益。

5. 农民工享有城镇宅基地公平占有权，定居城镇的农民工，一户可以享有一处城镇宅基地。

第 一 章
权利发展:宅基地改革研究的问题转向

第一节　宅基地改革中宅基地使用权变法及其争议

宅基地改革是指宅基地使用制度的变革。广义的宅基地改革包括政府部门推行的涉及宅基地利用的各种改革试点，也包括农村集体与农户自发利用宅基地的基层探索。狭义的宅基地改革专指得到授权的宅基地改革试点，而未得到改革试点授权的自发宅基地利用行为不在宅基地改革之列。政府推行的宅基地改革，当前主要以"城乡建设用地增减挂钩"和"人地挂钩"的名义进行改革试点。① 其核心是农村存量宅基地复垦为耕地。宅基地复垦为耕地后，节约出来的建设用地指标可用于增加城镇建设用地。由于增减挂钩改革是对宅基地资源的重新配置，用"宅基地改革"指称"城乡建设用地增减挂钩"改革试点或许更加直观。农村集体与农户自发利用宅基地的探索行为，如"城中村"居民在保留宅基地上修建的超过法定标准的住宅、大城市周边农村集体修建的"小产权房"、大城市周边农户出卖农房与宅基地使用权以及农户利用宅基地从事工商业生产经营等。除了"副业生产"这种利用宅基地的行为得到政府部门的支持外，其他的自主利用宅基地行为因不符合法律法规，迄今仍被认定为"违章建筑"或"无效的法律行为"。

---

① "城乡建设用地增减挂钩"是指依据土地利用总体规划，将若干拟复垦为耕地的农村建设用地地块（即拆旧地块）和拟用于城镇建设的地块（即建新地块）共同组建新拆旧项目区，通过建新拆旧和土地复垦，最终实现项目区内建设用地总量不增加，耕地面积不减少、质量不降低，用地布局更合理的土地整理工作。参见 2005 年 10 月 11 日国土资源部颁布《关于规范城镇建设用地增加与农村建设用地减少相挂钩试点工作的意见》。"人地挂钩"是在"增减挂钩"的基础上，进一步强调农村土地上的农业人口的转移。2011 年《国务院关于支持河南省加快建设中原经济区的指导意见》要求探索"人地挂钩"政策，即探索开展城乡之间、地区之间"人地挂钩"政策试点，实行城镇建设用地增加规模与吸纳农村人口进入城市定居规模挂钩、城市化地区建设用地增加规模与吸纳外来人口进入城市定居规模挂钩。

本章暂时搁置农村集体与农户自发的宅基地利用行为，专门针对狭义的宅基地改革，即带有各种改革政策试点名义的宅基地使用制度变革。

宅基地改革在严格保护耕地，加快推进城镇化建设的背景下产生。既要死守耕地"红线"，又要为城镇化建设提供建设用地，节约集约利用存量建设用地成唯一出路。农村存量宅基地面积较大①，减少农村存量宅基地，将宅基地复垦为耕地，可在耕地面积不减少的前提下，大量增加城镇建设用地指标，可谓一举多得。因此，全国各地纷纷推出宅基地改革试点。北京、天津、江苏、浙江、广东一带把这种改革称为"宅基地置换"、"宅基地换房"，成都、重庆等地叫"地票交易"。名称各异，但实质均为重新配置宅基地资源的一场土地利用制度改革。

宅基地改革并非征收农民的宅基地，只是要求农民节约、集约利用宅基地，即把宅基地上的房屋拆除，将宅基地复垦，同时在集中规划的宅基地上重建住宅。节约出来的宅基地指标往往被用于增加城镇建设用地。农民在宅基地改革中分享土地的增值收益。宅基地改革不是农村土地征收制度改革，也不是农村集体建设用地入市制度改革，而是农村存量宅基地"利用"制度的改革。②

政府推行的宅基地改革虽然没有改变宅基地的集体所有权性质，但事实上已经彻底改变了宅基地使用权的内容。农民宅基地使用权的权利性质、利益结构和价值形态均已发生变化。

其一，宅基地使用权权利性质的改变。农户的宅基地复垦为耕地，土地用途改变，宅基地使用权消灭。在复垦的土地上，生长出新的土地承包经营权。可以说，宅基地改革在土地用途改变的表象下隐藏着农户的宅基地使用权转变为土地承包经营权的实质。在多数地方，由于复垦土地上的承包经营权被批量转让，农户宅基地使用权消灭后并未换回等量的土地承包经营权，有时会换来等量土地承包经营权的转让费，更多的时候这种变更后的权利被忽略或者说被淹没在各种补贴中。当然，宅基地改革中，农户的宅基地使用权除了变更为土地承包经营权外，是否还增加了其他的权

---

① 笔者在参与嘉兴南湖区七星镇开展的宅基地置换改革动员工作中了解到，在人多地少的浙江嘉兴南湖区，农村存量宅基地户均在一亩左右，其中包含了房前屋后的自留地。房前屋后的自留地已由农户占有、使用了多年，要么修建了厨房、卫生间，要么搭建了家庭养猪场，实践中一般将其划定为宅基地的范围。

② 参见向勇《城乡建设用地增减挂钩中宅基地的定向流转》，《法治研究》2012 年第 9 期。

利,学界存有争议,本书将在论及宅基地复垦部分详述。

其二,宅基地利益结构的改变。农户的宅基地利益比较复杂,除了修建住宅、满足家庭居住需要的基本利益外,还包括利用宅基地从事副业生产等扩张利益。宅基地利益既满足了农民的生活需要,也满足了农民一部分生产需要。在一些经济发达地区,农户利用宅基地从事副业生产足以形成产业规模,能大幅提升农民的非农就业收入。比如,浙江桐乡羊毛衫产业和浙江海宁皮革产业的生产基地主要是在农户的宅基地上,一些农户的经营模式就是自家宅基地上的"前店后厂"。尚未形成这种成规模的宅基地生产利益的农村,事实上存在比较强烈的宅基地生产利益期待,或者说,农民在等待某个商业契机、等待某个创业机会,以利用宅基地实现宅基地上的生产利益。宅基地改革后,农民"上楼",集中居住在规划区的城镇住宅,住房面积变小、居住区域改变,住房、居住配套、卫生条件等方面的品质有所提升。农民整体安居利益基本不变。然而,集中居住基本消灭了农民宅基地上的副业生产利益。农民在城镇小区无法开展手工业生产,基本不能从事家禽饲养,栽种葱蒜也成奢望。由于宅基地生产利益并非宅基地上法定的显性利益,宅基地改革在有意无意间忽视了这种潜在的利益。① 在经济发达地区,宅基地可以从事副业生产的潜在利益由于能带来创业和就业机会,其价值有时甚至会高于宅基地的居住价值。

其三,宅基地使用权价值形态的改变。现行法不允许农民自由转让宅基地使用权,禁止农民向城镇居民出卖农房,也就是说,宅基地使用权始终只能表现为对宅基地的占有和使用,而不能转化为货币或其他的价值形态。在价值形态转变方面,宅基地使用权与城镇住宅建设用地使用权明显不同,后者可单独转让,也可随同住宅一并转让。宅基地改革没有把宅基地使用权改造为城镇住宅建设用地使用权,但它允许宅基地使用权中的"使用权"分离出来,并转变为货币、城镇住宅或可变现的"地票"。改变宅基地使用权的价值形态,目的不在于完善宅基地使用权制度本身,而是为了补偿农民的宅基地复垦行为。建设用地的市场价值远高于耕地,宅基地改革要对农民宅基地用途变更为耕地进行补偿。宅基地利益结构调

---

① 据笔者调查,在浙江省嘉兴市南湖区七星镇,政府在农民的呼吁下,为满足农民自留地生产的需要,为复垦宅基地的农民指定了少量的菜地,但这种补偿与宅基地的生产收益相比,差距较大。个别已经市民化的农户要求用宅基地置换生产厂房。

整后，也要对农民生产、生活的各种不便进行安抚。宅基地改革赋予宅基地建设用地指标一定价值，以补偿农民复垦宅基地的行为。因缺乏市场的价值衡量标准，谁也说不准农户在宅基地价值形态改变过程中是盈是亏。

由于宅基地改革导致宅基地使用权的改变，特别是宅基地使用权利益结构和价值形态的改变引发了广泛争议。农户的宅基地使用权具有长期使用、成员身份性、无偿分配等法律特征，是农户作为农村集体组织成员而享有的身份福利。这种身份福利或者说"身份物"本不是市场的产物，它到底值多少钱，政府很难认定，市场也难以估价。于是，宅基地置换的"利益衡平"成为宅基地改革最难啃的骨头。虽然国土资源部颁布《关于规范城镇建设用地增加与农村建设用地减少相挂钩试点工作的意见》的时间是 2005 年 10 月 11 日，但以宅基地复垦为核心的宅基地改革早在 1990 年就出现了。[①] 之所以宅基地改革缓慢推进、时断时续，主要是因为农民不时会发出不满意政府补偿的怨言。宅基地改革的"利益衡平"问题成为社会各界关注的焦点。事实上，在经济学、管理学等学科领域，宅基地改革进程中的土地增值收益分配问题成为重要的研究课题。

然而，相比"土地增值收益分配"或"利益衡平"，社会各界争议更激烈的是宅基地改革是否合法的问题。诚然，只有在宅基地改革合法成立的基础上，才能进一步讨论利益分配问题，否则，研究如何分配"不合法"收益，无异于为"分赃"出谋划策。关于宅基地改革的合法性问题，[②] 起初是由非法学领域的专家学者提出的。他们在深入了解宅基地改革实践过程中，发现一些地方存在违背农民意愿、强行收回农民宅基地、损害农民宅基地权益等违法情形。[③] 随后，法学界也有学者发现宅基地改

---

① 1990 年 1 月 3 日，在国务院批转的《国家土地管理局关于加强农村宅基地管理工作请示的通知》中提到：对一些用地分散的小村庄和零散住户，应鼓励迁并，并将原址复耕。

② "合法性"一词有广义和狭义两种含义，广义的"合法性"包含了法哲学、政治哲学意义上的"正当性"和法学意义上的"合法律性"，狭义的"合法性"即法学（特别是实证主义法学）意义上的"合法律性"。参见刘杨《法律正当性观念的转变——以近代西方两大法学派为中心的研究》，北京大学出版社 2008 年版，第 58 页。为避免不必要的反复解释，本书将直接使用"合法律性"一词。

③ 参见蒋省三、刘守英、李青《中国土地政策改革：政策演进与地方实施》，上海三联书店 2010 年版，第 294 页。

革突破了现行法规定,认为要进一步完善改革方案。① 与此相对,有学者认为宅基地改革并不违反法律禁止性规定,并努力为其寻求合乎法律的解释。② 宅基地改革的"违法说"与"合法说"相持不下,于是,宅基地改革在"暂停—启动—再停—再启动"的节奏中缓慢推进。

研究宅基地"合法律性"问题,对于约束行政机关权力、保障农民权益有一定的现实意义。然而,我国正处在现代化转型期,正处在法治中国建设进程中,正处在赋予农民更多财产权利的大变法时代,坚持宅基地改革一定要符合法律法规、不能突破某项法律规定的思维方式,是否会陷入教条,是否会阻碍宅基地"良法"的形成,值得冷静反思。

第二节 宅基地改革合法律性问题的局限性

一 宅基地改革合法律性问题未能准确把握法治的实质

认为宅基地改革违反某个法律条文或某项审批程序,进而叫停改革的做法,是法律工具思维而非法治思维的表现。法治思维与法律工具思维的不同点在于前者强调"实质合法性",后者关注"形式合法性"。③ 所有生效的法律都必须得到遵守,这是形式合法性的基本要求。被遵守的法律必须是制定得良好的,这是实质合法性的内涵。④ 只讲形式合法性不顾实质合法性,会走向法治的反面。法治初创阶段,实质合法性,即良法的形成,尤为重要。良法非固有,唯在不断变法中方能形成。变法是通向良法之路。法治意义下的变法是一个不断寻找良法的过程。发现和制定良法是法治实质合法性的体现。在这个意义上,违反了现行生效法律的宅基地改革或许不符合法治的形式合法性要求,但未必背离法治的实质合法性。因宅基地改革违反某个具体的法律条文,进而否定改革本身,是对法治合法

---

① 朱兴祥:《法律突破与利益均衡——农村土地使用权"两分两换"制度路径探索》,《法治研究》2009 年第 8 期。

② 参见汪晖、陶然《论土地发展权转移与交易的浙江模式制度起源、操作模式及其重要含义》,《管理世界》2009 年第 8 期;张鹏、刘春鑫《基于土地发展权与制度变迁视角的城乡土地地票交易探索——重庆模式分析》,《经济体制改革》2010 年第 5 期;黄忠《地票交易的地役权属性论》,《法学》2013 年第 6 期。

③ 江必新:《法治思维——社会转型时期治国理政的应然向度》,《法学评论》2013 年第5 期。

④ 参见 [古希腊] 亚里士多德《政治学》,吴寿彭译,商务印书馆 1965 年版,第 199 页。

性知识的片面运用。

变法是一个背离形式正义、通向实质正义的过程，极易引发争议。形式正义和实质正义之争，始终是法学悬而未决的疑难命题。它们分别代表了实证主义和自然法学派的根本主张。实证主义的问题意识中有着对自然法的随意性和滥用可能的忧虑和担心。为此，他们采取的策略是以"合法性"代替"正当性"，以形式正义谋求实质正义。他们希望树立法律权威，致力于生效的法律不被违背，以维护这种人力能及的"看得见的正义"。可以说，实证主义是站在自然法观念之上的一种社会治理思想。然而，在运用实证主义的观点、主张和方法分析中国变法现象时，不能忽略它的生长环境。西方社会倘若没有自然法思想的长久积淀，没有法治的长期实践，是不会诞生实证主义法学的。实证主义法学的冷静与智慧建立在自然法学大厦之上。正因为自然法学奠定了法律实质正义的基础，实证主义法学对形式正义的现实追求才成为可能。当下，在法治中国进程中，移植、借鉴西方的法学思想要充分考虑其语境，再好的思想如果脱离其社会环境和历史根基未必能在新的土壤生根发芽。在现代化转型基本完成的国家，在社会治理法律体系久经考验、运转自如的前提下，固守"看得见的正义"无疑能取得更好的社会效果。但在一个正走向现代化入口，转型刚刚开始，法治尚未建成，特别是"书本上的法"与"生活中的法"还有相当距离的国家，需要打破既有的利益格局，冲破各种阻碍现代法治进程的制度羁绊，需要更多的实质正义、更多的权利和更多适应时代发展的新的法律制度。固守经济和社会领域中旧的法律规范，在从计划经济转向社会主义市场经济的中国，无异于不思进取。

认为宅基地改革违法的研究，忽略了公法改革与私法改革的区别。宅基地改革是私法领域的改革，其"实质合法性"诉求与公法改革不同。私法的法治方向是进一步放松对权利的管制；公法的法治方向是进一步严格约束、管制权力。民众在行使权利时对种种不合理管制的突破，多半是正当的民意诉求。政府在改革管制制度时对种种不合理管制的放松，多半是一种通向实质正义的基层变法探索。在"私域"范围，不能固守改革的"合法律性"；反过来，在公共利益范围，政府行使权力时不能突破法律对权力的约束。政府不能通过改革的方式把行政权力扩大到法律禁止的领域，但可以通过改革不断限制、压缩行政权力的管制范围。而民众可以通过创新把民事权利扩张到法律不禁止的领域。因此，不能笼统地、简单地讨论宅基地改革合不合法律,而应在识别宅基地改革的法律性质的基础上来提出问题。如果宅基地改革是政府在法律规定之外放松对宅基地使用权的管制,则是私法法治化的表现,固守"看得见的正义"并指责其违法,没什么意义。倘若在宅基地改革中,政府在法律规定之外扩张了行政权力,限制、侵害农民的权利,那么,应坚决纠正政府的违法行为,使宅基地改革走向法治,迈向私法改革的正道,而不是反对宅基地改革本身。当前中国的宅基地改革不是宅基地管制权力的扩张与滥用,而是农民宅基地使用权的价值化,逻辑上属于私法领域的法制改革。即使宅基地改革违反某项现行管制法律规定,也应归入寻求宅基地用益物权实质正义的变法探索范畴,而不是什么应受谴责、应当叫停的违法行为。

认为宅基地改革违法的研究,未能准确理解"法律至上"的含义。宅基地改革的合法性研究往往把法律的条条框框视为评判改革正当与否的依据,要么认为改革只要不合法律规定就不正当,要么认为改革只要符合法律规定就是正当的,法律(通常是指狭义的法律)在他们眼里成为至高无上的权威。这是对法治含义中"法律至上"原则的误解。作为法治核心内容的"法律至上",准确的含义应是权利至上、正义至上,而非法律条文至上。或者说,法律至上,准确的译文应是权利至上。法律和权利,在罗马法中,是一个词,即"Jus"。① 法语 Droit,德语 Recht,英语 Right 等词都有法律和权利的双重含义,并且这些概念均与正义观念相融合。但在汉语中,法律与权利是内涵和外延不同的概念,法律概念在更多意义上表现为"统治阶级的意志"、"主权者的命令"。在这个意义上讲"法律至上"就偏离了"法律至上"的本意。汉语语境中,"法律至上"的准确含义是"权利至上"。同时,在现代社会,立法者不可能把"主权命令"意义上的法律摆到至高无上的地位,他们也会奉行"权利至上"。权利的形成在社会学意义上的确是由立法者规定的,是立法者意志的产物,但立法者在规定具体权利种类和内容时,并没有太多自由选择的空间和余地,必然要受制于社会的文明传统,不可能完全按照自己的意愿任意规定或不规定。只要掌握国家立法权的人不能永远居于最高地位,那么他就不会无视权利,他也不希望别人的权力能凌驾于他的权利之上。民主时

---

① 参见 [意] 彼德罗·彭梵得《罗马法教科书》,黄风译,中国政法大学出版社 1992 年版,第 23 页。

代，没有人可以世代或者一辈子掌握最高权力，如果权利不是至上的，权力不受到权利限制的话，今日掌权的人，或许会被明日的掌权者欺凌。民主国家的立法者在制定法律、规定权利时，自然会努力把权利放上神坛，而把权力圈进笼子。唯有如此，文明才能得以保存，社会和平才能得以维系，强权才能远离人们的正常生活。无论从法律概念的语源还是从立法者对待法律和权利的态度上，均可看出此前我们翻译的"法律至上"，更准确地讲应是"权利至上"。宅基地改革违反某行政管理法规定的法律条文，未必违反"权利至上"，违背某项行政许可审批程序，也未必违反"权利至上"。所谓的宅基地改革违法，或许从一开始就是一个错误的判断。

因此，在宅基地改革合法律性问题中，只有研究宅基地改革是否违背"权利至上"法则的那些内容才有法治意义，而宅基地改革违反宅基地行政管制法律法规和行政命令的那些研究，对于法治中国建设，没有太大的价值。

二 宅基地改革的合法律性问题误解了中国法的法源

认为宅基地改革违法的研究，忽视了中国法治建设的基本常识，教条式地理解中国法律渊源。仅仅把中国的法律理解为全国人大及其常委会颁布的法律和国务院制定的行政法规，显然，宅基地改革突破了这些法律的某条规定。但事实上，中国法律在法源上除了立法之外，还包括在现实中发挥重要法律作用的"政策法"。

长期以来，我国法理学教科书通常认为我国的法律渊源包括宪法、法律、行政法规、地方性法规、规章、民族自治地方的自治条例和单行条例、特别行政区的法律法规、国际条约和行政协定以及判例、习惯、道德规范和正义观念以及学说等非正式法源。不承认政策的法律地位，或者说不把政策作为中国法律的渊源之一。这种主张的形成根源于迷信西方法律渊源理论。因为在西方学者的书本中，从来没有把政策作为国家法律的渊源来看待的。比如，罗斯科·庞德关于法律渊源的分类，包括六个方面：惯例、宗教信仰、道德和哲学的观点、判决、科学探讨、立法。① 在他这

---

① ［美］罗斯科·庞德：《法理学》（第三卷），廖德宇译，法律出版社 2007 年版，第287—292 页。

里找不到政策的地位。与罗斯科·庞德的观点相对比，可以发现，中国法理学教科书，剔除了"宗教信仰"这一法的渊源，剩余的全盘照搬。

其实，只要全面把握西方法律渊源理论的实质，即可发现，所谓的法律渊源不过是"形成法律规则内容的因素，即发展和制定那些规则的力量，作为背后由立法和执法机构赋予国家权力的某种东西"①。可见，法律渊源是一种"力量"。谁拥有这种力量并非命中注定的，而是由特定人群的行为习惯所决定。可以说，作为法律渊源的这种力量是开放式的，在不同时代、不同国家，不同力量的大小和地位各不相同。例如，在中国，惯例、判决和学说就不是占主导地位的力量，甚至是微不足道的力量。但政策却显示出足够强大的力量，左右法律规范和法律原则的内容。如果接受法律渊源的"力量说"，就不能忽视政策在中国法律发展和制定方面的强大作用力。事实上，政策不仅是中国法律的渊源，而且是正式的渊源，其地位明显高于"非正式法律渊源"的惯例、判决和学说。我国《民法通则》第6条明确规定：民事活动必须遵守法律，法律没有规定的，应当遵守国家政策。中国法理学教科书把政策排斥在中国法律渊源之外，只能推定其结论是在《民法通则》颁布和实施以前得出的。无论从法律渊源的逻辑，还是中国立法的现实出发，都不能将政策排斥在中国法律渊源之外。

德国学者萨维尼指出，一个民族的特征和精神通过一定的权利观念来表述，反过来也会在一定的行为习惯中有所表现。这些行为习惯，不管是日常的、司法上的或者法学家的，在涉及人与人、人与国家的关系时都是法律，也就是说，从历史的观点看都是一种社会控制的形式。② 政策法源不过是中国人的行为习惯的表现，如同西方国家的人们习惯于法学家的法律、法官的法律一样，中国人习惯政策法。"人们认为法学家、法官或者立法者只是为这些行为习惯披上理论的、先例的或者法规条例的外衣。"③罗斯科·庞德用外衣比喻法律渊源，而法律渊源的"肉身"是行为习惯。

① ［美］罗斯科·庞德：《法理学》（第三卷），廖德宇译，法律出版社2007年版，第287页。
② 转引自［美］罗斯科·庞德《法理学》（第三卷），廖德宇译，法律出版社2007年版，第293页。
③ ［美］罗斯科·庞德：《法理学》（第三卷），廖德宇译，法律出版社2007年版，第293页。

在中国，行为习惯"肉身"上的外衣少了"理论"和"先例"这两件（或者说这两件还没有得到明确的认可），却多了国家政策这件外衣。

虽然国家政策在逻辑上和事实上是中国正式的法律渊源，但一些学者可能认为国家政策不应该作为中国法律的渊源。任何一本中国法理学教科书中，法律渊源都不包括国家政策。姑且推定他们的理由是：国家政策不应该成为法律渊源之一。

党和政府制定的政策是否"应该"成为法律与它是不是法律，是两个完全不同的问题，但不应该成为法律不能证明它不是法律。中国的政策文件在实践中发挥了法律的功能，对公民的财产和行为产生了约束力，并受到国家强制力的保障。中共中央的政策、习惯、命令甚至权威领导人的指示，有相当一部分依赖于国家强制力得以实施，成为事实上的法律规范。① 政策法是一种能够强制约束社会生活和人们行为，以一定的权利义务责任为内容的行为规则；它不来源于国家立法权，而是党政部门职能活动的产物，是被国家强制力推行实施的结果；它主要表现为政策，也包括通知指示、社论讲话等基于权力意志而发挥法律功能的形式。② 毋庸讳言，新中国成立初期，中国处在一个政策法时代，出现过"权大于法、言大于法"的情形。但不能因为政策曾经优于法律，就不承认政策法的地位，不能因为政策在理论上不应该是法律渊源，就不承认政策法是一种事实上的法律。中国的政策法过去、现在都在发挥着法律的功能，在未来很长一段时期内也将继续发挥作用，这是"法律治理渐进主义改革"的必然结果。政策法只是法律的一种表现形式，它曾经充当了"人治"的工具，但不会也不应在抛弃、反对"人治"的进程中抛弃和反对"政策法"。政策法同样可以成为"法治"状态下的法律渊源。

政策法在中国土地法律方面的重要意义和地位尤其突出。对中国农村改革具有决定性影响的土地承包经营权，最初的法律依据，恰恰是中共中央和国务院的三个一号文件。同样，宅基地上的诸多政策法，尤其是体现在中共中央一号文件和国务院文件中的宅基地政策，其实际影响力和约束力远超《土地管理法》和《物权法》的条文规定。从1962年中共中央制定《农村人民公社工作条例修正草案》，到2008年《中共中央关于推进

---

① 参见孟勤国《论当今中国的双轨法制》，《当代法学研究》1988年第2期。

② 参见孟勤国《关于政策法的若干问题研究》，《天津社会科学》1990年第1期。

农村改革发展若干重大问题的决定》，再到 2013 年《中共中央关于全面深化改革若干重大问题的决定》，有关宅基地利用的重要规则均率先出现在中共中央的政策法中。

不承认政策法法律地位的人，坚守着这样一种信念：法律只能由立法机关制定，而没有立法权的执政党颁布的政策不能成为法律。或者换了一种更加温和的表达：执政党的意志可以通过立法机关以法律的形式表现出来，没有必要承认政策法的法律地位。持上述观点的人似乎忘记了他们的结论只不过是传统"三权分立"思想的产物。要求一个不实行"三权分立"的国家，在立法上奉行"三权分立"的法则，无异于痴人说梦。更何况，即使在行政权、立法权、司法权分立的国家，法律也并非只能由立法机关制定。被诸多西方学者推崇的"法官之法"和"法学家之法"，事实上已经动摇了法律只能由立法机关制定的"机械论"。死抱着某个法律渊源理论的教条不放，无视中国政策法的现实作用，否定政策法的地位，自然会得出宅基地改革违反法律的结论。

公允地讲，政策法缺少法律规范应有的明确的行为界限，缺少法律规范应有的预定的法律后果，缺少法律应有的确定的责任追究程序，因而它在赋予自身以法律规范性质和功能的同时也因缺乏规范性而严重地削弱了自身的法律价值。① 政策法与制定法相比，具有明显的缺陷。在建设法治国家的进程中，应克服并杜绝以政策法为名，行"以言代法"的"人治"之实。但是，不能因为"人治"不时披上政策的外衣而贬低政策法的地位、忽视政策法的作用。对待政策法的态度是，让政策法走上法治轨道，让政策法成为制定法的重要补充。

必须看到，随着执政党对于政策法缺陷的认识越来越清醒，政策法的人治色彩逐渐淡去，日趋规范。特别是中共中央的政策法在民主与科学、逻辑与秩序、稳定与普适等方面已经不亚于制定法。政策法的制定在反映民意、追求科学、实现规范等方面动用的智力和财力甚至超过了制定法。

宅基地改革之所以要坚持发挥政策法的作用，主要是因为在国土面积辽阔的大一统国家搞宅基地改革，需要有中央的统一部署和安排，但又不能搞全面推进。根据实践经验，利用政策法开展立法改革试点更加稳妥、

---

① 孟勤国：《关于政策法的若干问题研究》，《天津社会科学》1990 年第 1 期。

更有回旋余地，也能在各地的反复试验中更加准确、全面地反映民意，更准确地平衡各方利益。可以说，政策法与制定法起到了一个相互配合、相互促进的作用。政策法的灵活是为制定法探路，是为了制定法将来的稳定；政策法着眼于具体问题的解决是为了弥补制定法在追求形式正义时可能造成的实质上的非正义；政策法不规定详细的责任追究机制是承认改革具有一定的试错成分，允许出现错误并宽容失败。政策法具有制定法不具备的优势，在一个全面转型的国家，它不会被轻易地替代。

中国共产党带领中国人民在走一条前人没有走过的路，在许多方面没有现成的法律体系可供借鉴和移植，需要独自探索。为了在探索的道路上少走弯路、及时调整、有章可循，相比制定法更灵活的政策法是更切合实际的选择。不能凡事都先谨慎立法、后依法行动，又不能凡事都不立规矩、任意探索。政策法作为制定法的"先锋"肩负着探路的重任。因此，不能拿制定法的标准来要求政策法。政策法的制定者比立法者有更多的自由裁量权，有更多的及时反映广大人民群众意志和利益的任务。也正因为这样，及时发现政策法的缺陷、及时纠正和改变政策法的规定与发现制定法的缺陷并提出立法完善建议，在法学研究中的地位一样重要。

宅基地法律不仅事关农民的切身利益，事关农村社会长治久安，也事关城乡统筹发展的大计方针。宅基地法律的制定不可不谨慎。西方主要国家实行的是土地私有制，他们的住宅用地法律无法直接移植到以土地公有制为前提的中国农村。中国宅基地立法只能自己探索。在探索宅基地法律的过程中不能贸然行事，更不能根据既得利益集团的意志仓促地颁布宅基地制定法。根据中国的实践经验，中共中央直接面向农村集体和农民，通过颁布政策法的形式，发布宅基地占有、使用、收益的法律规则，更有利于直接反映农村集体和农民的意愿，更有利于因形势变化而调整规则。农村集体利用集体建设用地建造乡镇企业，农户利用宅基地经营"农家乐"，都是政策法率先在发挥积极作用。在政策法的鼓励下，农民可以开展多种形式的土地经营。在经营过程发现问题后，通过政策法的调整及时纠正和改进。制定法缺乏这种优势和便利。倘若都要等待制定法颁布后农民才可以从事土地经营行为，或许会贻误时机，引发农民的不满。因此，在相当长的时期内，在中国人民自己探索公有土地的利用形式时，政策法是不可或缺的。

从广义的法律概念出发，从中国特有的法律渊源出发，宅基地改革是否违反法律规定，关键看它是否违反了国家政策。如果宅基地改革的大方向是国家政策的规定，那么，宅基地改革政策即使修改了狭义法律的规定，它也是合法的、正当的变法。在这个意义上，对宅基地改革不合法律的指责，事实上不能成立，因为这些改革总有国家政策的支撑。

三　宅基地改革的合法律性问题忽视了"政策试点"的变法经验

提出宅基地改革的合法律性问题的学者，除了因为墨守成规、不顾法律渊源理论的复杂性、忽视中国法的现实法源外，还因为他们不能正确理解我国"政策试点"的变法试验，或者说根本无视中国特有的"政策试点"的变法经验。

1. 正确认识政策试点与变法试验的关系。有人认为，既然制定了法律，就要遵守。否则即使试点成功了，但法律却被忽视，弊远大于利。①还有人认为，源于试点而来的多样性政策共同运行的结果可能会造成实验性政策与已有法律法规之间的摩擦和冲突，破坏法律的统一性、完整性。② 其实，孤立地谈论政策试点破坏法律的统一性和完整性，意义不大。政策试点与已有法律法规冲突的说法，其实是个伪问题，因为政策试点在某种意义和某种层面上就是变法试验。这一点在 2013 年上海自由贸易试验区体现得更为明显。上海自由贸易实验区享有"暂停相关法律实施权"和"变法权"。即"针对试点内容，需要停止实施有关行政法规和国务院文件的部分规定的，按规定程序办理"。"经全国人民代表大会常务委员会授权，暂时调整《中华人民共和国外资企业法》、《中华人民共和国中外合资经营企业法》和《中华人民共和国中外合作经营企业法》规定的有关行政审批，自 2013 年 10 月 1 日起在三年内试行。""上海市要通过地方立法，建立与试点要求相适应的试验区管理制度。"③ 上海自由贸易试验区的改革试点方案明确了其政策试点的变法试验性质，使得

① 参见《政协委员强烈反对征房产税　请政府给宪法面子》，《21 世纪经济报道》2011 年 1 月 26 日。

② 张建伟：《"变法"模式与政治稳定性——中国经验及其法律经济学含义》，《中国社会科学》2003 年第 1 期。

③ 《国务院关于印发中国（上海）自由贸易试验区总体方案的通知》（国发〔2013〕38 号）。

"变法类政策试点"进一步走向法治化，避免了不必要的"改革政策试点是否违法"的争论。

2. 变法试验的经验。中国的多数改革都是以"政策实施先行、法律确认在后"的顺序及形式依次展开的。农村土地家庭承包制、国有企业股份制、城镇土地使用权出让制等重大的法律制度的改革都曾在全国不同地区试点，最后由中共中央或全国性立法机关对试点成果进行总结、采纳，或者直接将其上升为法律或中央政策，或者修订完善原有法律法规的内容。政策试点是正式法律法规的一个重要来源，来自于试验点的试点成果为保障改革成果的法律的出台提供了主要素材。中国改革的现实决定了"政策试点"的一个重要功能和目标，就是填补某个领域的制度性空白，为其提供相应的内容。在填补空白的改革初期，依靠封闭式的改革试点，点滴积累制定正式法律制度所需的知识、信息和经验，是立法应有的谨慎态度。特别是稳中求变的立法变迁，更应尊重社会实践的经验和生活的常识。由于社会习俗和生活常识的形成过程极其漫长，法律不能一味等待。尤其是经济、社会和法治文明后发的国家，更需要通过主动的改革来获取进步、甚至实现赶超。这就需要立法促进社会习俗和生活常识的形成。但立法的促进可能会带来负面影响，甚至会带来不可逆转的伤害，因而必须在试点的基础上谨慎推行。在这个意义上，中国的"政策试点"是追求法治的一种理性选择，是发展中国家追求物质文明和法治文明的谨慎之举。在此背景下，改革试点政策不可能有什么现成的法律依据，也不可能去寻求什么具体的法律依据，更不可能受到现有法律法规的指导和约束。这些看似"不合法律"、"背离常规"的改革行动实际上恰好体现了基于试验性法律改革实践的常态。"破旧立新"的法律改革试验，必然要与既定法律条文相冲突，但未必会与既定的法律原则和法律精神相违背。比如，一项土地法律制度的变革可能与《土地管理法》的某个具体条文不一致，但改革试点政策可能也符合社会主义土地公有制的基本精神。这种情形是中国法律改革试验的主要表现形式。它不是一句"是否合法"就可以对它作出公允判断的复杂的变法现象。唯有转换视角、转变问题，才有可能走向客观和公允。

3. 变法试验的逻辑。变法试验是维护法律稳定性的必然要求。法律的稳定在某种意义上意味着社会秩序的稳定。一夜之间全面推开的变法，一旦失误就会导致整个社会秩序的混乱和灾难性的后果。突然的变法往往会对社会生产力造成巨大的破坏。为维护社会秩序的稳定，维护法律的稳定，维护人们长期以来的心理预期，最佳的变法过程就是事先进行变法试验。

变法试验是立法自身规律的体现。变法的首要任务是控制风险。任何理论无论多么完美、多么精确，都可能蕴含着谬误和陷阱，一项法律制度在某些国家或某个时期或许是符合公平正义的，但在另一个时期、另一个国家未必能保持公平正义。更何况，理论、法律制度都存在一个从书本到生活的过程，即使立法采用某一理论、移植了某一制度，这些法律制度和法律理论也未必会成为生活中的法律。变法试验是理论、设想、制度在实践中接受检验代价最小、风险最低的方式。尤其在国土面积辽阔、地域发展不平衡、群体诉求有差异的国家，应更加重视变法试验的经验。

变法试验是社会发展的必然产物。法律是人们的行为规范，但这并不意味着每一个人都会按照法律规范来行事。不按法律行事可能带来不好的后果，如锒铛入狱、赔偿损失、赔礼道歉等，也可能带来好的后果，如奴隶解放、男女平等、婚姻自由等。社会发展有其自身的规律和趋势，不会完全按照法律的轨道前进。立法的态度不是肆意指责社会发展，而只能是回应、适应社会发展的需要。当社会条件、环境发生重大变化时，即使立法者不主动开展变法试验，民众也会自发尝试变法，其表现形式可能是不合作、不守法、规避法律、搞变通、违法、抗法等。当社会变迁足以导致现行法律规定成为阻碍社会进步因素时，不是立法者主动做变法试验，就是民众被迫做变法试验。无论哪一种变法试验都是社会发展的必然结果，是不以统治阶级和既得利益集团的意志为转移的。

变法试验是中国共产党思想路线的内容之一。土地制度改革政策试点是中国共产党"群众路线"经验的产物。其历史根源可追溯到中国共产党在革命战争时期特别是土地改革时期的主动探索。其工作流程大致是：（1）对不同地区进行全面细致的调查研究，挑选出具备开展土改试验条件的若干地点；（2）派遣由骨干组成的工作组到试点区，负责具体实施工作；（3）定期向上级汇报试验工作进展，并组织其他地方的干部和群众到这个示范点来参观；（4）接受上级下派调查组对试验成果的检验，推广经上级确认的有益于党的方针政策的做法，把示范区的干部和积极分子分派到新的试验地区。学者在评价中国特有的政策试点时说：政策试点使得中国的制度转轨在保持稳定性的同时又不失其开拓性，是名副其实的中国经验。① "改革固然要靠一定的理论研究、经济统计和经济预测，更重要的还是要从试点着手，随时总结经验，也就是要'摸着石头过河'"。② 改革开放后，中国共产党重新确立了"实事求是"的思想路线，"政策试点"成为经济社会转型战略的重要支持性机制。在复杂且困难重重的转型环境中，改革面临着理论和实践的双重匮乏。以"政策试点"的名义及方式来推动改革进程，既可以为推进改革事业树立具有"正当性"的事实依据，也可以为多个领域改革的深入进行找到"可行性"的操作方案。通过政策试点开展变法试验是我党的一条宝贵思想经验，不断被写入党的重要文献。比如，1987 年 10 月，党的十三大报告指出："各项改革都要注重试验，鼓励探索，注意找到切实的过渡措施和办法，做到循序渐进。"③ 1992 年 10 月，党的十四大报告提出："要在改革和建设的实践中，把党的路线方针政策同本地区本部门的具体情况结合起来，勇于探索，大胆试验，及时总结经验，创造性地开展工作。"④ 十四大将政策试点的经验写入了《中国共产党党章》。十八大修改后的党章明确规定："党的思想路线是一切从实际出发，理论联系实际，实事求是，在实践中检验真理和发展真理。全党必须坚持这条思想路线，积极探索，大胆试验，开拓创新，创造性地开展工作，不断研究新情况，总结新经验，解决新问题，在实践中丰富和发展马克思主义，推进马克思主义中国化。"

诚然，政策试点意义上的变法试验也会存在各种问题，最突出的问题就是试验点对非试验点造成的负外部性。但这种负外部性的存在不是取消变法试验的理由。负外部性是某个经济行为个体的活动使他人或社会受损，而造成负外部性的人却没有为此承担成本。经济改革政策试点在带来正外部性的同时，也必然带来负外部性。主要表现为经济发展的区域不均

---

① 周望：《中国"政策试点"研究》，天津人民出版社 2013 年版，第 53 页。

② 《经济形势与经验教训》（1980 年 12 月 16 日），《陈云文选》（第三卷），人民出版社1995 年版，第 279 页。

③ 中共中央文献研究室编：《十三大以来重要文献选编》（上册），人民出版社 1991 年版，第 47 页。

④ 中共中央文献研究室编：《十四大以来重要文献选编》（上册），人民出版社 1996 年版，第 40 页。

衡、城乡发展不均衡、农业转移人口市民化难度加大、环境污染治理难度加大等。我国东部沿海地区的改革试点取得举世瞩目的成绩，但改革试点区与中西部地区经济发展的不均衡问题日益突出，农业转移人口始终无法有效地转化为改革试点区的市民、无法均衡分享试点区的改革成果。而农业转移人口的大规模就业转移，进一步加剧了转出区经济发展的困难。随着改革试验区淘汰落后产业政策的实施，高能耗、高污染等落后产业相继向中西部地区转移，落后产业和农业转移人口的转入，对转入区而言与其说是机遇，不如说是负担。先前改革试点区把落后产业和农业转移人口的包袱甩给非改革试验区，可能带来了新一轮的不平等待遇。如何让改革试点的成果惠及更多的人、更多的区域，如何实现改革试点区与非试点区之间的利益平衡，是政策试点自身面临的重大问题。解决这个问题的主要方法是"让外部性内部化（internalize the externalities）"，即通过制度安排经济主体经济活动所产生的社会收益或社会成本，转为私人收益或私人成本，经济改革试点区所获得的政策红利转变为整个社会的红利。实现外部性内部化，依然需要通过政策试点的方式进行，需要新一轮的变法试验。因此，政策试点型的变法试验产生的负外部性，不会成为消灭变法试验的内部矛盾，而会演变为激发新变法试验的因素。

第三节　宅基地权利发展问题的提出

宅基地改革的合法律性问题并非一个真正的问题，或者说，讨论宅基地改革违反什么法律规定或者符合哪个法律条文，缺乏现实意义。宅基地改革研究应从"合法律性问题"转向"权利发展问题"。

一　何谓"权利发展"

权利的发展，又叫权利的生长，或者"法的生长"。它是新权利、新法律从新的社会事实中萌芽的过程。在西方法治国家，一般而言，法是指客观的权利，而权利是指主观的法。拉丁语"Jus"有"法"和"权利"的双重含义。因而，"权利的发展"与"权利的生长"、"法的生长"在私法领域基本上可以理解为同一概念。

法的生长是"法的形成"的一部分。法的形成包括"一定的正义观和法律意识的形成"和"正义观、法律意识制度化、法律化"两个过程。① 法的生长主要体现为法的形成的前一过程，但其内涵更丰富，不仅包括正义观和法律意识的形成，更重要的是指法律规则雏形的萌芽。法律规则雏形的萌芽有两层含义。一是指根据社会生活的需要对已有法律规则的新的系统的阐述，即随着时代变迁给旧有的法律概念注入新的内容。二是指从新的社会事实中归纳、提炼、重铸新的法律概念和法律规则，即新法的发现。法律规则雏形的萌芽，属于"法的形成"过程的试错阶段。不是一旦萌芽就能成长为正规的法律，这些萌芽的新法律中蕴含的正义观和法律意识尚未上升为国家意志，尚未通过法定立法机关转化为法律。在反复试错和立法者的利益权衡中，这些已经萌芽的规则才可能逐渐被纳入正规的法律体系或者被其它法律规定所替代，也可能随着时间的流逝烟消云散。

法的生长与立法既有联系又有区别。法的生长是立法的前奏和基础。立法不可能凭空创造，立法者必然要基于某种正义观和法律意识才能发现或创制一般化的法律规则。而正义观和法律意识的形成不是立法者主观杜撰的，立法者不能脱离他所生活的社会凭空想象出社会大众尚未意识到的所谓的法律意识和正义观。正义观和法律意识必然扎根于社会现实。法的生长关注的是从社会现实中会生长出什么正义观和法律意识的问题，人们在社会交往中，究竟通过怎样的行为规则来规范相互关系，实现利益的衡平，这些正在实践的规则一定反映了社会大众的某种正义观和法律意识。

自发生长、萌芽的行为规则也许是对社会总体发展有益的，也可能是只顾眼前利益而有损长远利益的，还有可能是只对当事人双方有利，而对社会和国家有害的，在技术上可能是简洁明了的，也可能是粗糙的、漏洞明显的。因而，法的生长需要研究者根据变化的社会现实，对既有的基本权利和义务做出新的系统的阐述，或者从现实经验中提炼、归纳、重铸新的法律。而立法主要包含法律移植和法律创制，它主要不是从社会现实中发现法律规则，而是为创制或移植的法律规则寻求社会现实基础。"从社会现实生活中发现法律"与"寻找法律的现实基础"，是两种不同的思维方式，前者重归纳、提炼和总结，后者强调演绎和说明。理论上，任何法律规则都可以在社会现实中找到依据，但从社会现实生活中未必总能发现

---

① 参见孙国华《法的形成与运作原理》，法律出版社 2003 年版，第 2 页。

未来的法律。

法的生长问题促使法律人走出由法律概念构筑的法律体系城堡，走进鲜活的社会生活，观察人们互动行为中蕴含的习俗和法则，甚至要求法律人从"不合法社会领域"中发现未来的法律。在这个意义上，法律将从"主权者命令"转变为预言，法学将成为一门卓越的预言科学。法学家的优越性体现在先人一步从人们的社会生活中发现将要成为法律的东西，而不是无中生有地空想出法律。

具体到宅基地法律的生长，主要是宅基地权利的发展，即宅基地上会生长出什么新的权利或者已有的权利上会生长出什么新权能的问题。权利的发展大致包括权利的观念、体系和保护机制的发育和生长。① 宅基地权利发展研究着重研究宅基地新权利和新权能的发育和生长的机理和规律。

二　权利发展问题的重要性

权利发展问题属于现实主义法学思潮的内容。"合法律性问题"是概念法学时代的产物。受理念与存在一一对应关系、几何学的思维方式、绝对主义认识论的影响，概念法学认为法律、法律推理和法学方法足以解决法学和司法中所面临的所有问题。法律人的任务和使命就是根据法律规定，运用法律推理和法学方法判定一个行为、一个事件是违法还是合法。从而，"合法性问题"成为法律人固有的思维模式。概念法学在追求法律的确定性方面做出了巨大贡献，经《法国民法典》和《德国民法典》的广泛传播，概念法学至今依然是主流的法学思潮，尤其在中国，从法学教育到司法实践、从法学研究到立法，法律人的思维主要是概念法学的模式。然而，随着社会的发展，特别是工业化和城市化的推进，新的社会问题不断出现，"合法性问题"指引下的法学思维无法积极回应社会现实的需要。法学研究、司法实践面临着思维范式和问题的转向。在法律现实主义流派的努力下，概念法学时代的"合法性问题"逐渐转变为现实主义法学时代的"法的生长问题"。现实主义法学认为，法律职业的使命是要让滞后于时代的法律反映社会变化、回应社会现实的需要。为完成该使命，法律人的工作不再是依据既有法律条文来评判一种社会现象是合法还

---

①　夏勇主编：《走向权利的时代——中国公民权利发展研究》（修订版），社会科学文献出版社 2007 年版，第 3 页。

是违法，而是要根据社会现实的变化，对"基本的权利和义务作出一种新的系统的阐述。"① 具体而言，在面对新的复杂事件时，法律人需要对既有的法律体系进行梳理、筛选和重铸，并根据某种目的加以应用。法律人的这种思维，实质上是试错。试错的过程产生判决，试错的过程再造权利。② 形成于19世纪晚期和20世纪初期的美国法律现实主义的方法论，对于身处工业化和城市化加速推进时代的中国法律人来说，是有借鉴价值的。它将促使我们在思考新法律现象时，不妨从概念法学的"合法律性问题"转向现实主义法学的"法的生长问题"，并从中发现真正属于中国城市化和工业化的法律。

第四节　宅基地改革研究问题转向的法律逻辑：宅基地改革的民权性质

宅基地改革研究之所以要从"合法律性"问题转向"权利发展问题"，是因为宅基地改革的法律性质不是政府在行使宅基地行政管理权，而是农村集体和农户在政府的组织下行使宅基地权利。如果宅基地改革的性质是政府行使宅基地行政管理权，那么，宅基地改革研究的问题自然是"合法律性"问题，因为行政权力的行使遵循"法无授权即违法"的原则。如果宅基地改革的性质是民事主体在行使宅基地民事权利，那么，宅基地改革研究的问题就不是"合法律性"问题，因为民事权利的行使遵循"法无禁止即合法"的原则。在此意义上，宅基地改革的法律性质直接决定宅基地改革研究的问题。

一　宅基地改革法律性质被误认为行政行为的根源

宅基地改革的法律性质容易被误解为是政府在行使宅基地行政管理权，这主要是因为，一些地方政府推进宅基地改革时的出发点发生了偏差，使得一些改革措施越来越像一场地方政府与农民争夺农村土地利益的

---

① ［美］本杰明·内森·卡多佐：《司法过程的性质》，苏力译，商务印书馆1998年版，第47页。

② ［美］本杰明·内森·卡多佐：《法律的生长》，刘培峰、刘骁军译，贵州人民出版社2003年版，第28页。

赛跑。地方政府在这场比赛中正处在"腹背受敌"的境地，正面压力来自中央对土地征收条件的收紧和耕地保护的命令，背面压力来自中央对农村集体土地与国家土地"同地同权同价"改革的支持。一边是征收不到大面积农地的窘迫，另一边是农村集体土地上市的倒逼，地方政府不得不开动脑筋来争取"比赛"的胜利。各地开展的"宅基地换房"、"三集中"、"两分两换"等各种名目的宅基地改革，都带有浓厚的地方政府试图走出城市发展用地困境的目的性。

这种动机不纯的改革，从一开始就遭受质疑。如果宅基地制度改革是出于提升农民的土地收益，自然是值得称赞的。但学者发现，政府土地改革不仅没有增加农民的土地收益，反而存在损害农民土地利益的情形，这就不由人不怀疑政府土地改革的动机。

政府过去的城镇化，快速地实现了土地的城镇化，通过出让城市建设用地、大力发展城市商品房产业的城市土地经营方式，城市迅速走向了"物化"的繁荣：基础设施、高楼大厦等城市土地和空间的物理变化让城市面貌日新月异。围绕房地开发的城市产业迅猛发展，解决了绝大多数农业转移人口的城市就业问题。同时，地方政府对"土地财政"的依赖度越来越高。危机在繁荣时滋生。土地城镇化发展模式注定是不能长久的。地方政府迟早要偿还"农业转移人口市民化"这笔欠债。说它是欠债，是因为这批人口本应随着土地城镇化而市民化，却未能兑现。这笔欠债怎么还？让从土地城镇化进程中获益的开发商和权贵埋单，显然不现实。

政府想出的办法是盘活农村存量宅基地，把农民从户均将近一亩的存量宅基地上赶出来，不仅可以解决这批农民定居城市的需要，顺便还能解决农业转移人口定居城市的欠债。一亩存量宅基地仅用来修建农民公寓房，就能解决众多农业转移人口的定居问题。无论算盘怎么打，盘活农村存量宅基地，政府可一劳永逸地解决农业转移人口定居城市问题。倘若规划更细致些、谈判更充分些，政府甚至还能从中获得不少土地财政结余。

如果政府盘活农村存量宅基地的出发点仅仅在于解决城市发展的用地问题，难免会让宅基地改革的性质变成政府行为，而不是宅基地权利利用行为。

不适当的出发点，自然会带来不适当的行为后果。着眼于城市发展用地的宅基地行政管理行为在实践中存在不合理的行政权力滥用情形。

一方面表现为地方政府大包大揽土地承包经营权转让。要盘活农村存量宅基地，前提是农户流转承包地。如果农户自己耕种承包地，要让他们离开承包地附近的宅基地是不可能的。只有不在承包地上从事农业生产的农户，才有可能让出宅基地。因此，地方政府为了推动宅基地整理，就需要首先推进承包地流转。土地承包经营权转让可以彻底让农户脱离农业生产。地方政府往往选择鼓励农户转让承包地，甚至出现包揽土地承包经营权转让的现象。比如，一些地方在创新农村土地承包经营权流转时提出，镇级国有投资开发公司可以作为转让主体，经与土地发包方、承包农户协商一致后，受让农户土地承包经营权。农户自愿全部转让土地承包经营权的，按照征地标准对农民进行补偿。① 这种创新是变相国有化，使政府落入包揽土地承包经营权转让的"陷阱"，既违反土地征收的法律规定，也违反土地承包经营权转让的法律规定。土地征收是国家为了公共利益的需要，通过行政权取得他人土地所有权的行为。农户自愿全部转让土地承包经营权，不管受让方是谁，其法律性质都是土地承包经营权流转，是一种民事法律行为，这里没有任何国家行为，不能变成征收。但是，改革试点政策把土地承包经营权流转变成了事实上的征收行为。这种所谓的创新规避了《土地管理法》，也损害了农民的权益。因为土地承包经营权转让价格，由农民与受让方协商，农民可根据市场变化情况决定是否转让以及何时转让，而政府按照征地标准补偿，侵害了农民自主决定转让价格的权利。此外，这种所谓的创新也违反了《农村土地承包法》。土地承包经营权转让的立法宗旨一方面是为了方便有条件的农民退出土地的耕种，另一方面是为确保土地得到持续不断的利用，因此，法律对农村土地承包经营权转让的转让方和受让方都做出了限制。对转让方的限制是"承包方有稳定的非农收入或者有稳定的收入来源"，没有稳定收入，即使承包方自愿也不能转让；对受让方的限制是"从事农业生产经营的农户"。倘若没有这种限制，允许自由转让，可能出现农民失去最基本、最可靠的生存保障和发展依靠，或者出现受让方闲置土地、囤积炒卖等现象，不管哪种情形都是国家不愿意看到的。可见，"镇级国有投资开发公司"作为受让方的政策创新突破了法律限制的底线。土地承包经营权是农民法定的物权，除了征收，不能通过任何其他制度创新方式加以剥夺。政府包揽土地承包

---

① 参见《中共嘉兴市委、嘉兴市人民政府关于深化完善"两分两换"加快推进统筹城乡发展的若干意见》（嘉委［2010］12号）。

经营权转让的创新行为,其实是自掘"陷阱",因为多年以后,农民可以政府包揽的转让行为违法为由,诉请该转让行为无效,政府不得不还回承包地或者让农户继续承包,而受让人或二次受让人的损失也需要政府弥补,结果将难以收拾。

另一方面,政府一次性"买断"宅基地使用权的做法存在法律隐患。(1)农民用宅基地交换到的城镇公寓房产权性质不明。如果这些城镇公寓房的用地为划拨土地,那么农民上市交易房屋需要重新补交土地出让金,按照什么标准交,谁都不清楚。如果城镇公寓房的用地为集体土地,则农民无法上市交易房屋。如果城镇公寓房的用地是国有建设用地,农民享有建设用地使用权,那么70年期限届满,他们的土地使用权续期问题如何处理,农民过去长期使用的宅基地使用权变成了有期限的建设用地使用权,他们能否接受?(2)宅基地置换合同中有农民"永久放弃宅基地,不再享受、使用农村宅基地的权利"的约定,该约定不靠谱。农村集体成员申请分配宅基地的权利不会因当事人之间的合同约定而自动消失。农民在政府制订的置换格式合同中做出"永久放弃宅基地,不再享受、使用农村宅基地的权利"的承诺,在法律上不会真正产生宅基地申请权消灭的法律后果。这个约定只是让政府或村集体得到一个合同法上的债权请求权,即请求农民依照合同约定放弃宅基地并放弃重新申请宅基地的请求权。假如农民不履行合同义务,法律因该合同义务带有身份性质而不会强制农民实际履行,也就是说,农民可在多年以后,违反合同约定,要回自己的宅基地或者重新申请宅基地。宅基地换房合同产生的"债权请求权"无法对抗农民的集体成员权。政府一次性买断农民的宅基地使用权,最终结果很可能事与愿违。

综上,宅基地改革不可能也不应该成为一种政府的行政行为。政府要做的只是组织和协调农村集体和农民的宅基地利用行为,而不是行使宅基地行政管理权。

二 宅基地改革法律性质是农民行使权利的行为

法律上,宅基地所有权属于农村集体,宅基地使用权属于农户,宅基地改革应确保宅基地利用权利主体不变。改革的本意是把不合理的改变为合理的,不能把合理的法律规定改变为不合理的做法。法律把宅基地利用权利交给农民,是一种合理的立法选择,是中国农村社会长期发展经验的产物。法律不允许资本入侵农村宅基地，也不允许权力侵害农民土地权益，更不能容忍权力与资本联手剥夺农民。任何改革试点都不能把这种合理的、合法的东西改掉了。

宅基地改革在法律性质上只能是农民的权利。这首先是因为宅基地改革是在现行宅基地权利体系的基础上进行，是在维系宅基地权利体系合理部分的基础上，对不合理部分、不适应社会发展的部分加以修正和完善。作为宅基地权利主体的农民才有资格自主"修补"自己的权利。（1）宅基地权利在宅基地管理权力之上。宅基地所有权与宅基地使用权的法律效力均在土地管理权力之上。任何政府机关必须在全国人大及其常委会制定的法律和国务院制定的行政法规的范围内行使宅基地管理权力。对于《物权法》保护的土地物权，任何政府机关都不能侵犯。《物权法》是全国人大制定通过的，《土地管理法》是全国人大常委会颁布的，就法律的地位而言，前者高于后者。因此，当土地物权与土地管理权力发生冲突时，土地管理权不能凌驾在土地物权之上。政府行使宅基地管理权不能越过宅基地物权。（2）宅基地使用权不能以任何非法律规定的方式消灭、消解。政府不能通过任何鼓励、劝说等方式让农民放弃宅基地权利。理论上，权利可以放弃，但具有人身性质的权利原则上不允许放弃。宅基地使用权只有农民才能享有，具有身份性，它在相当长的时期内都是农民安身立命的基本身份福利。农民可以无偿取得、长期使用，作为理性人不可能放弃这种没有任何法律负担的身份福利。法律也不允许宅基地自由流转。在这种情形下，政府如果有权鼓励农民放弃宅基地，就等于绕开了法律禁止宅基地流转的规定，违背了立法规定宅基地为身份物的立法精神，并侵害了农民的基本财产权利。（3）宅基地使用权的行使只受法律和行政法规的限制，不受任何其他政策文件的限制。宅基地是用来修建住宅的建设用地。农户在利用宅基地修建住宅时，只要不违反法律和行政法规（包括法律、行政法规授权的立法），可自主决定如何利用宅基地。地方政府不能在法律、行政法规授权的范围之外，擅自决定宅基地权利行使的条件和程序。因而，宅基地利用制度改革不属于地方政府改革的权限范围。开展宅基地利用制度改革试点，应在全国人大或国务院的统一安排下进行。

其次，宅基地改革作为农民的权利更有利于发挥民间探索精神。农地归属，事关国家利益，法律基于国家、社会公共利益决定农地所有权的内容和所有权的行使，因而自上而下的立法之法是不可避免的。但是农村存量宅基地的利用，主要关系到个人利益，如何公平、高效地利用宅基地的相关立法未必一定要按照公法的思路来设计。立法者和普通人一样会受到人类智识的限制，不可能事事都能做出准确的预判。把所有的法律规则都交由立法者去创造，这样创造出来的法律与预言家的预言一样，既不确定也不可靠。如何利用宅基地才能获得更好的结果，只有真正利用宅基地的人最清楚，只有利用宅基地的人才知道他们需要怎样的宅基地利用规则。立法者的任务是从宅基地利用行为中分辨出哪些是基于自然规律和生活习惯而生成的合理规则，哪些是不利于集体利益、甚至不利于个人利益的不合理的做法。在此基础上，立法者将宅基地利用人在实际生活中"发明"的合理规则变成要求大家普遍遵守的法律规则。宅基地利用，说到底是一个私人生活领域的问题，从私人利用行为中发现法律规则，更符合私法制定的逻辑。

最后，宅基地改革是农民的权利更有利于监控宅基地行政管理权力。农村宅基地的数量越多，农用地的数量就越少。为保障粮食安全等公共利益，限制宅基地数量具有正当性。法律要约束各种非法多占、强占宅基地的行为，自然要动用行政管理权力。一旦宅基地改革的权利归属于政府，由政府的宅基地管理权力完成宅基地改革任务，势必会影响到宅基地权利主体的利益。而将宅基地改革的性质明确为农民的权利，则可发挥有效监控宅基地行政管理权力的作用。（1）宅基地改革的民权性质可以避免宅基地行政管理者代行宅基地所有权人的权利。宅基地所有权归农村集体所有，宅基地的占有、使用、收益和处分等法定权利归属于农村集体，地方政府无法直接用行政命令方式代替农村集体行使宅基地所有权。宅基地行政管理权力仅限于对非法占用宅基地、非法利用宅基地等违法行为的管理。至于在法律不禁止的范围内，宅基地如何使用、收益，是农村集体和宅基地使用权人的权利。（2）宅基地改革的民权性质可以避免宅基地行政管理者侵犯宅基地权利。行政机关享有某种宅基地管理权力，并不等于可以侵犯宅基地权利。比如，《土地管理法》第41条规定，县、乡（镇）人民政府有权组织土地整理工作。土地整理不是征收，不具有强制性。如果农村集体、农民不愿意参与整治，地方政府不能动用行政权力强行推进土地整理。违背农民意愿强制农民集中居住，是对农民宅基地权利的侵害。即使农民愿意参与土地整理，依照《土地管理法》第41条，政府的行政权力也仅限于"组织"，具体执行土地整理工作的主体是农村集体经济组织。这说明，土地整理工作中的行政管理权与宅基地所有权之间不是对立的关系。政府的组织，不是代替农村集体来具体执行土地整理工作。（3）宅基地改革的民权性质可以避免宅基地行政管理者把宅基地行政管理权力与土地财政联系在一起。在地方政府的财政收入主要依靠"土地财政"的背景下，要求地方政府"自我控制"其宅基地行政管理权力，并不现实。一旦土地管理权力与政府利益紧密联系在一起，就要把宅基地行政管理权力从"自控"变为"他控"。法律规定的"纠错类"宅基地行政管理权力——比如对非法占地的处理——的行使，要由人民法院进行"他控"，即赋予被纠错者诉权。法律规定的"鼓励类"宅基地行政管理权——比如土地整理——的行使，要由中央政府进行"他控"，即需要经过审批并在严格监控下才能行使权力。唯有如此，才能有效地把政府的宅基地管理权限制在不僭越权利的范畴内。

三 宅基地改革民权性质的正当性

农民身份一直受人诟病，被视为落后、歧视的代名词。学界一直研究如何消除农民身份上的歧视待遇，提升农民主体地位，并呼吁禁用农民工称号。然而，现实情况是，很多农民工不愿意放弃自己的农民身份。农民工期待能在保留农民身份的同时，享有城镇居民的公共福利待遇，以实现市民化的平稳过渡。在此背景下，《国务院关于进一步推进户籍制度改革的意见》（国发〔2014〕25号），确立了农民工的双重身份。一方面，统一城乡户口登记制度，农民落户城市的户籍制度障碍消失，另一方面，现阶段，不得以退出土地承包经营权、宅基地使用权、集体收益分配权作为农民进城落户的条件。这说明，农民工家庭可进城落户，并在相当长的时期内保留农民"三权"。农民三权与农民身份一体两面。只有农村集体经济组织成员才能同时享有农民三权。保留农民三权就是保留农民身份。这就形成了农民工特有的双重身份：城市新居民身份和农村集体组织成员身份。确立农民双重身份制度，意味着农民在宅基地改革中的主体地位不变，谁也不能借口户籍和市民化来变更农民的法律地位，谁也不能打着户籍改革、农民身份制度改革的旗号来侵害农民的宅基地权利。农民双重身份权是捍卫宅基地改革民权性质的制度基石。农民双重身份权是抵御行政权力和资本权利肆意侵入农民宅基地改革权利的盾牌。为维护这块盾牌的效力，在此有必要在法理上深入论证其正当性。农民工双重身份的正当性在某种意义上就是宅基地改革民权性质的正当性。因为农民的双重身份始终与农民的身份权利紧密联系在一起。动摇其农民身份自然就动摇了他们的身份权利。宅基地权利作为农民的身份权利不会因为任何身份制度的改革而自然消灭,相反,它只会因为身份制度的改革而得到进一步的加强。理由是,农民的身份和农民的身份权利具有正当性。

（一）农民双重身份制度是现代民法身份理论的体现

自从近代民法基于人人生而平等的理念树立了人格平等理论和制度后,身份制度在民法中的地位每况愈下,身份理论和身份常识日趋式微,以至于原本作为人格概念内涵的身份,逐渐变成人格的对立物。身份特权成为人格平等的死对头。追求人格平等的现代人自然会鄙视、抛弃、厌恶以特权为特征的身份制度。加上梅因爵士的那句名言——所有进步社会的运动,是一个从身份到契约的运动——的巨大影响,所有人都不愿意站在落后的身份制度这一边。

梅因爵士 1822 年出生,死于 1888 年,他对于身份的看法,是 19 世纪的常识,却未必是 21 世纪的真理。尤须注意的是,他的那句名言有两个限定:一是把身份这个名词用来仅仅表示一些人格状态,即起源于古代属于"家族"所有的权力和特权,二是避免把身份这个词适用于作为合意的直接或间接结果的那种状态。① 梅因清楚地知道,家父、家子、奴隶、契约当事人都是一种法律上的身份。当家子、奴隶等无身份的人也可以成为契约当事人,并承担契约法律效果后,社会就从过去的身份社会进化到契约社会了,人们在契约中获得了平等的人格。所以,梅因名言的法律意义是:过去不平等的身份制度演变成平等的身份制度。梅因所说的进步,不是指契约制度比身份制度进步,而是指平等身份制度比不平等身份制度要进步。这层法律意义或许过于专业,难以被非专业人士捕获,故而才会有"身份代表落后、契约代表进步"的错觉。然而,从梅因严谨的语词限定中无法得出身份制度是一种落后制度的结论。

随着日本学者星野英一的名著——《私法中的人》——在中国法学界的广泛传播,徐国栋、马俊驹、童列春等知名学者对人法中身份制度的系统研究,彻底改变了我国民法学界有关身份制度的知识偏见,逐渐让人们看到了身份制度的真实面貌。有关身份制度和身份理论的新成果,可以

---

① 参见［英］梅因《古代法》,沈景一译,商务印书馆 1959 年版,第 97 页。

用来合理解释农民工双重身份制度的先进性。

首先，身份是法律人格制度不变的内涵，农民工双重身份制度遵循人格制度的正常逻辑。生物上的人与法律上的人是有区别的，也就是说，不是所有的生物上的人都能成为法律上的人。一个生物上的人要成为法律上的人，除了人自身这个物质基础条件外，还需具备一定的社会身份条件。从人法的发展历程来看，作为法律上的人的身份条件是从复杂到简单，从具体到抽象再到具体的。在罗马法上，基本的身份条件是自由身份和市民身份。[①] 周枏认为，在罗马，要作为完全的权利义务主体，必须具备自由权、市民权和家族权。[②] 徐国栋认为，罗马法上的人的身份条件除了前述三种身份外，还应包括名誉的身份。[③] 并且他得出了一个一般的结论：在罗马法上，身份是人格的要素或基础，人格由身份构成，复数的身份构成了单一的人格，身份的缺失将导致人格的减少直至消灭。[④] 近代以后，随着人人生而平等观念的影响，在《法国民法典》和《德国民法典》中，法律上的人的自由身份约束消失了，人人生而自由，每个人都具有自由的身份。自由与不自由的身份差异在法律人格制度中消失了。罗马法上人格内涵的复杂身份变成了基本上看不出身份差异的抽象人格制度了。但身份还是判断法律人格的标志，比如国籍身份在法国民法典中依然存在。只有法国人才能成为法国民法中的人。外国人和本国公民的人格在一个主权国家的法律中始终不可能是完全平等的。到《德国民法典》，罗马法人格制度上的身份内涵在人法中几乎消失殆尽。德国人用"权利能力"概念作为法律上的人的本质属性，也就是说，法律上的人的本质属性不再是身份，而是权利能力。德国民法草案说明书承认权利能力的理由就是在于消灭等级差别，实现人人平等。权利能力的立法理由就是为了对抗罗马法确认的"人格"。[⑤] 权利能力概念试图抹平法律上的人的身份属性，这一努

---

① 参见［意］彼德罗·彭梵得《罗马法教科书》，黄风译，中国政法大学出版社 1992 年版，第 29 页。

② 参见周枏《罗马法原论》（上册），商务印书馆 1994 年版，第 107 页。

③ 参见徐国栋《权利能力制度的理想与现实——人法的英特纳雄耐尔之路》，《北方法学》2007 年第 2 期。

④ 参见徐国栋《人身关系流变考（上）》，《法学》2002 年第 6 期。

⑤ 转引自付翠英《人格·权利能力·民事主体辨思——我国民法典的选择》，《法学》2006 年第 8 期。

力被德国学者认为是不成功的。里特纳认为,法律上的人是依据根本的,即法律本体论和法律伦理学方面的基础产生的,无论是立法者还是法律科学都不能任意处分这些基础。使用权利能力这个纯粹法律技术上的概念,把法律上的人简化成权利主体,除了能解决法人的主体资格问题外,对于人自身的保护是有害无益的。① 正是在这个意义上,有德国学者说,《德国民法典》的人法部分仅仅是一件未完成的作品。人们几乎不能从这些规定中推断出一般性的结论。为弥补权利能力立法的不足,1949 年德国《基本法》第 1 条强调保护人的尊严,以回应德国国家社会主义统治时期践踏人类尊严的行为。1954 年,德国联邦最高法院承认了一般人格权,以最大限度保护人的基本尊严。② 人的尊严落实到每一个具体的生物上的人,它依然会表现为这个人的身份。名誉作为人最基本的一项尊严,在罗马法上就是一种身份。立法者和法律科学不能任意处分法律上的人的身份内涵,因为现实生活中,人与人之间始终是通过身份来相互区分的。由性别、年龄、国籍、家庭、能力、财富、名誉、职业、知识水平等复杂因素构成的人的身份,是人类客观存在的事实。构造法律上的人只能依据人的身份。判断人法"进步或落后"的标准不是身份制度的有无,而是身份制度的价值取向。站在伦理人的立场上,着眼于维护强者身份利益的人法其进步性有限,而维护弱者身份利益的人法更和谐、更公正。以身份为核心,确立人与人之间的身份制度是人格立法的正常逻辑。权利能力制度虽然一度扰乱了这种逻辑,但维护人的尊严的宪法宣示和一般人格权制度多少还是恢复了人格制度的正常面目。农民工双重身份制度对农民工身份的显性化规定,不是对落后制度的追捧,而是对人格立法正常逻辑的追随。

此外,现代民法的身份制度赋予弱者身份特权以追求具体人格平等,农民工双重身份制度体现了弱者保护理念。古代罗马法的人格是不平等的。奴隶、家子、妇女等身份的人不能享有财产,缺乏法律人格。这就是"无财产无人格"法谚的源头。19 世纪法国、德国民法的人格是平等。承认所有的人完全平等的法律人格,人人都能享有财产,人人都有权利能

---

① 转引自 [德] 卡尔·拉伦茨《德国民法通论》(上),王晓晔、邵建东、程建英、徐国建、谢怀栻译,法律出版社 2003 年版,第 57 页。

② 参见 [德] 迪特尔·梅迪库斯《德国民法总论》,邵建东译,法律出版社 2000 年版,第 778 页以下。

力。在人法是否维护人人平等的问题上，近代民法与罗马法有了质的区别。但在法律人格背后的具体人像方面，近代民法与罗马法却有着惊人的一致之处。罗马法人格面具下的具体人像是罗马自由的家父，他有自己的财产，有自由从事民事活动的自由，有罗马市民的身份，有令人称羡的名誉，他是那个社会的强者。近代民法人格面具下的具体人像是"在理性、意思方面强而有力的智者"，他是自由且平等、既理性又利己的抽象的个人，是兼容市民及商人的感受力的经济人。① 尽管近代民法用权利能力概念掩饰了人格制度的身份因素，但其背后具体的"强而有力的智者"人像最终还是将其本质还原到强者的身份。古代罗马法在承认人与人之间的不平等的基础上确立强者的身份。近代民法在承认人与人之间平等的基础上确立强者的身份。确立强者的身份，这一立法目的，最终让近代民法的人格制度回归到身份制度的怀抱。"强而有力的智者"身份制度的缺陷在将近一个世纪的市场经济竞争中悉数暴露。它使"从人与人之间实际上的不平等、尤其是贫富差距中产生的诸问题表面化，从而产生令人难以忍受的后果"②。现代民法极力在近代民法自由、平等的框架内纠正"强而有力的智者"身份制度的不足。坦率承认人在各方面的不平等，承认某种人享有富者的自由而另一种人遭受穷人、弱者的不自由，根据社会的经济地位以及职业的差异，抑制强者、保护弱者。把 19 世纪梅因的名言，用在 20 世纪，那就是，所有进步社会的运动，是一个从强者身份到弱者身份的运动。农民工双重身份制度，没有武断、粗暴地要求农民工进城落户后放弃农民身份，而是坦率地承认了农民的弱者身份，允许农民同时享有市民福利和农民福利。这无疑是现代民法身份制度中的弱者保护理念的弘扬。

（二）农民双重身份制度是民法人格伦理的反映

农民工双重身份制度的确立有其深刻的伦理基础，即对人的尊严的尊重。这是我国政治决策的一贯立场。长期以来，尊重和维护农民工的合法权益是我国基本政治立场之一。在推进城镇化的进程中，始终把人的生存和发展摆在首要位置。为更好地落实"人的城市化"，确保农民工市民化

---

① 参见［日］星野英一《私法中的人——以民法财产法为中心》，王闯译，载《民商法论丛》1997 年第 8 卷，第 182 页。

② 同上。

进程中的尊严,深化改革政策创立了农民工双重身份制度。

"尊严"概念常用于道德、伦理、法学和政治学学说的讨论中,用以表明人固有的价值属性和拥有受到他人的尊重的权利。它是一个与人的生命意识、道德追求、价值认定、操守气节以及权利维护密切相关的伦理道德范畴,具有五重内涵,即人性尊严、人道尊严、人品尊严、人格尊严和人权尊严。① 可见,尊严是一个内涵相当复杂的概念。虽然人的尊严的学术内涵晦涩难懂,但人人都能体验到、感受到"尊严",特别是不受他人尊重的感觉最容易体会。所以,用"自尊"和"受他人尊重"的心理状态来描述尊严,或许能更好地阐释农民工双重身份制度中内涵的"人的尊严"。

首先,保留农民身份可以维护农民工在村庄的面子。中国人总是用"面子"来表达"自尊"和"受他人尊重"的心理状态。受传统意识的影响,中国人始终把"有权有势有钱"视为最有"面子"。"无权无势无钱"的农民基本上总是处在最没有面子的状态。这种看上去肤浅、不够高尚的尊严观,其实是人之本性。休谟说:"没有东西比一个人的权力和财富更容易使我们对他尊敬;也没有东西比贫贱更容易使我们对他的鄙视。"② 中国老百姓的"面子"观,真实而鲜活地阐释了"人的尊严"的主要内涵,尽管它并不准确和科学。

除招工、招干、参军、上大学外,农民和农家子弟很难摆脱没有面子的身份。这种局面直到农村土地家庭承包经营后,才有了明显的改观。农户家庭劳动解放了家庭剩余劳动力,使得农民可以在农村和城镇之间往返从事"农业—工商业"等兼业获取双重收入。农民开始享受到有自尊的生活,这主要表现在农房的新建和翻建中。农民通过勤劳双手让自己过上了"有楼房"的生活,与住在城市"鸽子笼"的城市普通市民相比,农民第一次感受到一丝优越性。对中国农民而言,尊严其实很简单,就是生活"过得好"。如果某个时期,感觉到过得比城里人还好,那"面子"就大了。允许农民兼业的政策是农民工双重身份制度的雏形,它在维护农民的面子上发挥了巨大作用。

但兼业带给农民工的面子是短暂的。随着城市住房制度改革,城里人

---

① 参见王泽应《论人的尊严的五重内涵及意义关联》,《哲学动态》2012 年第 3 期。

② 〔英〕休谟:《人性论》,关文运译,商务印书馆 1981 年版,第 351 页。

的居住条件大为改善。居住面积可能赶不上农房，但住房质量、美观、配套、卫生和舒适度等方面明显超过农房。同时，城里人的城市福利（就业机会、教育、医疗、社会保障、失业救济等）农民工无法享受。面子在群体和个体的相互比较中真实地存在。农民工的"面子"又一次被比下去了。更让农民工感受糟糕的是，他们在城市普遍从事没有什么技术含量的累活、苦活、脏活，连坐公交、进超市都遭人鄙视，很多时候还"同工不同酬"。在这种没面子的状态下，农民工之所以还能忍受屈辱的城市兼业生活，主要是因为，他们在城市失去的尊严，可以在乡村捡回。在城里赚到钱后，农民工回到家乡就可以翻新房子，添置电器、购买交通工具。蒸蒸日上的生活，是有面子、有盼头的生活，它能不断给农民工及其家人带来尊严和心底里的荣耀。即使他们在城市打工时遭遇了种种不公、歧视，他们也会为了赚取微薄的收入而吃苦耐劳。因为他们知道，乡村才是他们过"好日子"的根据地。再苦、再累、再掉价都无所谓，只要能挣钱回去，就可以在乡村重拾尊严。农民工的生活圈子、交际圈子和朋友圈子主要还是在老乡范围。在城里过得好与不好不重要，重要的是在乡村过得怎样，在老乡的眼里过得怎样。有了乡村这块维系农民工尊严的据点，农民工在城市面对就业生活压力的承受力就会超出城市居民的想象。春运期间，农民工买个站票挤上几天几夜也要回家过年，说起来是回家团圆，其实潜意识里是为了回乡体验有尊严生活所带来的温暖。经常有农民工回家时背个大电视。在城里人眼中，那是毫无必要的自讨苦吃，但在农民工心里，那是带回家乡的面子。

剥离进城落户农民工的农民身份，意味着农民工将失去农村的土地，失去农村的家园，也将意味着他们在城市丢失的面子无法再到农村去找回。户籍改革保留全家进城落户的农民工的乡村身份，实际上保留了他们找回面子的机会。如果贸然置换落户农民工的农民身份，他们中少数经济实力强、就业技能高的人或许在较短的时期内能找到新市民的尊严，多数人可能需要比较长的时期才能逐步融入城市并体会到尊严，而一些人可能永远都找不回那份自尊，更不用说受人尊敬了。若干年后，如果放弃农民身份的进城农民工混得还没有始终生存在农村的农民好，那么他的尊严在掉落一地后，就会生长出社会动荡的种子。农民工双重身份制度的宗旨是出于社会安全和秩序的考虑，但在客观上，它的确维护了农民工的尊严，它要在相当长的时期内维护农民工的尊严，直到农民工彻底拥有市民的尊严。只有维护好农民工的尊严,才可能有社会的长治久安。拥有双重身份的农民工的城市待遇会逐步增加,而这种待遇、权利、机会的每一次增加都是他们值得回乡炫耀的谈资。当他们不需要回乡炫耀并找回面子,当他们终于可以在城市找到尊严时,他们就可以自然而然地褪去乡村的农民身份。

其次,保留农民身份权利就是尊重农民工本身。农民工全家落户城市,不能以其农村的土地权利作为交换条件。这种制度安排包含了"人与他的权利范围不可分离"的理念。基于康德的伦理人格主义哲学,德国民法学家拉伦茨认为,应该把法律上的人看作是其所享有的"权利范围"的核心。所谓权利范围是指这个人全部的权利或受法律保护的利益的总和。把人视为权利范围的核心,要比把人视为权利和义务的"载体"的流行观点更切中要害。不能在理念上把人简单地从他的权利范围中分离出来。损害人的权利范围,也间接地损害人本身。① "人与他的权利范围不可分离",把人的尊严与人的权利范围紧密结合在一起,彰显了人权尊严的思想。剥夺一个人全部的权利,实际上等于剥夺了他作为人的全部尊严和资格。正因为这样,所有现代国家的刑法即使剥夺一个罪犯终身的政治权利,也不会轻易剥夺其民事权利。

推进农民工市民化,不以其农村的土地权利作为交换条件,事实上扩大了农民工的权利范围。农民工在保留现有权利的基础上,可以不断增加以前不能享有的城市居民的权利。在某个临界点上,农民工享有的权利范围会大于城市老居民享有的权利范围。当然,一旦农民工在市民化进程中顺利实现了与市民权利范围的交融,那么作为农民的权利范围最终自然要与农民工脱离。否则,就会造成新居民与老居民之间权利范围的不平等。因此,农民工与市民权利范围交融的时间,就是农民双重身份的存续期间。在农民工的市民权利没有彻底落实之前,剥离农民工作为农民的权利,就会直接或间接损害农民工本身。

现实生活中,用"社保"置换农民的承包地,用城镇住房置换农民的宅基地,用可以交易的股权置换农民的集体资产收益分配权等,之所以引发诸多争议,根源在于它把农民的身份权利从农民工身上剥离开来,而

---

① 参见〔德〕卡尔·拉伦茨《德国民法通论》(上),王晓晔、邵建东、程建英、徐国建、谢怀栻译,法律出版社 2003 年版,第 48—49 页。

这种剥离最终会伤及农民的人格。在农民工尚未享有完整的市民权利前，或者说市民权利范围尚未完全将农民工置于权利的核心前，任何剥离农民工的身份权利的尝试都是有悖于人的基本伦理的，因为任何人都不能与他的权利范围相分离。理论上，用一种权利置换另一种权利，是等价交换。但在中国农民工这里，农民身份权利的置换对象只能是市民身份权利。用财产权利来置换农民的身份权利而不赋予其完整的市民身份权利，必然是不人道的。进城落户的农民工，在未享有全部的市民权利的情形下，必然要保有其农民的身份权利。农民工双重身份制度是在尊重农民工的尊严的基础上，维护农民工与其农民身份权利的不可分离的关系。

最后，农民双重身份制度是社会原则的具体化。农民工双重身份制度，虽然还没有专门的立法规定，但其正当性可以在"社会法"中得到合理的解释。农民工双重身份制度的立法不需要凭空构建一部新的部门法，它就是"社会法"在中国法律体系中的一项新制度。民法现代化的一个典型特征是更加注重"社会"因素。在私法自治、信赖保护和公平原则外，兴起了狭义的"社会原则"。社会原则要求法律给那些依赖于订立合同，但由于经济实力弱或缺乏业务经验而无法以特有方式充分地维护自身利益的人提供法律保护。因为仅仅依靠每个人都具有的签订合同的法律上的可能性，还不足以保障每个人都能实现他在一般财产和服务交易方面的自决权。① 社会原则本质上是国家对私人意思自治的干预。这种干预不是为了实现国家利益，而是旨在追求个体之间的实质平等和社会和谐。只有在民事主体之间存在某种均势，即他们实现权利的实力大体上相当时，才能期待每一方当事人都能在民事行为中实现自己的意志。实际情况往往是，一些民事主体在实力悬殊的情形下与他人发生民事法律关系。听任双方的意思自治，就会无形中导致一方对另一方意志的支配。这是法的"社会原则"所不能容忍的。基于社会原则，立法或司法实践会通过维护弱势一方利益的方式创造出某种平衡态势。社会原则构筑起农民工双重身份制度的法律基础。其一，赋予农民工双重身份，在不抑制市民权利的同时，增加了农民工的经济实力，最大限度地维持农民工与市民在经济实力上的均势。众所周知，在免除农业税、增加农业财政转移支付力度后，农

① 参见〔德〕卡尔·拉伦茨《德国民法通论》（上），王晓晔、邵建东、程建英、徐国建、谢怀栻译，法律出版社 2003 年版，第 69 页。

户的承包地已从过去的"责任田"转变为"财产田"。除了自然灾害和市场风险外，农民可以从承包地上得到稳定的收益。东部经济发达地区每亩承包地的"流转费"高达上千元人民币，就是明证。农民工户均10亩地的流转费，可以实打实地提升农民工的经济实力。宅基地是无偿分配并由农户长期使用的土地，出租农房或从事副业生产能给农户带来可观的收益。一些经济发达地区的农村集体经济组织，经营集体资产得力的，往往每年都能给集体成员分配集体资产收益。保留进城落户农民工家庭的"三权"，等于让农民工保住了这三块固定的财产收益。每年都有的这部分资产将成为进城落户农民工逐渐积累的竞争资本。进城落户农民工除了城市就业收入外，比城市老居民多一块来自农村的收入。这可以拉近农民工与老居民之间经济实力上的差距。其二，赋予农民工双重身份，不断增加农民工市民待遇，最终由国家和社会担负起农民工的生存和发展保障。当今社会，是一个现代化的大众社会。这在中国城市体现得比较明显。城市通过扩大社会福利范围，增加公共服务数量，提供更多教育培训机会以及给每个人提供均等的机会，保障每一个人都具有某种程度的生存安全。农民工因进城落户将逐渐享有城市大众社会带来的福利。城市大众社会的福利，与其说是依靠自己的努力以及由自己采取预防措施，不如说更多地依靠某个集体、国家或社会保险公司所提供的给付。随着自给自足经济的破灭和劳动分工更一步分化，城市个体对城市社会的依赖性随着提高。为城市发展做出贡献的每一个城市居民，都有理由要求城市社会为他提供最基本的生存和发展保障。对大多数城里人来说，私法规则的意义已没有"社会法"规则的意义大了。城市居民享有的私法自治的空间越来越小，对城市社会的依赖越来越高。甚至在西方福利国家，出现了一些游手好闲专靠国家福利养活的"懒人"。或有人担心，赋予农民工双重身份，可能造成"养懒人"的局面。这种担心是多余的。社会法在无所不能，无所不包的光鲜外衣下，也潜藏着全面支配、控制个人的危机。生活悲惨的奴隶与生活优裕的奴隶都是奴隶。谁都不想成为他人的奴隶，不管生活条件怎样。因此，即使在社会法社会福利的霞光普照下，人们依然还是有强烈的集聚财产的愿望和行动。中国老百姓的储蓄习惯，购买自住房产的习惯十分强烈。绝大多数居民具有坚定不移的集聚财产的决心。给进城落户农民工再多的社会福利也不会阻碍他们集聚财富的决心和勇气。事实上，社会法在中国方兴未艾，社会福利待遇还远没有达到让中国老百姓放弃奋斗的地步。所以，社会法、社会原则和社会福利适用于享有双重身份的农民工，始终是正当的。

农民工的农民身份不灭，意味着农民的宅基地权利不变，意味着宅基地改革民权性质不变。宅基地民权性质不变，意味着宅基地改革研究问题应从"合法律性"转向"权利发展"。

第 二 章
平等使用:城中村中新生的宅基地权利

第一节　城中村违法建筑法律问题之所在

　　形成于 20 世纪 80 年代的深圳城中村，因地方政府与农民之间的反复博弈，陷入进退两难的困境。学界从各个角度研究城中村现象，政府想方设法试图解决城中村问题，但诸多的学术建议和实践政策在面对复杂的城中村问题时，都难以发挥预期效果。

　　在城中村形成机制中，传统的城乡二元体制是根本原因，规划失误和管理不善是直接原因，而土地使用制度是核心。[①] 土地使用制度的立法权限在中央，不在地方，因而地方政府关于治理城中村违法建筑的政策法规无法触及土地使用制度这个核心。学者提出的相关土地政策建议，囿于学术视角，始终在宅基地产权归属方面打转，试图越过土地使用制度来解决问题。有人认为，城中村的土地管理政策与市场经济的原则冲突，土地产权制度的不清晰，影响了产权拥有者内部的激励和外部交易的最优化，出现村民自发的土地流转。[②] 有人建议:将城中村土地所有权转为国家所有、将城中村土地纳入城市土地管理体系，统一规划、统一管理，解决目前土地流转混乱、土地无序低效使用问题。[③] 还有人提出，土地产权归属问题是城中村问题产生的实质所在，只有在转变产权归属的前提下，城中村问题才能得到根本解决，并按照城中村集体土地性质的现状将土地分为三种类型，分别采取不同的城中村改造模式。[④] 可见，目前对于城中村土地问题的研究还停留产权归属方面，基本没有探讨城中村土地使用制度。

[①]　参见张建明《广州都市村庄形成演变机制分析——以天河区、海珠区为例》，中山大学，博士论文，1998 年。

[②]　参见李立《城中村土地管理政策研究》，华中师范大学，硕士论文，2003 年。

[③]　参见张谰《城中村存在的土地问题研究》，西安建筑科技大学，硕士学位论文，2007 年。

[④]　参见喻燕《城中村改造中土地产权流转研究》，武汉大学，硕士论文，2005 年。

事实上，宅基地产权归属与宅基地利用制度是两个完全不同的命题。解决宅基地产权归属问题，不等于解决了宅基地利用问题。城中村土地使用制度这个核心问题尚有待研究。

同时，现有研究站在政府主导的立场，从土地征收角度来思考宅基地产权归属问题，基本不研究农民、农村集体自主利用宅基地的合理性，未能发现农民主动融入城市的社会效果。这种"单边"的研究思路不利于全面考察城中村土地利用制度的现状，也很难从中发现有价值的宅基地法律规则。

站在宅基地利用角度，城中村违法建筑，是宅基地使用权人自主使用宅基地的结果，它突破了法律对农村住宅层数和建筑面积的限制。因此，城中村违法建筑的法律问题首先不是城中村违法建筑要不要拆除的问题，也不是城中村宅基地的归属问题，而是法律限制宅基地使用的制度是否合理、正当的问题，或者说，首要问题是，城中村宅基地使用的法律限制是否还有必要存在，是否应当放开宅基地的自主平等使用。

第二节　宅基地使用、使用限制与平等使用

在回答上述问题之前，有必要先明确"宅基地使用"、"宅基地使用的法律限制"以及"宅基地平等使用"的含义。

法学上的使用是指按照物的性能和用途对物加以利用，以满足生产生活需要的权能。① 宅基地的性能和用途是用来满足农民的居住生活需要，而不仅仅是用来修建住宅。宅基地不单是住宅地基，也是居住生活用地。按照宅基地满足农民居住生活需要这个用途对宅基地加以利用，是宅基地使用权能的题中之义。

但权利人在行使宅基地使用权能时，不能滥用权利，即不能违反法律规定损害国家、社会和他人的合法权益。宅基地使用是要受到法律限制的。但宅基地使用受到法律限制，并不等于法律对宅基地使用的所有限制都是正当的。法律限制宅基地使用的正当性仅限于它损害了国家、社会和他人的合法权益，换句话说，如果宅基地使用未损害国家、社会和他人的合法权益，则不应该受到任何限制。宅基地使用权人在自己的宅基地上修

---

① 彭万林主编：《民法学》，中国政法大学出版社2002年版，第234页。

建高层建筑，影响了邻居建筑物的通风、采光、日照，会受到物权法规定的相邻关系的限制。邻居有权以侵害相邻关系为由，请求排除妨碍。基于公共利益和相邻利益，宅基地使用受到的法律限制是正当的。

然而，法律统一规定使用宅基地修建住宅只能是 3 层或 4 层，建筑面积只能是 240、360 或 480 平方米，其正当性何在？第一种可能的解释是出于节约用地的立法目的。但是，宅基地面积是给定的，在给定面积的宅基地上修建的建筑物越高，就越符合节约用地的目的。一块 120 平方米的宅基地如果能造出建筑面积 1200 平方米的住宅，从节约用地角度来看，应大力提倡，而非禁止。第二种解释是确保建筑美观、生活舒适。只允许修建 4 层以下的住宅，可以确保邻里之间的建筑物保持适当的空间距离，不至于产生过于压抑的居住感受，进而让整个区域的住宅看上去不那么高耸云霄、密不透风。但这个听上去有理的说法不足以成为法律限制宅基地使用的正当理由，因为居住是否舒适，建筑是否美观，是宅基地使用权人的"私事"。就像法律从来不会限制家庭内部装饰和家具摆设一样，宅基地修建的住宅是否够舒适、是否够美观也不在法律管制范围之内。至于邻里之间的相邻利益，本属于私人利益，只要这种宅基地使用使邻里之间形成了相互容忍状态，即大家都统一修建高层建筑，所谓的不利影响就成为邻里相互之间的可容忍范围。第三种解释是确保宅基地背阴农用地农作物的日照时间。如果住宅修建过高，势必阻挡阳光，处在房子背阴处的农作物的生长受到影响。这个限制当然可以成立，农村宅基地配给制度与农业生产紧密相连，从有利于农业生产的角度来限制宅基地使用是正当的。但是，这个限制只适用于基本农田保护区域内的农村，在没有农田的城中村里显然不成立。此外，即使在农村，基于农业生产考虑对宅基地使用的限制也并不总是正当的。在耕地日益减少的大环境下，背阴处农作物受损导致的利益损失，与加高住宅节约用地所增加的利益相比，显然后者更应当提倡。第四种解释是住房修建过高、建筑面积过大、房间过多容易产生攀比心理，不利于农民将多余的资金用于投资和消费。这个理由只是对"理性人"行为的一种臆想，宅基地使用人修建多高的住宅，主要取决于资金实力以及对房屋使用的计划。所谓的攀比，只是一种说辞，未必是真实的内心想法。即使存在攀比心理，也不值得动用法律来禁止。攀比是思想观念，不是行为，法律不会为了禁锢某种想法而出台禁止性规定。至于农民将全部家当都用于修建住房，而不用于其他消费和投资，那是农民自由支配自己财产的表现。引导投资和消费，只能采取经济激励措施，而不宜实行法律管制制度。总之，无论从公共利益，还是从私人利益出发，法律限制宅基地使用的理由都不能成立。

所谓城中村宅基地平等使用权，是指城中村的宅基地与城镇住宅用地在开发利用密度和容积率上是平等的，宅基地使用权人可以根据自己的意愿在同等使用强度上自主修建住宅及其附属设施的权利。城中村宅基地平等使用权有两个要点，一是同城住宅用地权利的平等，无论这个城市的住宅用地是国有的，还是集体的，只要在城市的范围内，就应当被平等地使用。二是自主使用，只要不违反规划法的规定，在规划的住宅区域，宅基地使用权人有权自主决定修建住房的层数与建设面积。值得注意的是，自主使用不等于任意使用，自主使用也并不总是能体现个人的意愿。在集中规划的宅基地区域，宅基地自主使用会更多地受到邻里关系的约束。在紧邻的他人的 3 层住宅旁边修建 11 层住宅，必然引发相邻纠纷。当邻居以通风、采光、日照等相邻利益受损诉请法院排除妨碍时，法院可依法判决拆除或赔偿。这种对宅基地使用的法律约束不是法律的主动管制，而是基于当事人利益诉求的被动救济。法律的主动管制会侵害宅基地自主平等使用权，而法律的被动救济是维护宅基地自主平等使用权。一个人的宅基地自主平等使用权不能侵害另一个人的宅基地自主平等使用权。正因为有这种权利之间的相互约束，宅基地使用人之间的商谈和约定就显得尤为重要。集中规划的宅基地区域中，宅基地自主平等使用权最终并不取决于个人意志，而取决于群体意志。这个群体的成员都希望修建高层住宅，或者不反对别人修建高层住宅，宅基地自主平等使用就可以表现为修建高层住宅。集中规划的宅基地，由于受到邻里关系的约束，其自主平等使用权体现的主要是群体意志和群体利益。

第三节　宅基地平等使用权的生长
机理：村民与政府的博弈

深圳城中村宅基地使用是一种群体意志指导下的自主平等使用，是在该群体的耕地被征收后，村民主要依靠宅基地自谋生路的背景下，利用外来人口不断聚集的条件，自主决定不断加高房屋的一种使用方式。这种使用方式虽然突破了法律关于自建住宅的层高和建筑面积的限制性规定，但它既为宅基地使用人带来了丰厚的土地经营收益,也为外来人口提供了廉租房,因而其"违法建筑"的名义一直备受争议。

从违法建筑中宅基地的使用中能不能发现正当的宅基地权利,或者说,城中村居民自主平等使用宅基地修建高层建筑是否能成长为正当的宅基地权利,关键要看它的生成机理。所谓生成机理是指某种现象产生的机制和道理。假如宅基地平等使用的生成是其内部要素相互运动的必然结果,是外部环境作用的必然产物,那么宅基地平等使用的生成就具有了正当性。总体来看,深圳城中村宅基地平等使用的生成机理隐藏在村民与政府的博弈行为中。

深圳特区建设过程中,政府在征收农村集体土地时,为村民留用了宅基地。村民在留用宅基地上自主修建住宅,以保障其居住条件。由于缺乏体系完整的宅基地法律制度,村民自主建房出现了种种问题,政府不断出台规章制度加以约束、规范。村民私建、乱建、抢建与政府执法不严、朝令夕改、妥协退让相互交织、相生相伴,在村民与政府的博弈中,逐渐形成了城中村特有的宅基地自主平等使用现象。其生成过程大致可分为以下几个阶段:

一 管理漏洞

早在 1982 年以前,村民乱建房的问题就开始显现。1982 年 3 月 29 日深圳市政府发布一号文件《关于严禁在特区内乱建和私建房屋的规定》,明确指出:特区内的土地由国家统一开发,一切单位无权自行兴建建筑物,所有个人严禁在特区内私建房屋。并特别规定:"凡一九八一年十月以后私建的房屋,一律停建:已建好的由市政府统一处理,任何个人不准擅自动用。一九八一年十月以前私建的房屋,按市政府有关规定处理。"1982 年 9 月 17 日深圳市政府又针对"有些社员未经政府有关部门审批,任意占用土地,乱建房屋"的情况,制定《深圳市经济特区农村社员建房用地的暂行规定》。同时将特区内村民"私占土地,乱建私房,破坏特区发展规划"的问题层层上报,1982 年 12 月 18 日国务院办公厅对此作出批复,为乱建房现象定性,要求:"对于过去未经批准,私人擅自占地建造的私房,要逐户进行检查,根据其不同情况进行处理。今后私人擅自占地建造私房的,以违法论处。"1983 年深圳市政府一号文件《关于严禁在特区内乱建和私建房屋的补充规定》传达了中央的精神,这就意味着,从 1983 年起，深圳特区私人擅自占地建造的私房，属于违章建筑。

这个阶段，政府对乱建房现象的管理，从内容上看并无不当。《深圳市经济特区农村社员建房用地的暂行规定》就村民建房作了比较具体的规定：要求社员建房要统一规划设计；对用地面积有明确规定，每户 150 平方米，每户住房的基底面积不得超过 80 平方米；村民自建房屋必须将新村规划设计总图上报罗湖区政府，经审查批准后，方可由大队负责定点开线，按规划设计图进行施工；凡已建新村（居民点）、新房者，原有的旧村、旧房则由政府统一规划处理等。但《暂行规定》有漏洞，只规定用地面积，未规定建筑层数和建筑面积。一些村民在 150 平方米的用地面积上修建了高楼。可能是政府对村民修建高楼的不良后果认识不足，迟迟没有弥补这个漏洞。直到 1986 年，才发布《关于进一步加强深圳特区农村规划工作的通知》，该通知强调加强农村建房规划；并对 1982 年农村建房标准作出如下修改：

> （1）每栋私房的层数原则上不超过三层，建筑总面积三人以下的住户不得超过 150 平方米，三人以上的住户不得超过 240 平方米。（2）农民建房的用地以每户 200 平方米作为综合计算标准（包括道路、市政公用设施、绿地、文化体育活动场地）。（3）原规定每户农民建房的基地面积改为以基地投影面积 80 平方米计算。

政策在弥补了建筑面积和建筑层数的缺漏后，对超过基底面积建房的，通过改变基底面积为基地投影面积进行了一定程度的退让和承认。可以说，到 1986 年，深圳特区村民乱建房问题还不是太严重，都在可控制范围内。按道理，村民在 1986 年政府规定建筑面积和建筑层数前，只要不超基地面积，经过审批建设的房屋，都是合法建筑。但是，村民可能并不理解"法不溯及既往"原则。一些村民会有攀比心理，他们家修 5 层、500 个平方米，是合法的，我只修了 2 层、200 个平方米，现在我有钱了，我也可以加盖到 5 层。显然，1986 年的这个通知没有预见到这个问题，对今后可能出现的超面积、超层数建筑缺乏明确的预防和处理意见。

二　弄巧成拙

管理上真正开始出现问题是 1987 年出台的《关于特区内违章用地及

违章建筑处理暂行办法》。《暂行办法》规定的违章建筑的处理措施存在致命的缺陷。为分析的便利，特将相关内容照引如下：

　　凡违章建筑，视其对城市规划的影响程度，分别给予限期拆除、没收或罚款的处罚。

　　（1）经市规划局审定认为可以保留的，经罚款后可补办手续。违章建筑罚款，按违章建筑面积或长度计算。属临时性建筑，每平方米罚款二百元；属永久性建筑，每平方米罚款六百元；永久性建筑物屋顶违章搭建的每平方米罚款三百元。凡一九八二年三月二十九日以后的私人违章建房，超过三层以上部分及扩大占地部分，均应拆除，三层以下违章部分每平方米罚款五百元。

　　逾期交纳罚款者，每天加收百分之五的滞纳金。

　　（2）经审定限期拆除，逾期不拆者，应强行拆除，以料抵工，并予以通报。如不能以料抵工者，拆除的全部劳务费由违章者负担。

　　（3）对参与违章设计的单位和施工单位的处理：对设计单位除没收其全部设计费外，并给予每平方米罚款十元；对违章施工单位的罚款，按工程总造价的 10% 计算；今后再继续违章设计或施工者，在半年内停止承担任何设计任务和施工任务，情节严重者，由市基建办吊销其设计或施工证书，工商部门吊销其营业执照。

就上述规定来看，主要缺陷有三：一是溯及既往。"凡一九八二年三月二十九日以后的私人违章建房，超过三层以上部分及扩大占地部分，均应拆除"。这个规定不妥当，属拆除范畴的违章建筑时间应该从 1986 年 411 号文件发布之后算起，因为此前，没有任何法律和规章规定宅基地上建筑物的层数与建筑面积。二是赋予了市规划局过大的权力或者说市规划局根本无力承担拆除违章住房的重担。没收公民违法财产的、拆除违章建筑本不属于规划局的职责。三是对违章建筑罚款，而不是对违章行为罚款，不利于制止违章建筑的兴建。由于执法主体不对，执法对象不当，村民对拆除 1986 年 411 号文件之前修建的所谓的违章建筑必然心怀不满、不予配合；规划局也无力强制拆除，这个政府规章得不到认真执行，是意料之中的事。

由于决策不当，不仅不能有效遏制违章建筑，反而刺激村民顶风抢建。"三层以下违章部分每平方米罚款五百元"，以罚代拆，从法律技术层面上讲，不妥当。对违法行为可以通过罚款加以教育，但对违章建筑罚款意味着违法建筑的合法化。如果一定要罚款，妥当的做法应该是，对修建了违章建筑的人进行罚款，对违章建筑部分加以拆除。《暂行规定》在处理违章建筑时虽然遵循了分类处理的原则，但并未站在农民的立场上系统地考虑宅基地违法利用的前因后果，把问题的处理想得过于简单，为后来违法建筑的不可收拾埋下了伏笔。

三　积重难返

1988 年 1 月 1 日颁布实施《深圳市人民政府关于处理违法违章占用土地及土地登记有关问题的决定》（深府〔1988〕253 号，2001 年 9 月 12 日废止），在严格管制的道路上越走越远。比如，它规定："1982 年 9 月 17 日《深圳经济特区农村社员建房用地的暂行规定》（以下简称深府〔1982〕185 号文）颁发以前已建房用地超标准的，建房者应退出超过标准部分的土地，不能退出者，在不影响城市规划和群众公认的情况下，原则上不作处理。"这是莫名其妙的规定。在《暂行规定》颁发以前已建房的，由于没有规定用地标准，何来"超标准"？中央认定擅自私建房屋为违法建筑的时间最早也应从 1982 年 12 月 18 日起算。既然不属于违法用地，当然可以不退出。"不能退出者，在不影响城市规划和群众公认的情况下，原则上不作处理"的规定更加古怪。每个村民都认为自己是不能退出的，然后相互公认不能退出，那么规划局凭什么认定影响了城市规划要让极个别人退出非法用地呢？这条规定让"群众"自己认定要不要退出，其用意可能是不打算执行。既然这样，为什么要出台这种"空文"？同样的问题还出现在对非法用地标准的修改中。前文已说到，1986 年的 411 号文件将 1982 年 185 号文件规定的"基底面积"修改为"基底投影面积"，是政府对村民非法用地的退让。但 1988 年 253 号文件又改了回来，将"农村私人住房每户宅基底面积超过 80 平方米的"认定为非法用地。朝令夕改，极不严肃。先是非用地合法化，后是合法用地非法化，怎一个乱字了得。

另外，通过罚款方式处理违法用地，变相保护非法用地。该规定第三条第三项规定：

深府〔1982〕185 号文颁发以后，未经市或区城建部门批准而擅自占地建房建厂，或超过批准用地数量用土地以及深府办 [1986] 411 号文颁发以后超过用地标准或超越农村已划定的用地红线范围的用地，一律按非法占用土地作下列处理：

1. 尚未建成使用的土地一律无偿收回；

2. 已建成使用，但影响城市建设规划的应限期拆除，逾期不拆者，应强行拆除，以料抵工；

3. 已建成使用，但不影响城市建设规划的，按下列规定处理，允许留用的，交罚款后，补办手续。

（1）每户一幢宅基底面积超过 80 平方米的，超过部分在 20 平方米以内的，每平方米罚款 30 元，超过部分在 20 平方米以上的，每平方米罚款 60 元。

（2）同一户建有二幢住房的，其宅基底面积之和不超过 80 平方米的予以保留；每幢宅基底面积均不超过 80 平方米的，按前款规定罚款后，给予保留。

（3）同一户建有二幢或二幢以上住房的，其中有一幢宅基底面积超过 80 平方米的，按本条（1）项规定罚款后，保留一幢；或按本条（2）项的规定处理留用的，其余房屋应没收或作价为公有。

（4）农村集体工商企业用地人超过 15 平方米的，超过部分每平方米罚款 30 元后，给予保留。

看上去分门别类，有理有据，但是"已建成使用，但不影响城市建设规划的"，可以交罚款，无须拆除房屋，无须收回非法占用土地。这种特别规定违反法律规定。1986 年《土地管理法》及 1988 年修改后的《土地管理法》第 45 条均明确规定："农村居民未经批准或者采取欺骗手段骗取批准，非法占用土地建住宅的，责令退还非法占用的土地，限期拆除或者没收在非法占用的土地上新建的房屋。"深圳市政府在《土地管理法》规定之外另搞一套，用政府规章变相保护了非法用地和违法建筑，这当然会助长村民非法用地和违法建设的气焰，村民抢地、抢建已不可避免。

或许，决策者已经看到了深圳城中村宅基地利用的特殊性，故而有意"容忍"违章建筑。不管是地方政府的容忍，还是决策失误，城中村非法占地、违章建设等现象越来越严重。1988 年 11 月 14 日，深圳市政府又下发《关于严格制止超标准建造私房和占用土地等违法违章现象的通知》，但通知只是重申了253号文件的规定，并无"严格制止"的具体内容。至此，深圳市政府关于宅基地利用的严格管理规定彻底沦为"稻草人"，对违法行为缺乏任何威慑力，反而助长了违法抢建风。这份通知纯属多余，不仅起不到彻底解决违章建筑的问题，反而一再妥协忍让，让村民坚定了加强抢建违章建筑的决心。

到1993年，违法违章建筑转眼变成了"历史遗留问题"。为解决这个历史遗留问题，深圳市出台《关于处理深圳经济特区房地产权属遗留问题的若干规定》，进一步放宽了容忍限度。首先在对待"一户多宅"问题上无原则妥协。文件规定：

> 原农村私人建房用地，土地所有权转为国有，视为行政划拨用地，个人拥有土地使用权。已建成的私人房屋，原村民每户（分户以特区农村城市化时公安机关登记的为准）只能选择一幢房屋办理房地产登记发证手续，多余房屋待后依法处理。原村民在农村用地红线内，没有办理报建手续，但符合市政府规定的建房标准的，可免予处罚。

《土地管理法》明确规定农村居民"一户一宅"，对一户的"多余房屋"怎么处理，该规定依然采取不了了之的态度："待后依法处理"。这是把历史遗留问题继续留给历史。如果确实想不到处理办法，就没有必要匆忙出台什么解决"遗留问题"的规定。这样的规定无非给"一户多宅"村民吃了定心丸。这个规定比1988年深府253号文件更宽松。253号文件坚持了《土地管理法》的规定："其余房屋应没收或作价为公有。"事隔5年，本该没收或作价为公有的多余房屋获得了"新生"，不再没收或作价收归公有了，而是"待后依法处理"。同时，该规定坚持对违法违章建筑采取罚款办法，希望尽快使违法建筑取得合法身份。其中规定：

> 建房时间在一九八六年六月二十七日之后的，基底面积超过80平方米的，超过部分每平方米罚款30元；楼层3层以下但建筑面积超过240平方米的，或楼层超过3层的，超过部分按建筑面积每平方

米罚款 200 元。

　　与 1987 年 427 号文件相比，1993 年的规定干脆提都不提拆除违法建筑字样了，直接罚款了事。这个规定或许是建立在违法建筑难以清除的基础之上的。为推进房地产权登记工作，对违法建筑的处理作出巨大让步，希望通过罚款彻底解决违法建筑的产权权属问题。然而，这种规定并不是政府与村民沟通交流的结果，而是政府单方面的试图"大事化小"的做法。但村民不理解政府的"容忍"态度，反而认为政府拿群体违章建筑没有办法，因而他们根本不卖政府的账，罚款不交，也不需要为违章建筑弄个什么合法身份。他们认为，既然政府步步退让，干脆把违法建筑进一步搞大，或许能取得更主动的谈判筹码，能获得更多利益。
　　政府步步退让，结果全面被动。究其原因，政府对违章建筑的房地产权登记过于看重，以为村民会非常在乎房地产权，这是一个失误的判断。道理很简单，既然政府对违法建筑奈何不了，那么是否拥有产权已经不重要了。如果享有房产权证的房屋才能出租，没有房产权证的违法建筑一律强制拆除，并说到做到，那么房地产权登记才能真正起到指引、诱导作用。所以，政府这个规定不仅不能有效解决违法建筑问题，反而将"违法建筑通过交罚款的方式合法化"的口子越拉越大。旨在解决违法建筑这个历史遗留问题的规定不仅不能解决遗留问题，反而助长村民抢建违法建筑之风。

四　雷霆之怒

　　深圳城中村违法建筑这个历史遗留问题又遗留到了 1999 年。此年 2 月 26 日深圳市人民代表大会常务委员会通过《关于坚持查处违法建筑的决定》。权力机关亲自查处违法建筑名正言顺，而且此时出台查处违法建筑的决定相当合乎时宜。1997 年 9 月中共十五大将"依法治国，建设社会主义法治国家"作为基本治国方略，1999 年 3 月 15 日这一治国方略正式"入宪"。深圳市人民代表大会常务委员会似乎动作更快，在"依法治国"写入宪法前几天就已经在贯彻落实了。总的来看，这的确是符合法治精神的立法规定，是一份鼓舞人心、让违法建筑拥有者闻风丧胆的决定。它首先界定了违法建筑的内涵和外延：

违法建筑，是指未经规划土地主管部门批准，未领取建设工程规划许可证或临时建设工程许可证，擅自建筑的建筑物和构筑物。违法建筑包括：

1. 占用已规划为公共场所、公共设施用地或公共绿化用地的建筑；

2. 不按批准的设计图纸施工的建筑；

3. 擅自改建、加建的建筑；

4. 农村经济组织的非农业用地或村民自用宅基地非法转让兴建的建筑；特区内城市化的居民委员会或股份合作公司的非农业用地非法转让兴建的建筑；

5. 农村经济组织的非农业用地或村民自用宅基地违反城市规划或超过市政府规定标准的建筑；

6. 擅自改变工业厂房、住房和其他建筑物使用功能的建筑；

7. 逾期未拆除的临时建筑；

8. 违反法律、法规有关规定的其他建筑。

其次表明了查处违法建筑的态度，并责令市政府"坚决实施《中华人民共和国土地管理法》、《中华人民共和国城市规划法》、《深圳市城市规划条例》、《深圳经济特区规划土地监察条例》；坚决依法清理、拆除违法建筑，惩罚违法行为，保证城市规划和城市建设的有序进行"。从这条规定可以看出，权力机关的立法不再犯法律常识错误。它严格区分了违法建筑与违法行为，不再把惩罚违法建筑等同于惩罚违法行为，不再坚持违法建筑合法化，而是"坚决依法清理、拆除违法建筑"，同时还要"惩罚违法行为"。法理上讲，深圳人大常委会采取的法律措施是对的，但从情理上讲，这无异于打了深圳市多届政府的一记耳光。1987 年、1988 年、1993 年，深圳市政府处理违法违章建筑都是"罚款"违法建筑的。窃以为，深圳市政府面对深圳人大常委会的这种要求，可能会有难堪或抵触情绪。深圳人大常委会也想到了这一层，特别对政府各部门发出具体指示，要求"各职能部门应各司其职、相互配合、相互支持，从重查处违法建筑"。并明确规定了政府官员的法律责任："市规划国土部门、各区和各镇（街道办事处）政府的领导班子，在城市规划和国土规划工作中要切实履行职责。凡发现国土规划部门或区、镇（街道办事处）的辖区内发生越权审批、非法占地或不依法履行职责的，主管领导不得晋升职务，直接责任人应给予行政处分；对以权谋私、管理不力、严重失职和滥用职权的，除严肃处理当事人外，还要追究有关领导的责任；其行为触犯刑法的，依法追究其刑事责任。"

此外，对村民宅基地利用作了具体规定："一户村民只能拥有一处宅基地，其宅基地的面积和建筑面积不能超过市政府规定的标准。村民兴建住宅，应当符合土地利用总体规划和城市建设需要，依法报规划国土部门审核、批准。禁止非本村村民买卖宅基地和以合作建房的形式在宅基地兴建住宅。"

最后宣布"法不溯及既往"原则。"本决定自公布之日起施行。本决定实施以前所发生的违法行为，由市、区政府依照有关法规、规章和政策规定进行清理和处罚；本决定实施以后所发生的违法行为，应依法从重进行查处。"

如何查处违法建筑问题，到 1999 年，终于有了一个明确规定，即"坚决依法清理、拆除违法建筑，惩罚违法行为"。违法建筑再也逃不掉被拆除的命运。如果 1987 年就有这样的规定，那么今天就不会有深圳城中村了。

可以说，1999 年深圳人大常委会终于恢复了正常的宅基地管理秩序。但是，决定规定："本决定实施以前所发生的违法行为，由市、区政府依照有关法规、规章和政策规定进行清理和处罚"。这说明，依然无法彻底算清历史遗留问题。之前深圳市政府处理违法违章建筑的政策规章为什么得不到执行？怎样才能彻底解决历史遗留问题？该决定没有涉及这个历史遗留问题。

五　进退两难

2001 年 12 月，深圳市人大常委会颁布《深圳经济特区处理历史遗留违法私房若干规定》，对 1999 年 3 月 5 日以前的违法私房进行处理。主要办法是对情节严重的违法私房不确认产权。[①] 其他类型的违法私房分门别

---

① 包括"占用道路、广场、绿地、高压供电走廊和压占地下管线或者其他严重影响城市规划又不能采取改正措施的；占用农业保护区用地的；占用一级水源保护区用地的；非法占用国家所有的土地或者原农村用地红线外其他土地的"。

类给予免予处罚、罚款、补交地价等不同的处理。①

深圳人大常委会对待历史遗留违法私房的态度与深圳市政府一脉相承，并进一步放宽了违法私房的建筑标准："4 层以下、480 平方米以内的违法私房，免予处罚。"从 1986 年最高三层、最多 240 平方米到 2001 年的 4 层、480 平方米，深圳市人大常委会进一步改善了违法私房行为人的居住条件。同时规定：

> 对符合一户一栋，但面积超过 480 平方米或四层的违法私房分别处以 20—50 元、50—100 元不等的罚款；对违反一户一栋的，对多栋部分，免予处罚，补办产权时，应补签土地使用权出让合同，并按现行地价补交 25% 土地出让金。

为什么深圳市人大常委会重复了深圳市处理历史遗留违法私房的做法，就算历史遗留问题需要按照历史的办法处理，也不应该进一步放宽条件。看来，2001 年的深圳市人大常委会并没有意识到对违法建筑罚款是一种不妥当的处理办法。仔细对照深圳市人大常委会在 1999 年和 2001 年出台的两个规定，可以发现其思路是，首先声明，从 1999 年 3 月 5 日后，

---

① 1. 原村民在原农村用地红线内所建违法私房符合一户一栋原则、总建筑面积未超过 480 平方米且不超过四层的，免予处罚，由规划国土资源部门确认产权。建房者申请补办确认产权手续时，应补签土地使用权出让合同，免缴地价。2. 原村民在原农村用地红线内所建违法私房符合一户一栋原则、总建筑面积在 480 平方米以上 600 平方米以下或四层以上七层以下的部分，由规划国土资源部门按建筑面积每平方米处以 20 元以上 50 元以下罚款，确认产权。建房者申请办理确认产权手续时，应补签土地使用权出让合同，免缴地价。3. 原村民在原农村用地红线内所建违法私房符合一户一栋原则、总建筑面积超过 600 平方米或者超过七层的部分，由规划国土资源部门按建筑面积每平方米处以 50 元以上 100 元以下罚款，确认产权。建房者申请办理确认产权手续时，应补签土地使用权出让合同，免缴地价。4. 原村民按县、镇政府批准文件在原农村用地红线内所建违反一户一栋原则的违法私房的多栋部分，免予处罚，由规划国土资源部门确认产权。建房者申请补办确认产权手续时，应补签土地使用权出让合同，出让地价按现行地价减免百分之七十五。5. 原村民未经县、镇政府批准在原农村用地红线内所建违反一户一栋原则的违法私房的多栋部分，由规划国土资源部门按建筑面积每平方米处以 50 元以上 100 元以下罚款，确认产权。建房者申请办理确认产权手续时，应补签土地使用权出让合同，出让地价按现行地价减免百分之七十五。6. 非原村民在原农村用地红线内所建违法私房，由规划国土资源部门按建筑面积每平方米处以 100 元以上 150 元以下罚款，确认产权。建房者申请办理确认产权手续时，应补签土地使用权出让合同，出让地价按现行地价减免百分之七十五。7. 原村民与非原村民合作所建违法私房，按照其各自所占份额分别处理。

不允许再出现任何违法建筑，一旦发现违法建筑，处理办法是"坚决依法清理、拆除违法建筑，惩罚违法行为"。这是有言在先的。接下来再处理历史遗留违法私房，主要精神是遵循政府的一贯态度，希望在进一步放宽条件的基础上，息事宁人，希望违法建筑的行为人能充分谅决策层的苦衷：让你的违法私房取得合法身份，别再闹了。为保证彻底解决历史遗留违法建筑问题，人大常委会还做出了针对性安排，一是期限规定，"违法私房建房者应当在本规定公布之日起一年内就所建违法私房向规划国土资源部门申请"；二是对不配合者的处罚，"建房者拒不补办有关手续或者逾期不缴纳罚款、地价款的，按照《深圳市人民代表大会常务委员会关于坚决查处违法建筑的决定》和其他有关法律、法规的规定处理。"也就是说，超过一年还不配合的，就要坚决拆除了。前一份规定坚决贯彻了"依法治国"方略，符合《土地管理法》要求，后一份规定充分尊重历史和现实，照顾了"弱势群体"的利益。

　　然而，民众对深圳市人大常委会两个规定会有自己的解读，并且基本上不会准确地揣摩到人大常委会的这份苦心。一直与政府博弈（这里不使用"斗争"一词）的村民不会孤立地"领会"2001年的规定，他们能正确地发现"上面"又松口子了。从150平方米到240平方米，再到480平方米，违法建筑的行为人不可能不认为这是一场"胜利"。既然坚持就能取得胜利，那么为什么现在要放弃呢？没有人会嫌1000平方米太多，事实上，很多违法建筑都在1000平方米以上。他们在庆祝胜利的同时，会有更强烈的"坚持到底"的胆量。有人说，你不交罚款、不补办手续，他不是一年后要拆除吗？不怕！他要是敢拆，早10年就拆了，只要大家都不理他，法不责众，他还是没有办法。于是，大家的胆子又壮了起来。更让深圳人大常委会头痛的一种解读是：我一直是守法良民，我家3层、240平方米，或者我家4层、480平方米，这一下，我变成傻瓜了，原来超层数、超面积只是罚一点小款，明天我就加盖四层，我要和最高的违法建筑建得一样高。不能责怪村民刁钻，只怪你只考虑自己的苦心，不体察村民的心事。正因为违法私房主对"规定"的解读与立法者的本意相去甚远，因而，规定一出，事与愿违。

　　深圳市特区内外又掀起了一次抢建高潮。特区内住房普遍进行了加高或重建，特区内城中村私房的建筑普遍达到七八层，高的甚至达到近 20 层。面对严重的私房抢建风，深圳市政府采取了多次严厉的查处执法行动，但由于违法建筑涉及的面太广，法不责众，虽然通过查处起到了一定的压制作用，但难以根本解决问题。①

至此，"立法管制城中村违法建筑"与"自主平等使用宅基地"之间形成了对峙局面。是维持现状，继续采用强硬的立法管制措施来破解违法建筑，还是承认村民的宅基地平等使用权，这是迟早都要做出选择的一道难题。

第四节　宅基地平等使用权应纳入正规法律体系

在村民与政府的不断博弈中，宅基地自主平等使用规则生成了。这种自发生成的规则是否应纳入正规法律体系，关键看它带来了怎样的社会效果。如果宅基地自主平等使用未损害国家、社会、他人的合法权益，反而增进了个人利益、集体利益和公共利益，那么，在没有其他可替代的法律规则存在的前提下，正规法律体系就应该考虑吸纳这种自发规则。

首先，宅基地自主平等使用增进的利益使其具有了合理性。围绕违法建筑的博弈，主要有三方参与人：村民、政府和租房人。三方都从宅基地自主平等使用过程中获得了利益。（1）宅基地自主平等使用大幅增加村民利益。村民耕地被征收后，政府对村民的安置方式是保留宅基地和少量集体用地。村民利用宅基地修建高层住宅，出租给外来务工人员，赚取租金。一幢房屋以 11 层 22 套房计算，一套房的租金按租房人月工资 10% 计算，村民每月的租金至少相当于 2 个人的月工资，这足以让村民过上比较富裕的生活。村民根据外来务工人员的租房需求，自主决定把住宅修得与商品房一样高。他们把自主利用宅基地修建"出租房"的行为称为"种房子"。相对于种庄稼，种房子的单位面积产出成倍增长，显然让村民获得了更多收益。村民之所以能通过种房子的方式获得稳定的收入，主要是因为外来人口巨大的租房需求，而这个需求根源于城市化、工业化的突飞猛进。可以说，村民自主平等利用宅基地谋取生计的做法，抓住了城市和工业发展的契机，主动分享了城市和工业发展的成果。村民自主使用

---

① 韩俊主编：《中国农村土地问题调查》，上海远东出版社 2009 年版，第 387 页。

宅基地修建高层住宅并未改变宅基地的用途，只是突破了法律关于农村住宅层数和建筑面积的限制。但这种突破行为不能与"偷税漏税"、"坑蒙拐骗"、"卖淫贩毒"等违法犯罪行为相提并论。农民在保留的宅基地上"种房子"的行为未损害任何人的合法权益，未破坏任何社会秩序，反而帮助农民解决了自己生存和发展问题。因此，村民自主平等使用宅基地修建住宅，从而获取生存和发展收益是不应受到指责和反对的。（2）宅基地自主平等使用满足了外来人口的居住需要。深圳作为中国改革开放的特区，率先推进工业化和城市化建设，迅速聚集了大量的外来人口，但商品房、廉租房建设速度跟不上外来人口涌入的速度。深圳村民自主平等使用宅基地修建的住宅刚好满足了这批外来人口的需要。外来人口的打工收入有限，不可能一开始就买得起商品房，但能以相对低廉租金租住农民的住房。这让大量外来务工人员在深圳站稳脚跟、安定下来，甚至能举家迁居。农民提供的"廉租房"缓解了外来务工人员的安居压力，使他们能长期、稳定地留在深圳打工，使他们能以最小的居住成本保住更多的打工收入。此外，集中而密集的"廉租房"，也让租住在异地的外来人口得到更多的相互慰藉。有时，一个城中村的租户都是"老乡"，一幢楼的租户都是亲戚。浓郁的乡情、友情和亲情也只有在集中规划的城中村的宅基地农房中才能相对容易地出现。虽然城中村"廉租房"的安全、卫生等条件不尽如人意，但这种廉价的住处，远好过"棚户"。（3）宅基地自主平等使用增进了政府的利益。村民自主使用宅基地修建超面积的住宅，并出租给外来人口，似乎抢了商品房、政府廉租房的生意。但事实上，政府出资修建廉租房并不会给政府带来多大的收益。前期要划拨土地、修建住房，后期要维护房屋、催缴租金，政府很难通过廉租房获得大量财政收入。相反，政府的廉租房本来就不是以营利为目的的。城中村村民愿意代替政府修建廉租房，是替政府分忧。政府没有理由反对。不仅节省了政府的开支，还节约了国家的建设用地；不仅永久性地解决了失地农民的安置问题，还一次性地解决了外来人口的安居问题。在这个意义上，城中村村民自主平等使用宅基地，最大的受益人是政府。政府什么都没做，就解决了两大难题，收获两大好处。如果一定要说政府有什么损失的话，也只是政府监控无效的"面子"损失。但有损颜面，不足以让三方获益的宅基地自主平等使用行为变得毫无道理。

同时，找不到更好的办法来替代宅基地的自主平等使用。政府部门目前比较热衷于城中村改造。城中村改造是以政府统一利用宅基地来替代村民自主平等利用宅基地的一种思路，费力却未必能取得好的社会效果。以深圳渔民村改造为例。

　　渔民村占地 20320.8 平方米，改造前有私房 30 多栋，综合楼 1栋；本地村民 40 多户 100 多人，暂住人口 1 万多人。1992 年，渔民村土地国有化，村民变居民。居民家庭主要收入来源是出租房屋。和深圳许多城中村一样，由于无视规划，盲目开发，违章建筑，在当年二三层的建筑上加盖至七八层，原来的小洋楼变成了"握手楼"、"一线天"。电线乱拉，污水乱排，居住环境急剧恶化，火灾、治安事故频发，不少加盖的建筑存在严重的安全隐患。1999 年底，渔民村股份公司内部提出了整体改造的提议。正在寻找城中村改造突破口的政府大力支持，出台了诸多优惠政策，使得渔民村改造项目得以最终实施。主要优惠措施有五项：（1）改造房屋在建期间的贷款利息由罗湖区财政全额补贴，平均每户少付利息约 20 万元；（2）政府拨出部分启动资金，作为基建前期的配套建设补助费；（3）免除了 200余万元规划费用；（4）对钉子户和一些特殊情况的村民户给予了特殊经济补偿；（5）宅基地使用权转为国有建设用地使用权，参照市场地价的 10% 支付地价后，允许改造后的房屋进入市场交易。从渔民村改造前后相关指标变化情况可见，改造前私房户均房屋面积1254 平方米，改造后为 1390 平方米；房租收入改造前平均每户约 30万元/年，改造后约 50 万元/年。每户私房主前期投资 256.13万元。①

　　政府支付了大量的改造资金后得到的好处主要有两点：一是村民按照政府规划重建房屋，使城中村摆脱了脏、乱、差的不良形象；二是用国家建设用地使用权置换了村民的宅基地使用权，彻底消灭了村民自主平等使用宅基地的机会。然而，这两点好处是建立在违法建筑合法化的基础之上的。户均 1254 平方米的住宅面积，远远超出深圳特区法律规定的 480 平方米。村民改造违法建筑后，不仅能合法保留所有的超标建筑面积，还能

---

① 参见韩俊主编《中国农村土地问题调查》，上海远东出版社 2009 年版，第 375—377 页。

享有上市交易房屋的权利。与其这样，为什么不直接宣布宅基地自主平等使用权合法呢？只要法律宣布宅基地自主平等使用权合法，私房主就会根据市场需要自主改造，政府根本不需要花费一分钱。政府一方面让违法建筑合法化，另一方面又花钱帮助私房主改造违法建筑，目的只是想换取将来统一利用宅基地的权利，纯属多此一举。要么花钱拆迁，要么立法承认违法建筑的合法地位，无论哪一种措施都比这种"城中村改造"来得更加公平合理。

为规范城中村改造乱象，2004年，深圳市出台《城中村（旧村）改造的暂行规定》（以下简称《暂行规定》），试图用拆迁方式解决城中村遗留问题。其焦点是拆迁补偿。按照规定，拆迁补偿对象为合法的建筑物、构筑物及其他地上附着物的所有者；城中村改造的拆迁补偿实行货币补偿为主；对村内居民住宅可实行产权置换方式补偿，或者采取二者结合的方式进行。其中以产权置换方式补偿住宅的，补偿给居民的房地产面积原则上不超过每户480平方米，超过的合法住宅面积实行货币补偿。所谓"超过的合法住宅面积"是指符合2001年深圳人大常委会规定，交了罚款、补办了手续的超面积。《暂行规定》还指出，"对城中村违法建筑的处理，严格依照有关法律、法规规定执行"。这里的违法建筑是指1999年3月5日之后修建、加建、扩建的建筑物和构筑物。可见，到2004年，深圳的城中村改造，不再承认违法建筑的合法性。希望通过补偿城中村违法建筑的合法建筑面积的方式来拆迁违法建筑。但这种拆迁补偿办法触动了村民的既得利益，村民不可能同意。城中村改造陷入僵局。

两种城中村改造方案，要么赋予私房主过多的不正当利益，要么损害私房主自主平等使用宅基地的既得利益。由于其缺乏正当性和合理性，在实践中不可能成为广泛推行的模式。与其采用城中村改造，倒不如将宅基地自主平等使用纳入正规法律体系。赋予城中村宅基地平等使用权，一能取得治理城中村脏、乱、差问题的社会效果，二能维护宅基地使用权人的利益，三能节省政府财力，四能维护城中村住宅利用秩序。

最后，城中村宅基地平等使用利益是最有分量的利益，应优先得到保护。城中村居民的生存和发展不是一个纯粹的事关个人与家庭的经济来源的个人利益，而是事关整个社区秩序、繁荣和安全的社会利益。城中村居民的生存状态是检验"留地城镇化"模式成效的重要标志。所谓"留地城镇化"，是指政府征收农民的生产用地后，给农民保留了部分生产用地和存量宅基地的城镇化发展模式。如果城中村居民利用"保留土地"实现了自身的安居乐业，甚至实现了某种程度的共同富裕，那么，可以说这种发展模式带来了良好的社会效益。实践证明，城中村居民利用保留的宅基地超层数、超容积率、超密度修建住宅，在满足自身居住需要的同时，也满足了外来农民工廉价租赁需求。城中村居民在解决了自身的安居问题的同时也基本上解决了自身的收入来源问题。租赁多余住房成为城中村居民利用宅基地的一种有效的经营模式。可见，在城中村"违章建筑"中至少存在三种个人利益，一是城中村居民的安居生活利益，二是城中村居民宅基地上多余住房的租赁经营利益，三是外来农民工的廉价租赁居住利益。看上去，这只是城中村居民和外来农民工的个人利益，但本质上，这些个人利益包含了丰富的社会利益。城中村房东和房客的安居乐业奠定了城中村社区安全的基础。在城中村居民这里，他们要求的是经济上的平等机会，具体来说，是平等使用宅基地的机会。有了这样的平等机会，就可以实现个人和家庭的居住安全和收入安全。在外来就业人口这里，他们要求得到平等的居住机会，要求享受到尽可能廉价的居住条件，这样就可以确保他们的打工收入有更多的结余。个人和家庭的居住与收入保障是构成社会秩序的物质基础。城中村居民的个人利益与社会利益融合在一起，达成了个人人格利益、家庭利益、物质利益与整个社会利益的和谐统一。

城中村居民个人利益和社会利益的增加，可能会带来其他利益的损失。比如，地方政府减少的土地出让收入、房地产开发商减少的土地增值收益以及投资买房客减少的房价增值收益，甚至造成了整个社区环境、卫生、治安等方面的不利影响。但这种损失相对于城中村居民、外来就业人口的收益、城市经济发展秩序和社会安定秩序而言，是整个利益体系可以承认的最小的损失。"从功能角度上讲，法律致力于满足、折中、协调、调整这些交错的、经常有冲突的主张或需求——或通过直接、迅速地保护这些利益，或通过保护某些个人利益，或通过界定、折中个人利益——对最大多数的利益或者在我们现代社会中最有分量的利益赋予法律效力，同时使整个利益体系的损失最小。"① 基于这种利益衡量原则，法律应当对宅基地平等使用这种最有分量的利益加以保护。

只有在个人利益与个人利益，社会利益与社会利益的比较中，才可能

---

① ［美］罗斯科·庞德：《法理学》第三卷，廖德宇译，法律出版社 2007 年版，第 244 页。

得出公平的利益衡量。事先确定一种利益是社会利益，而将另一项利益作为个人利益，那就无须再进行利益衡量了，因为利益衡量的天平已经倾斜。因此，权衡城中村"违章建筑"上各方的利益，首先必须小心地区分哪些是个人利益，哪些是社会利益，并且让个人利益与个人利益，社会利益与社会利益比较。具体而言，城中村"违章建筑"上需要衡量的各方利益大致可以区分为两大类。一是自然人与法人之间的个人利益，即城中村居民的个人利益、租赁廉价住房的农民工的个人利益与地方政府的法人利益、房地产开发商的法人利益、房产投资商的个人利益。二是个人生活中的社会利益与社区、城市的社会利益。即城中村居民个人生活中的社会利益、租住城中村的外来农民工个人生活中的社会利益与城中村安全、秩序、卫生、繁荣的社会利益之间的权衡。保护个人生活中的社会利益，对于城中村居民和外来农民工而言，无异于雪中送炭。而整个城市基于规划而产生的美观、趣味和整齐划一等社会利益如果算是一种对城市全体人民都有益的新的社会利益的话，面对城中村原住民和外来农民工等新住民的个人生活中的社会利益，也应该做出让步。因为个人的有尊严的生活保障利益，与城市的美观、卫生、品位等利益相比，永远处于基础的、最有分量的地位。

第三章

经营收益:农村副业中新生的宅基地权利

第一节　问题的提出

民法理论上，收益权能是指收取由原物产生出来的新增经济价值的权能。学界对原物新增的经济价值的理解略有不同。一般认为，新增经济价值包括天然孳息和法定孳息。另有学者认为，所谓新增经济价值，包括由原物派生出来的果实（天然孳息），由原物生产的租金、利息等法定孳息，以及由运用原物进行生产经营活动而产生的利润等。[①] 根据《德国民法典》第100条的立法定义，收益（Nutaungen）包括孳息与所谓的使用收益（依物或权利的使用方法所产生的利益）。[②] 由此可见，把运用原物进行生产经营活动而出生的利润作为原物的新增经济价值，大致属于德国民法上的使用收益。

宅基地的收益，应包含运用宅基地进行生产经营活动所产生的利润。宅基地权利人自己利用宅基地获取的经营收益，与法定孳息不同，后者是指他人利用宅基地后支付给宅基地权利人的对价。宅基地生产经营收益作为一种单独的使用收益，按照德国民法的逻辑应归入到宅基地使用权的收益权能之中。

宅基地按照自然性能而滋生的物——比如，野草、野花——一般不具有经济价值，可忽略不计。宅基地新增经济价值主要包括宅基地的法定孳息和宅基地经营利润。利用宅基地修建房屋，并将宅基地连同房屋一起出租给他人，产生的是法定孳息。由于房地紧密相连，房租亦可理解为地

---

① 彭万林：《民法学》，中国政法大学出版社2002年版，第235页；马俊驹、余延满：《民法总论》（第二版），法律出版社2005年版，第327页。

② 转引自［德］鲍尔、施蒂尔纳《德国物权法》（上册），张双根译，法律出版社2004年版，第31页。

租，房租也可以理解为宅基地的法定孳息。除了使用宅基地修建房屋出租获取宅基地的法定孳息之外，宅基地权利人还可以利用宅基地从事生产经营活动，以赚取经营利润。

宅基地收益是指宅基地使用权人收取宅基地（包含自留地）新增经济利益的权利。宅基地收益权能可以归宅基地所有权人，也可以归宅基地使用权人。一般而言，谁是宅基地的合法占有人，谁就享有宅基地的收益。

中国《物权法》在"用益物权"中给了宅基地使用权一席之地，却未明文规定其收益权能。到底是因为宅基地使用权收益权能可通过学理解释出来而没有必要规定，还是由于立法疏漏而应当加以修正，或者是源于宅基地使用权本不该有收益权能，至今还是一个谜。

按照大陆法系民法传统，立法一般不明文规定"地上权"的收益权能，但学理上公认其中包含收益权能。比如，我国台湾地区《民法》第832条规定："称地上权者，谓以在他人土地上有建筑物，或其他工作物，或竹木为目的而使用其土地之权。"条文中只有"使用"概念，但学者认为，"地上权于为建筑物或工作物或竹木所有之必要范围，有使用土地之全权，为法文所明示，但不限于狭义之使用，收益权亦包含之，为学说所一致。"[1] 即地上权人有权将其地上物连同土地出租于他人，收取法定孳息。[2]

然而，从中国《物权法》第152条中，却无法理直气壮地解释出宅基地使用权的收益权能。因为中国《物权法》将宅基地使用权与建设用地使用权分列，明文规定了后者的收益权能，却不规定前者的收益权能，显然是想表明二者在收益权能方面的差异。既然如此，法律解释就不能越过立法者的意图解释出宅基地使用权的收益权能。

早在物权法草案征求意见阶段，就有学者指出，不明文规定宅基地使用权的收益权能是立法的失误，因为无论从用益物权的性质、农村宅基地利用的现实，还是从"物尽其用"原则的角度，都应该增加"收益"作

---

[1]　曹杰：《中国民法物权论》，中国方正出版社2004年版，第103页。
[2]　同上书，第104页。

为宅基地使用权的权能。① 韩世远提出物权法应增加宅基地使用权的收益权能，以便宅基地使用权人在农房转让后继续收取宅基地租赁收益。② 尽管学界看到了宅基地使用权立法无收益权能的不足，但立法并未采纳上述立法建议。

中国《物权法》坚持不赋予宅基地使用权的收益权能的根源何在？一种解释是，宅基地使用权是中国特有的用益物权，是基于集体成员权创立的，福利色彩浓，收益功能弱。③ 申言之，宅基地使用权本不是标准的用益物权，缺少收益权能是正常的。此外，根据我国土地用途管制制度，宅基地用途仅仅是建造住宅及其附属设施，农民不得违反有关规划，改变土地用途。④ 也就是说，宅基地只能用于建造住宅及其附属设施，不得用于生产经营等用途，宅基地不能用来经营，就不会产生法定孳息，立法自然无须赋予其收益权能。上述解释似乎想从宅基地使用权性质、功能等角度合乎逻辑地推出"宅基地使用权收益权能缺席"的必然性。问题是，宅基地用途管制禁止宅基地收益的正当理由是什么，基于集体成员权创立的福利性质的宅基地使用权为什么不能有收益权能等问题，仍然没有答案。换句话说，我们需要继续追问：宅基地使用权的收益权能为什么不能与其福利性并存，宅基地生产经营收益为什么不能给农民。

第二节 宅基地经营收益权生长的实践经验

中国《物权法》不赋予宅基地使用权收益权能，不符合民法"用益物权"的内在逻辑。这种特殊情况当然可以从中国现实出发做出合理的解释。然而，从中国社会生活的经验来看，宅基地收益是客观存在的事实，并且在绝大多数时候，这种宅基地收益不是存在于"不合法社会领

---

① 朱岩：《"宅基地使用权"评释——评〈物权法草案〉第十三章》，《中外法学》2006年第1期。

② 韩世远：《宅基地的立法问题——兼析物权法草案第十三章"宅基地使用权"》，《政治与法律》2005年第5期。

③ 陈小君、蒋省三：《宅基地使用权制度：规范解析、实践挑战及其立法回应》，《管理世界》2010年第10期。

④ 参见全国人大常委会法制工作委员会民法室编《中华人民共和国物权法：条文说明、立法理由及相关规定》，北京大学出版社2007年版，第279页。

域中",而是受到政策法的提倡和鼓励的。最典型的莫过于中国的"副业"政策和"农家乐"政策。宅基地收益权能在现实生活中自发生成,并得到了政策法的支持。

一　农村副业生产中的宅基地经营收益权

农村副业生产,相对于农、林、牧、渔等主业而言。狭义上,农村副业主要相对于种植业这个主业生产而言。简单地讲,农村主业主要指粮食生产,副业主要指家庭养殖业、家庭手工业。农村家庭养殖业和家庭手工业的经营场地主要是宅基地(本书的宅基地包含房前屋后的自留地)。在这个意义上,农村副业收入就是宅基地经营收益。农民利用宅基地从事生产经营活动并收取新增的经济利益,在法律上,是行使宅基地的收益权能。支持和提倡副业生产,就是允许农民获得宅基地经营收益,限制和反对副业生产,就是不承认农民享有宅基地收益权能。在农村土地集体化后,到农村土地承包经营前,将近20年的时间里,农村副业政策一直在"支持、提倡"和"限制、反对"的斗争中不断变化,反映了决策者对待宅基地收益的不同态度。

粮食生产和副业生产结合在一起,一直是农业社会固有的农业生产规律。到了农村土地集体化运动阶段,随着农村土地集体统一经营模式的推行,决策层对待副业生产的态度出现了分化,表现在副业政策上产生了两种截然不同的思路。一种思路认为要限制、禁止副业生产,以确保粮食生产安全。解决吃饭问题,就要确保完成粮食生产任务,最大限度地增加粮食产量。决策层希望能把所有的农用地都用来种植粮食作物,希望农民能把所有的劳动时间都用在种植粮食作物上。根据这种思路,不给农民保留自留地,甚至不允许农民利用宅基地在自家庭院里从事家禽、家畜的饲养。即使开禁农民家庭养殖,也不允许大规模经营,以防止副业生产干扰主业生产。副业生产搞得好,必然会影响主业生产投入的时间,副业收入拿得多,必然会影响从事主业生产的积极性。这是限制、禁止副业生产的主要逻辑。另一种思路认为要支持、提倡副业生产,按照农业生产规律来办事。解决吃饭问题固然重要,但不能走极端。只有粮食,没有肉食,不仅影响人们的生活质量,也影响农民粮食生产的积极性。农业生产不能只解决粮食生产这个主要矛盾,而忽视了其他的次要矛盾。农业生产是一项系统工程,只有按照其自身的发展规律办事,才可能出现农业全面发展的局面。同时，副业生产不仅可以提高农民自身的生活质量和生活水平，也是确保城市市民生活品质的前提条件。没有农民的副业生产，保障城市的肉食品供应和其他基本生活需要就是一句空话。支持和提倡副业生产，不仅是农业生产规律的体现，也是城乡协调发展的必然要求。

在中国农村副业政策演变过程中，可以明显发现上述两种思路的激烈交锋。

1. 管制副业生产。人民公社初期，社员要将宅基地、自留地、牲畜、林木等生产资料全部转为公社所有，个人只能保留小量的家禽、家畜。这是最初限制和反对副业生产的政策。随后，为平息部分农民的不满情绪，略微放松副业管制的强度。1958 年《中共中央关于人民公社若干问题的决议》中规定，社员可以保留宅基地旁的零星树木、小农具、小工具、小家畜和小家禽等，也可以继续经营一些家庭副业。

2. 放宽副业生产。1959 年 5 月 7 日，《中共中央关于农业的五条紧急指示》中第 4 条专门提到大力发展农村家庭养殖业，安排自留地为农民发展规模养殖业创造条件，并且明确规定要把私人养殖业作为发展养殖业的重点。[①] 除了利用宅基地饲养家禽家畜外，还提供自留地以便大批量发展家庭养殖业。宅基地、自留地均可用于发展家庭养殖业。同年 6 月 11日，又发出《关于社员私养家畜、家禽和自留地等四个问题的指示》，进一步明确了发展家庭副业的细则。主要内容是：（1）明确了私养的家禽家畜归社员个人所有；公有公养的，也一定要给社员以合理的报酬。（2）自留地数量恢复到高级合作社时的水平，维持在人均占有土地面积的5%。（3）鼓励社员充分利用零星闲散土地从事农业生产经营，经营收益完全归社员自由支配。并明确指出，允许副业这种"小私有"，实际上是保护社员在集体劳动时间以外的劳动成果，并非发展资本主义。[②]可见，放宽副业生产的阻力是巨大的，因为一不小心，就会被扣上发展资本主义的帽子。

---

① "养猪头数大量减少的局面必须迅速扭转，集体喂养和社员私人喂养应该并重，应当以百分之八十到九十放到承包单位和私人喂养，基本核算单位只能养少数才有利于生产。对私人养猪要在饲料、劳动时间等方面给以必要的安排和照顾。恢复社员的自留地，仍然按照原高级合作社章程的规定，自留地不超过也不少于每人平均占有土地的百分之五。没有自留地不能大量发展私人喂养的猪鸡鹅鸭，不能实行公养私养两条腿走路的方针。"

② 《建国以来重要文献选编》第 12 册，中央文献出版社 1996 年版，第 383 页。

3. 鼓励副业生产。1962 年 5 月，朱德在中央会议上指出，农民的衣食住行，光靠一点粮食解决不了，还要靠家庭副业来解决，并认为"限制家庭副业太死了，要解除禁令！"① 同年 9 月，《农村人民公社工作条例（修正草案）》明确提出允许和鼓励社员发展家庭副业和家庭手工业，副业生产范围进一步扩大。② 按照规定，社员自留地，包括饲料地、开荒地合在一起可以占生产队耕地的 5%—10%，由社员自行支配。副业生产的农产品，不计口粮标准，不征农业税，不计统购，多余产品，还可以拿到集市上交易。可见，这个阶段，副业生产收益变成了农民的纯收益，农民不仅可以支配自留地，还能完全占有自留地副业经营收益。规定还进一步确立了家庭副业的法律地位：人民公社社员的家庭副业，是社会主义经济的必要补充。1962 年 11 月 22 日，中共中央和国务院发布《关于发展农村副业生产的决定》，进一步细化了鼓励农村副业生产的规定，充分阐释了副业生产的重要性，决定指出："恢复和发展农村的副业生产，成为当前巩固集体经济、恢复和发展农业生产的一个重要问题。"

4. 严厉打压副业生产。1967 年 12 月 4 日，中共中央在《关于今冬明春农村文化大革命的指示》中推行了严厉打压副业生产的政策。（1）减少、取消自留地。理由是，"多一分自留地就多一分私心"、"自留地种得好就是私心重"、自留地、自留时间、自留人影响了粮食主业生产，自留地和集体地争季节、争肥料、争劳力，影响集体生产效率。一些地方减少了自留地数量，有些社队干脆取消了自留地。（2）限制、消灭社员的家庭副业。从事副业生产被扣上了"重副轻农"、"重钱轻粮"的帽子。为彻底割掉副业"资本主义的尾巴"，采取命令手段，规定社员的家禽家畜只数，甚至提出"鸡头不许超过人头"。有些地区甚至全部没收了家庭副业产品、消灭家庭副业生产。（3）关闭农村集市贸易，封闭副业产品出路。

5. 恢复副业生产。1973 年 1 月 7 日至 3 月 30 日，在周恩来主持的全国计划会议上，批判了没收自留地、破坏家庭副业等错误做法。1975 年

---

① 转引自房维中主编《中华人民共和国经济大事记（1949—1980）》，中国社会科学出版社 1984 年版，第 338 页。

② 按照规定，家庭副业包括种自留地，饲养家禽家畜，饲养大牲畜，进行编织、缝纫、刺绣等家庭手工业，从事采集、渔猎、养蚕、养蜂等副业生产。

中共中央发出《关于大力发展养猪业的通知》，重申有关社员发展家庭养猪的各项政策和办法不能改变。1979年9月28日，中共中央发布《关于加快农业发展若干问题的决定》恢复了副业生产的地位，决定规定："社员自留地、自留畜、家庭副业和农村集市贸易，是社会主义经济的附属和补充，不能当作所谓资本主义尾巴去批判。相反地，在保证巩固和发展集体经济的同时，应当鼓励和扶持农民经营家庭副业，增加个人收入，活跃农村经济"。农村副业生产不仅又一次得到鼓励，而且还得到相应的扶持。从此以后，随着人民公社的解体、家庭土地承包经营的推广，农村副业生产不再受到干扰和限制。由于农民的自留地和宅基地基本联结在一起，测量下来，一般宅基地和自留地面积户均达到一亩左右。宅基地收益成为农民收入的重要来源之一。

要不要赋予宅基地收益权能，事实上就是要不要维护农村家庭副业的问题。从当前农村形势看，取缔农村家庭副业必将遭到农民的反对，也背离了农村家庭承包经营制度的初衷，因而从立法上规定宅基地收益权能，不过是对鼓励、扶持副业生产的政策法的一种法律承认。

二　"农家乐"经营中的宅基地经营收益权

（一）农家乐用地法律性质

农家乐既是农户家庭的快乐，也是城市居民的快乐。城市居民到农村去"吃农家饭、住农家屋、游农家景、干农家活"，城里人这些快乐享受被形象地称为"农家乐"。农户因向城里人提供农家乐服务而获取收益，最终也会得到收益的快乐。在这个意义上，农家乐里既有城里人消费的快乐，也有乡下人收获的快乐。无论从消费者角度，还是从经营者角度来看，农家乐都是一种典型的乡村休闲旅游业。它是以农村原生态的自然环境、原生态的人文环境为依托，促进农民增收、农村发展的一种乡村休闲旅游项目。

农家乐与家庭养殖、家庭手工业等副业生产不同。副业生产只是粮食生产的辅助，而农家乐是主业经营。农家乐中或许也包含有家庭养殖、家庭手工业，但其业务范围已经从粮食主业的辅助生产业务转变为乡村旅游业务，不再是副业，而是名正言顺的旅游服务业。规模较大的农家乐经营项目中，家庭养殖、家庭手工业甚至成为农家乐的项目之一。这些副业生产过去相对于粮食生产主业而言，现在却成了农家乐主业的辅助了。

但是农家乐用地主要不是旅游用地,而是农户宅基地。其中的"住农家屋"是指农户利用原有住屋,进行适当修整后,在不需要审批改变土地用途的情况下,用于接待游客居住。"干农家活"就是在农户的自留地上从事蔬菜瓜果采摘活动。农户主要利用宅基地开展一系列的乡村休闲旅游活动。在这一点上,农家乐经营与副业生产是大致相同的,即利用宅基地获取新增经济利益。

副业生产中,宅基地的工商业用途并不明显。家庭养殖和家庭手工业虽然都在宅基地上进行,但还不足以让宅基地变成"商住两用"土地,因为家庭养殖和家庭手工业依然还是属于"居住生活"的一部分。

农家乐中,利用宅基地从事乡村休闲旅游服务,已经超出了"居住生活"的范畴。它不再仅仅是为了满足农民自己居住生活的需要,而主要是为了满足城里人旅游消费的需要。因而,农家乐中的宅基地已经从单纯的住宅用地转变为商住两用土地。上海市《关于加快推进本市农业旅游发展的若干政策意见》(沪农委〔2009〕167号)规定:(1)农民利用自有宅基地作为农家乐经营场所的,由当地村民委员会出具证明。(2)新办农家乐和农业旅游项目,经区、县政府批准,允许使用农民宅基地。无论存量宅基地,还是新增宅基地,都可以用来经营农家乐和农业旅游项目。该政策赋予了宅基地一项新的用途,即可用于农业旅游。并且该用途的增加,不需要办理土地用途变更手续。这说明宅基地的用途从住宅用地变成了农业旅游和居住两用土地。增加农民居住用地的旅游功能,不是农用地转为建设用地,只是住宅建设用地功能的增加,自然不需要办理土地用途变更手续,也就是说,利用宅基地从事农业旅游项目经营,只是对宅基地潜能的开发,是宅基地"物尽其用"的一种表现。

农家乐用地问题引发了学界的关注和争议。农家乐用地在现实中主要有三种表现形式:(1)利用现有的宅基地和住房开展农家乐营业,农民自己的住宅房屋与农家乐营业场所是一体的,在物理上难以区分;(2)在自己的宅基地范围内又新建了房屋,用于营业;(3)在自己的宅基地周围开辟新地,建造房屋,作为营业场所。① 由于宅基地具有生存保障性质,农家乐具有经营性质,允许经营性质的农家乐无偿使用免费取得

---

① 参见刘俊《中国土地法理论研究》,法律出版社2006年版,第334页。

的宅基地，无疑逃避了法律的监控。因此，学者建议针对农家乐用地建立
分类管理、有偿使用制度：（1）利用原有宅基地和住房经营农家乐的，即
使不符合乡镇土地利用总体规划，也允许其继续存在，但不得重建、扩
建。对农家乐超出法定宅基地面积的部分实行有偿使用。（2）在宅基地范
围外另辟新地建造的农家乐，征收土地使用费。（3）在宅基地范围内另建
房屋或在居住房屋上加建房屋作为农家乐的，征收营业税。[①]

是否要对农家乐用地实施有偿使用制度，关键看如何界定宅基地的范
围。如果把宅基地限定为住宅用地，实践中的农家乐用地就存在超标多占
问题。但如果把宅基地周边的自留地、自留山也视为宅基地的话，超标多
占就不是问题了。现实中的农家乐用地，不是在宅基地上，就是在自留地
上。宽泛地看，宅基地周边的自留地可纳入宅基地的范畴，农家乐用地基
本维持在宅基地的范围之内。从增加农民收入、发展农村多种经营和反哺
农民的角度来看，允许农民利用宅基地周边的自留地开展农家乐经营，利
大于弊。农民使用宅基地、自留地、自留山，都是无偿的，因而，利用这
些土地开展农家乐经营，不应该实行有偿使用制度。宅基地、自留地、自
留山从居住生活用地发展为居住生活和生产经营用地，与纯粹的经营性用
地还是有根本区别的，不能简单地把农家乐用地等同于经营性用地。只有
当农户通过农家乐等经营方式富裕起来，到城市购买了住房、有实力定居
城市，宅基地的生存保障性质逐渐消灭时，才能将农家乐用地定性为经营
性用地。目前，对经营性农家乐用地实施有偿使用制度还为时尚早。在相
当长一段时期内，农家乐用地一地两用——商住两用——的土地性质不应
发生变化。

当然，对于农民占用耕地的行为，应该加以约束和规范。对于未经
审批、少量侵占耕地的，可征收土地使用费；对未经审批，大量侵占耕
地的，符合总体规划的，补办耕地占用手续，补缴相关费用，不符合
总体规划的，责令恢复土地原状，对耕地造成永久性破坏的，依法
处罚。

（二）宅基地经营收益权与维护农家乐秩序

农家乐之所以能在全国各地推行并得到政策的大力支持和扶持，主要
是因为它符合节约用地、保护耕地的基本国策。充分调动和利用农村存量

---

① 参见刘俊《中国土地法理论研究》，法律出版社 2006 年版，第 334 页。

宅基地,在不影响农民安居的前提下开展农家乐项目,能有效实现农民增收、农村发展、拉动内需等目标。这种土地利用方式比先征收农村土地、安置失地农民,再由政府出让土地、开发商开发利用土地的模式,更容易被社会接受,也更有利于保护农民的利益。

农家乐用地虽然在政策上得到了支持,但这种政策支持带有明显的"临时"性。比如,一些地方政府为推行农家乐发展,将农家乐用地比照临时用地进行管理。规定:从事"农家乐"开发和经营,并经认定为省、市特色村和二星级以上经营户,因经营扩大,在利用原有住房不能满足经营需要的情况下,可以临时使用村内现有建设用地(宅基地)发展"农家乐",其用地参照临时用地管理;在利用村内现有建设用地(宅基地)还无法满足经营的扩大需要等特殊情况下,需要使用基本农田保护区以外非耕地,进行搭棚摆桌等形式发展"农家乐"的,由经营者与土地所有人签订复垦协议,在停止"农家乐"经营后,经营户应当按照协议负责复垦,其用地比照临时用地管理。① 这种政策规定依然是从政府统一经营土地的角度来看待农家乐用地的,并没有意识到农家乐用地是宅基地的商住两用。这对农家乐的可持续发展和农民利益的保护是有潜在风险的。

农家乐用地政策可能发生的变数主要有三点:(1)支持农家乐的政策是否会有反复。决策层可能会因为不同目标的考虑,在一段时间出台支持政策,另一段时间又出台限制政策,更有可能出现支持和反对政策交替出台的现象,如同副业政策一样。如果农家乐政策与副业政策一样出现反复现象,显然不利于农家乐产业的持续发展。(2)分散的宅基地利用会不会变成统一的宅基地开发。目前,农家乐经营是在乡镇土地利用总体规划下,由农户分散经营、自主经营收益。实践中已经发现经营户良莠不齐,经营者所得经营收益苦乐不均的现象。政策会不会出于公平的考虑,将分散经营变为统一经营,将自主收益变为统一分配。如果发生经营模式的转变,不仅直接影响农民的收益,也将对农民行使宅基地使用权形成新的限制。(3)农家乐用地的宅基地使用权性质会不会发生变化。由于农家乐是一种农业旅游项目,农家乐用地属于旅游用地,国家是否会统一将

---

① 参见泰顺县人民政府法制办公室对《泰顺县扶持"农家乐"休闲旅游业发展实施办法》(泰府法函〔2009〕4 号)的解释。

农家乐用地转为旅游用地统一管理。比如，收取土地出让金，规定统一的40年使用期，期限届满后统一收回，并适用建设用地使用权的法律规定，自由转让、出租、抵押等。如果宅基地使用权转变为建设用地使用权，不仅会改变宅基地使用权无偿取得、长期使用、农户专有等现状，也必将对整个农村土地利用秩序造成冲击。

为避免不必要的政策反复，维护农民的土地权益，保障农民的宅基地使用权，有必要将承认宅基地商住两用、承认宅基地经营收益的农家乐政策纳入正规的法律体系。"农家乐政策入法"既不需要单独出台相关单行法律，也不需要大肆修改现行法律。只要在《物权法》中增加宅基地使用权的收益权能即可，换句话说，在《物权法》中宅基地使用权法条中增加"收益"这两个字，就可以从法律层面消除农家乐政策可能存在的各种变数，维护现有的农家乐秩序。

第三节　宅基地经营收益权生长的政治基础

农村土地上的政治，实质上就是如何处理好国家与农民在土地收益分配上的关系。农民可以分到多少农村土地收益，是统治者根据一定的社会物质生活条件做出的决策。

在国家初建时期，如果这个国家的经济主要依靠农业，那么农民从农村土地中获取的收益基本上可以达到社会总体收益的平均水平。因为恢复农业生产秩序，需要激发农民的生产积极性，而让农民获得较多的土地生产收益无疑是最佳的激发生产积极性的手段。1949年后，通过土地改革的政治手段，中国农民相比于以往得到更多的土地生产收益。除了生产积极性提高、产量增加的因素之外，更重要的是土地生产收益的分配发生了变化。过去，农业土地生产收益主要分成主体是国家、地主和农民。土地改革后，利益分成主体变成了国家和农民。原本属于地主的那一份农业土地收益被国家和农民分掉了，农民相对多得了一份收益。

在农业生产秩序基本恢复后，国家为推进农业社会向工业社会的转变，需要为工业发展积累资本。在经济建设主要依靠自身发展积累的国家，工业原始积累的来源只有农业。国家只能通过政治手段重新调整农业土地收益在不同主体之间的分配比例。按照工业资本原始积累最大化原则，农业土地收益——主要是粮食——的分配就需要按照计划来进行，不仅要明确农民留用粮食的比例,并且要控制粮食的供应和销售。(1)农民的农业税费负担不断增加,除13%的农业税正税外,还有附加税。政务院在1952年发布《关于1952年农业税收工作的指示》规定一律取消农业税的地方附加,但第二年就恢复了地方附加,即附加征收农业税正税7%的地方附加用于地方公益事业支出。1954年又增加了3%—5%的省市地方附加。1956年附加征收比例从最高12%提升为22%。因农民负担过重,1957年将附加税降低为不超过正税的15%,但经济作物和园艺作物的附加可以达到正税的30%。(2)农副产品统购统销进一步压缩了农民土地收益的留成部分。统购就是国家统一收购农民的余粮;统销就是国家对城市居民和"缺粮农民"实行粮食定量配售。一方面要确保粮食能养活全部中国人,另一方面还要为工业积累资金,农民从农业土地中获得的收益自然被压缩到最低点。而要维持这种紧张局面,政社合一的人民公社的组织形式是必不可少的。

当工业化任务初步完成后,国家又面临城市化发展任务。需要大量土地来拓展城市发展规模,以支撑工业化发展,形成工业化、城市化互动发展格局。农业为工业提供原始积累的任务完成后,农民在农业土地收益分成中的比例逐渐提高。包产到户制度下,农民交足国家的、留足集体的,剩下的全是自己的。此后,农业税不断降低,直到完全消灭。农民在承包地上的收益最终完全归自己所有。但是,农民在农村建设用地上的收益分成比例还是被控制在最低的范围内。《土地管理法》规定的土地征收制度,按照农用地年收入标准支付土地价格后"拿进"土地,按照建设用地预期产出出让土地后"放出"土地,一进一出,政府获得了大量的城市化建设资金,而农民基本没有分享到农村土地增值的收益。

当国家的工业化和土地城市化任务基本完成后,土地上的政治目标发生变化,土地收益分成政策自然也会发生变化。现在中国在土地上的政治目标是城乡一体化,是城乡统筹发展,是农民的市民化。消灭农民的农村户口,不等于农民的市民化。农民市民化是指农民有能力、有条件、有意愿成为市民。有能力是指农民能在各行各业与城市市民开展公平创业竞争和公平就业竞争的能力。有条件是指农民有在城市安居的基本财产条件,他能买得起满足基本居住需要的住房,负担得起各种基本生活开销。有意愿是指农民真心实意地想放弃农业生产和农村生活,想从事非农工作、享受城市生活。农民市民化需要经历一个农民财富的积累过程，只有在农民财富不断积累的进程中，才可能发生农民市民化转变。消灭农民的农村户口、消灭农民的农村土地权利，让"一穷二白"的农民进城，这不是农民市民化，而是农民流民化。真正的农民市民化得建立在农民富裕的基础上，建立在农民有财力举家迁居城市、有能力获得稳定的城市就业岗位、有心情享受城市生活的基础上。因此，农民的市民化不是短时期内就可实现的目标，需要城乡统筹发展相当长一段时期后才有可能。一方面需要城市容纳能力进一步提升，包括城市的基础设施、居住设施进一步完善，城市的产业发展进一步完善，城市的服务功能进一步完善。另一方面需要农民充分富裕起来，农业进一步发达，农村区域功能进一步明确。城乡统筹发展阶段，最重要的指标是农民利用农村土地获得的土地收益积累不断增加。这是农民整体走向富裕的根本出路。靠农民外出打工实现农民整体富裕不现实。城市利用城市的土地走向繁荣、农民利用农村的土地走向富裕，这是统筹城乡发展的根本要求。唯有如此，才能顺利实现农民市民化的目标。

为实现农村土地上的政治目标，唯有让农民获得更多的农村土地收益。现有的农村政策已经在农村承包地上实现了让农民获取全部土地收益的目标。免除农业税，就是让农民获得承包地的全部土地收益。在此基础上，需要继续解放思想，尽量让农民获得农村土地的全部收益。在征收农村土地建设城市的任务尚未终止的前提下，可以首先放开宅基地上的收益，即让农民开发存量宅基地获取土地经营收益。副业生产政策、农家乐和家庭农场等政策已经放开了农民的宅基地收益。农村集体建设用地流转改革试点正在尝试进一步放开集体建设用地的收益。按照农村土地政策发展的趋势，农村土地收益的完全放开是必然的。农民独享农村土地利益，是实现新形势下农村土地政治目标的必要手段。

如果说农村副业政策只是农民分享农村土地收益方面的一种适度放松的话，那么，农家乐政策就是全面放开了农民宅基地的经营收益。如果今后国家按照市场价来征收农村土地，并允许农村集体建设用地与国家建设用地一样享受平等的法律地位的话，就进入了农民独享农村土地收益的阶段。

全面放开农村土地收益，让农民独享农村土地收益的时机或许还不成熟。但是，农民宅基地经营收益的全面放开已经被实践证明是成功的。不仅彻底释放了宅基地的利用功效，使农民从宅基地经营行为中获取更多的新增经济利益，而且城乡居民基于农家乐而发生的经济往来和社会交往，进一步促进了城乡一体化发展。将农家乐的宅基地收益政策写进法律，是中国农村土地政治发展到一定阶段的必然结果。

第 四 章

自由转让:农房买卖契约中不可
合法化的宅基地权利

第一节　宅基地流转概念辨析

一　流转概念的界定

流转，是中国立法创造的术语。《农村土地承包法》规定了"土地承包经营权的流转"。土地承包经营权转包、出租、互换、转让等行为被统称为流转。《广东省集体建设用地使用权流转管理规定》（以下简称《管理规定》）直接把"流转"一词写进法律文件标题中。该规定中的集体建设用地使用权流转包括出让、出租、转租、转让和抵押等形式。立法规定了流转的表现形式，却未明确流转的含义。

学界对土地承包经营权流转概念的解释各不相同。（1）广义的解释。认为流转包括物权性质的流转、债权性质的流转、股权性质的流转和征收性质上的流转。[①]（2）狭义的解释。认为土地承包经营权包括承包权和经营权（使用权），流转是将土地经营权转让给其他农户或经济组织，也即保留承包权，转让使用权。[②]（3）通常的解释。认为流转就是权利进入流通领域，土地承包经营权通过一定的运作方式在不同主体之间流动。[③]（4）法学专业的解释。认为流转不是规范的法律用语，应改称为移转。[④]将土地承包经营权移转给他人，发生权利主体的变更和土地承包经营关系的变化。[⑤]另外有学者认为，流转只是土地承包经营权的一种权能，即承

---

① 丁关良：《农村土地承包经营权初论》，中国农业出版社 2002 年版，第 236—238 页。

② 张红宇：《中国农村的土地制度变迁》，中国农业出版社 2002 年版，第 140 页。

③ 陈小君等：《农村土地法律制度研究——田野调查解读》，中国政法大学出版社 2004 年版，第 280 页。

④ 孟勤国、张里安主编：《物权法》，湖南大学出版社 2006 年版，第 172 页。

⑤ 参见胡吕银《土地承包经营权的物权法分析》，复旦大学出版社 2004 年版，第 146 页。

包方享有"依法流转权"。① 哪种解释更加准确,学界未能达成共识。

字面上看,流转是流动转移的意思。财产流转就是财产的交易、流通,土地流转就是土地的交易、流通,权利流转就是权利主体的变更。但事实上,我国立法规定的土地承包经营权流转和集体建设用地使用权流转不是单指权利主体的变更。立法上"权利流转"一词不仅包含了权利主体的变更,还包含物的处分、物的收益等内容。

建设用地使用权流转中的出让实际上是所有权人行使所有权的处分权能,而不是权利主体的变更。按照《管理规定》的定义,建设用地使用权出让是指"农民集体土地所有者将一定年期的集体建设用地使用权让与土地使用者,由土地使用者向农民集体土地所有者支付出让价款的行为"。农民集体土地所有者不是先在自己的土地上为自己设立一个建设用地使用权,然后把这个权利转让给他人,而是依法在自己的土地上为他人设立了一个用益物权。这与国有建设用地使用权出让是一样的,都是土地所有人行使所有权的处分权能的体现。

建设用地使用权流转中的出租实际上是所有权人或使用权人行使物权的收益权能,也不是权利主体的变更。按照《管理规定》的定义,集体建设用地使用权出租,是指"集体土地所有者或集体建设用地使用权人作为出租人,将集体建设用地租赁给承租人使用,由承租人向出租人支付租金的行为"。集体建设用地所有人在出租建设用地时,肯定没有将集体土地所有权移转给他人,法律也禁止土地所有权的移转。所有人出租建设用地收取租金,即收取建设用地的法定孳息,是行使所有权的收益权能。集体建设用地使用权人出租建设用地基于租赁关系收取法定孳息,行使的是用益物权的收益权能。在出租人与承租人之间没有发生建设用地使用权的移转。承租人得到的只是基于租赁合同产生的建设用地租赁权。

只有建设用地使用权转让属于真正意义上的权利主体的变更。转让,是集体建设用地使用权人将集体建设用地使用权再转移的行为。转让后,权利主体发生变化。建设用地使用权人抵押使用权的,可以算是一种预期的权利主体变更,因为一旦实现抵押权,建设用地使用权就会易主。设定抵押本身不是权利主体变更,但有发生权利主体变更的可能。

---

① 参见梅夏英、高圣平《物权法教程》,中国人民大学出版社 2010 年第 2 版,第 199—200 页。

综上可见，现行立法上的权利流转至少包含了权利主体变更、权利人行使处分权能、权利人行使收益权能等多重内容。

把诸多不同的法律概念全部塞进"权利流转"这一个术语中，然后笼统地讨论流转的正当与否，并制定流转的具体法律规则，势必造成混乱局面。就像在法制发展到民刑分立、民商分立的阶段，硬要把民法和刑法、民法和商法混杂在一起，制定一部统一的法典一样。不仅会发生无谓的争议，而且很难制定出妥当的法律规则。学界之所以在宅基地使用权流转、集体建设用地使用权流转等问题上争执不休，与流转概念的"杂烩"状态不无关系。让支持宅基地使用权出让、转让的主张和支持宅基地使用权出租的主张一同在"流转"的概念下进行理论争鸣，是根本不可能发生交锋的，因为他们各自所说的"流转"本不是同一内容。因此，必须厘清流转的边界。

处分和收益是物权法已经明确规定的概念，其含义在学理上也基本达成共识，无须再将这两个"法言法语"放进流转概念中。或者说，在学理上，可以把"处分"和"收益"从流转概念中剥离出来。这样一来，流转概念的含义就可以只限定为权利主体变更或权利移转。由于权利主体变更在学理上与权利取得和消灭有一定的重叠，因而将流转概念界定为权利转让更有利于准确地开展学术研讨。本书是所谓的宅基地流转，是最狭义的宅基地使用权移转，即宅基地使用权转让。

二 宅基地流转的法律内涵

(一) 宅基地流转是宅基地使用权移转

土地是不动产，不能移动，但土地上的权利可以移转。习惯上一般把土地承包经营权的移转和宅基地使用权的移转简称为土地流转。土地流转概念虽没有土地权利移转概念规范，但语言约定俗成的力量十分强大，使用土地流转概念可能更容易实现不同学科之间的沟通和交流。为此，我们只需在解释土地流转概念时，加上一句"土地流转，即土地权利移转"即可。所谓权利移转，是指权利在不同主体之间发生的移转。

宅基地流转是指宅基地权利移转，即宅基地使用权在不同主体之间的移转。中国实行的是土地公有制，国家土地所有权和集体土地所有权不能移转。农村集体土地所有权变为国家土地所有权，不是权利的移转，而是征收。权利移转与征收的区别在于前者基于当事人的意思而发生，后者基于国家强制力而发生。同时,法律也不允许一个农村集体组织的土地所有权移转给另一个农村集体组织。因此,宅基地权利移转,在中国只是宅基地使用权的移转。人民公社时期,宅基地使用权可以随房屋所有权的转移而转移。实践中,也有同一农村集体里不同集体成员之间移转宅基地使用权的情形。这些现象都可以称为宅基地流转。

(二) 宅基地流转与宅基地使用权的处分权能无关

宅基地使用权是用益物权,没有处分权能,宅基地使用权何以能移转宅基地呢?宅基地流转的是宅基地使用权,不是宅基地本身。宅基地使用权没有处分宅基地的权能,不代表宅基地使用权本身不能发生移转。移转宅基地使用权,不以宅基地使用权具有处分权能为前提。

一种权利可以从"甲主体"转移到"乙主体",也可以从"乙主体"转移到"甲主体"。这种权利移转反映的是权利主体之间交易其权利的情形。权利主体可以交易物权,也可以交易债权。权利在不同主体之间交易的前提是权利主体享有该权利,而不管这种权利本身是否具有处分权能,也就是说,具有处分权能的所有权可以交易,没有处分权能的用益物权也可以交易,作为"对人权"的债权同样可以交易。一种权利可以移转,说明它是可流通的财产;一种权利不能移转,说明它是禁止流通财产。权利移转与权利的处分权能不是一回事。可流转的权利未必具有处分权能,禁止流转的权利或许具有处分权能。比如,国家土地所有权具有处分权能,但它是不能流转的。承包地、宅基地可以流转并不等于土地承包经营权和宅基地使用权具有了处分权能。

第二节 中国法律对待宅基地转让的态度

中国法律对待宅基地流转的态度是允许、限制还是禁止,学界素有争议。

限制宅基地流转说的主要依据是《物权法草案》(2005 年 7 月 10 日)。《物权法草案》第 162 条第 1 款规定:"宅基地使用权人经本集体同意,可以将建造的住房转让给本集体内符合宅基地使用权分配条件的农户;住房转让时,宅基地使用权一并转让。禁止城镇居民在农村购置宅基地。"《物权法草案》允许宅基地使用权在农村集体内部随着住房转让而转让,但不允许转让给城镇居民。这就是所谓的宅基地流转的限制说。限制说其实是对农村宅基地流转一些常见现象的承认。长期以来，中国农村人口迁移受到法律的严格限制，但毕竟会发生少量的农村人口迁移的情形，包括从一个农村集体迁往另一个农村集体、从农村迁往城市两种情况。农户举家迁移时，有些人会把宅基地上的住宅拆除，搬走一些建筑材料，另一些人会将住房转卖给同村有需要的农户。在后一种情形下，宅基地使用权自然也移转给了买房人。为规范和约束这种农户迁移时发生的住房转让行为，《物权法草案》对宅基地流转做出了限制性规定。但限制宅基地流转规则并未出现在《物权法》中。对现行法律有关宅基地流转的规定，学界的解释主要有禁止流转和不禁止流转两种观点。

认为现行法不禁止宅基地流转的主要观点是：（1）《担保法》第37条第2项和《物权法》第184条第2项只是明确规定宅基地使用权不得抵押，并未规定其不得以其他形式流转。（2）《土地管理法》第63条虽然明确规定"农民集体所有的土地的使用权不得出让、转让或者出租用于非农建设"，但这里的土地使用权不包括宅基地使用权。（3）《土地管理法》第62条第4款规定"农村村民出卖、出租住房后，再申请宅基地的，不予批准"，表明"农村宅基地使用权允许流转，但是一旦转让，就不能再基于村民身份而申请宅基地，也不能获得批准"①。

认为现行法禁止宅基地流转的是主流观点。但不少学者都认为，《土地管理法》第62条虽然禁止宅基地使用权流转，却没有禁止农村房屋的出卖。② 另有学者认为："农村宅基地使用权属于不得或限制移转的土地使用权，因此，宅基地上的房屋所有权也不得或限制移转。"③ 因而，宅基地流转禁止说中，就出现了"宅基地使用权和农村房屋所有权同时禁止流转"和"农村房屋所有权可以流转而宅基地使用权禁止流转"的两种不同解释。后一种解释认为前者受到了"房随地走"、"地随房走"的法律传统的影响，属于认识误区，他们认为，房"走"了，地的所有权和地的使用权并非一定要跟"走"，宅基地所有权和使用权，作为物权，

---

① 王崇敏、孙静：《农村宅基地使用权流转析论》，《海南大学学报》（人文社会科学版）2006年第2期。

② 韩世远：《宅基地的立法问题——兼析物权法草案第十三章"宅基地使用权"》，《政治与法律》2005年第5期；陈建贞：《如何走出农村私有房屋买卖的困境——谈非集体组织成员能否成为农村私有房屋买卖合同的买主》，《人民司法》2007年第1期。

③ 孟勤国：《物权法开禁农村宅基地交易之辩》，《法学评论》2005年第4期。

都可以不跟着房屋所有权一起转移。①

从法律解释角度看,现行法是禁止宅基地流转的,同时也禁止了农村房屋所有权的流转。(1)《土地管理法》第63条明文规定宅基地使用权不得流转。根据《土地管理法》第43条规定,"农民集体所有的土地的使用权"包括"兴办乡镇企业"、"村民建设住宅"以及"乡(镇)村公共设施和公益事业建设"三种情形下的土地使用权。《土地管理法》第63条中的"农民集体所有的土地的使用权"不会把宅基地使用权、公共设施、公益事业建设用地使用权排除在外。规定农民集体所有的土地的使用权不得流转,就包含了宅基地使用权不得流转的内容。第63条后半段的"但书"规定——"但是,符合土地利用总体规划并依法取得建设用地的企业,因破产、兼并等情形致使土地使用权依法发生转移的除外。"——是前文禁止农民集体所有的土地的使用权流转的例外规定,不是禁止乡镇企业建设用地使用权流转的例外规定。如果仅仅是规定乡镇企业建设用地使用权的禁止流转及例外,那么该法条就应该写成:"乡镇企业建设用地的使用权不得出让、转让或者出租用于非农业建设,但是,因破产、兼并等情形致使土地使用权依法发生转移的除外"。把宅基地使用权排除在《土地管理法》第63条中的"农民集体所有的土地的使用权"之外,既不符合《土地管理法》的立法体系,也不符合该法条"但书"规定的立法逻辑。(2)《担保法》第37条第2项和《物权法》第184条第2项明文规定宅基地使用权不得抵押,其立法理由就是因为宅基地使用权无法转让,不能变价。不能变价的财产当然不能抵押。宅基地使用权不得抵押与《土地管理法》第63条规定的宅基地使用权不得出让、转让或者出租,相互印证,共同形成了禁止宅基地流转的立法体系。(3)《土地管理法》第62条第4款规定,并未说明宅基地使用权可以流转,也没有表明允许农村房屋买卖。法律规范的逻辑结构一般包括"假定、处理和制裁"三部分或者"假定和处理"两部分。"农村村民出卖、出租住房后"是法律规范的"假定"部分,即假设的条件,"再申请宅基地的,不予批准"是处理部分。将这个法律条文"翻译"成日常生活用语就是:如果农村村民出卖、出租住房以后,没有了宅基地,再申请宅基地的,县级人民政府

---

① 韩世远:《宅基地的立法问题——兼析物权法草案第十三章"宅基地使用权"》,《政治与法律》2005年第5期。

不予批准。把这种"假定条件"解释为允许农村村民卖房或授予农村村民房屋处分权或者不禁止农村村民出卖房屋等,不能成立。《土地管理法》第62条第4款是对农村村民出卖、出租房屋这种"假定条件"的"制裁",从宅基地管理角度,给予不再批准宅基地申请的处理。既然《土地管理法》对农村村民出卖、出租房屋这种"假定条件"给予了制裁,就说明,农村村民出卖、出租房屋在《土地管理法》上属于给予制裁的违法行为。这清楚地表明了立法的态度。对法律条文规定产生误读是正常的,但不能因为会产生误读就反推出这个法律条文的写法有问题。《土地管理法》第62条第4款这种写法,是立法惯常的表述。比如,《土地管理法》第73条规定,买卖或者以其他形式非法转让土地的,由县级以上人民政府土地行政主管部门没收违法所得。难道解释这款规定时,能得出法律不禁止或者允许"买卖或者以其他形式非法转让土地"吗?刑法的条文都是按照这种立法文字表述方法写就的。我国《刑法》第232条规定:"故意杀人的,处死刑、无期徒刑或者十年以上有期徒刑;情节较轻的,处三年以上十年以下有期徒刑。"谁也不会把"故意杀人的"这个"假定条件"解读为法律不禁止或者法律允许故意杀人。法律解释可能由于解释者的立场不同而出现不同的结论,但对于《土地管理法》第62条第4款规定的解释,是不需要加入解释者的价值判断的。"农村村民出卖、出租住房后"的立法表述只不过是一种简单的立法文字表达技术,并不难解。(4)由于法律禁止宅基地流转,宅基地之上的农村房屋所有权的流转也因此受到"牵连"。到目前为止,尚没有任何法律规定房屋所有权流转可以和"土地所有权"或者"土地使用权"之外的任何一种土地债权一同流转。而"房随地走"、"地随房走"是我国法律的明文规定,如《物权法》第146条、第147条。因此,农村房屋所有权不能脱离宅基地使用权而单独转让。

第三节　农村房屋买卖中宅基地转让实践述评

法律禁止宅基地流转,但现实生活中的确存在宅基地流转的事实。农村私房买卖是典型。农村房屋买卖引发的宅基地流转,是基于一定的市场需求而产生的。但这种市场需求引发的宅基地流转,在实践中并未得到法院的普遍支持,也就是说,对其正当性和合理性尚存在较大争议。

一　农村房屋买卖是否自发形成了宅基地流转规则

（一）农民出卖房屋后又起诉要回房屋事件及其影响

北京通州宋庄镇小堡村，居住的画家有 200 多位。以小堡村为核心，宋庄艺术家群落向周围辐射，辛店、大兴庄等十几个村子现在也都成了艺术家的聚居地。这些村落因众多画家定居而被称为"画家村"。早期到来的艺术家多是购买了农民的院子，自己加以改造，打造成符合自己个性的住宅兼工作室。李玉兰是其中之一。2002 年 7 月 1 日，李玉兰与当地村民马海涛签订房屋买卖协议。双方约定马海涛以 45000 元的价格将位于北京市通州区宋庄镇辛店村的正房五间、厢房三间及院落出售给李玉兰。当天李玉兰交清了房款，马海涛交付了房屋。后李玉兰对该房屋进行整修，添加卫生间等附属设施，新建三间西厢房。

2006 年 10 月，马海涛起诉李玉兰，要求撤销合同，收回房子。2007 年 7 月，通州法院宋庄法庭一审判决该协议无效，马海涛向李玉兰支付 9.4 万余元房屋补偿，李玉兰腾退房屋。2007 年 12 月，中院终审维持原判，但指出李玉兰可就信赖利益损失另行主张赔偿。

2008 年 1 月，李玉兰起诉马海涛，要求对方赔偿房屋现值和当初价格的差价 48 万元。2008 年 10 月，通州法院一审判决马海涛赔偿李玉兰信赖利益损失 18.5 万元。李玉兰上诉。2009 年，北京市二中院终审判决维持原判。

"马海涛诉李玉兰案"与"李玉兰诉马海涛案"，被誉为"农民房买卖第一案"。受其影响，同一时期，宋庄画家村又接连出现了十几起农民起诉画家案件，农民主张归还房屋和宅基地。画家村农民房屋买卖"群诉案件"产生了重大社会反响。

画家群居宋庄，形成了宋庄别具特色的文化产业，带来的经济效益超乎想象。20 世纪 90 年代后期，在小堡村买一个农家小院不超过 1 万元，五六年后，少说也要 10 万元；过去租一个小院月租金 300 元，现在动辄上千元，仅此一项，全村农民年租金收入就有 120 万元之多。1994 年村里只有 4 个小卖部，现在光超市就 8 家，饭店 46 家，画廊 6 家，美术用品商店 4 家。按照一个艺术家 1 年消费 2 万元现金来估计，1000 名艺术家能带来 2000 万现金流，服务业能解决

1000 人的就业问题。宋庄镇抓住画家群居宋庄契机，致力于完善文化市场的产业链条，开辟了占地 400 亩的艺术园区，5000 平方米的大型艺术展厅已投入使用。围绕艺术园区，美国、中国台湾地区等地的艺术家、画廊也纷纷盯上宋庄，美国现代艺术博物馆、中国台湾香港画廊也都在加紧建设中。①

宋庄艺术产业本身的价值以及由此引发的相关产业如旅游、服务、房地产及其租赁等的兴旺，势必给宋庄带来显著变化。据说，宋庄艺术家将给宋庄带来 2.5 亿元的年产值。由于"群诉事件"引起了画家的强烈不满，可能逼迫画家撤离宋庄，进而影响宋庄艺术产业的前景，因而"群诉案件"引起了宋庄地方政府的高度关注。

宋庄村"群诉事件"直接牵涉农民、画家和当地政府三方利益。三方对待宅基地流转的态度各不相同。农民希望借助法律禁止宅基地流转的规定要回自己的宅基地，期待将来土地征收时获取更多的土地征收补偿款。画家希望借助合同法维持农村房屋买卖合同的效力，维持房屋所有权移转的事实不变。地方政府希望国家法律不干预农民宅基地流转，让农民自主决定是否流转宅基地，以维护当地经济发展的大好局面。同时，地方政府也希望农民有权流转宅基地，以便在出卖房屋时获得更多的流转收益。按照地方政府的思路，最好的解决方法是开禁宅基地流转，让画家适当补交一笔土地使用费给农民，以平衡双方利益。但农民的思路是不放弃具有长期使用价值的宅基地使用权，想独占宅基地增值收益。而画家也不太愿意补交土地使用费，认为宅基地之所以能够增值应归功于他们这个群体的聚集。

(二) 农村房屋买卖中未自发形成宅基地流转规则

剖析"群诉事件"，至少可以得出两个结论：

其一，在农村房屋买卖行为中，各方都缺乏宅基地流转的意思表示。农民事先并不知道房屋出卖后，宅基地使用权是否一同移转；画家不清楚购买农房后，是否能享受到宅基地使用权；地方政府以及村集体也不明白农房买卖后，宅基地使用权是否归画家享有。他们把关注点放在了房屋

---

① 乔润令：《宋庄启示：顺势而为　低成本推进小城镇产业发展》，http：//finance. sina. com. cn/china/dfjj/20090401/17246053811. shtml。

上，忽略了宅基地价值以及宅基地将来可能发生的增值。如果事先就知道一亩土地的出让价格可以高达 200 万—300 万元，甚至更高，农民在出卖住房时肯定不会无视宅基地的价值。画家在当初买房时只是想在当地安居下来，自觉打造一个艺术家的产业集群，对宅基地增值也缺乏明确预期，甚至对自己有没有宅基地使用权也不太在意。村集体和地方政府意在"招商引资"，他们关注的是画家来不来，来了多少，能不能在当地定居下来。至于画家购买了农民的住房后，画家对于住房的产权和宅基地的产权问题，显然不属于地方官员推进经济建设的思考范围。农房买卖是否存在产权纠纷，本不在地方官员的职责范围之内。因此，宅基地流转不是农村房屋买卖当事人有意识的明确的意思表示，也不是村集体和地方政府支持农房买卖行为背后的意思表示。农房买卖行为与宅基地流转，在实践中并不是一回事。无论哪一方，都把农房买卖孤立地看作是房屋买卖，而不是附带了宅基地使用权流转的一种买卖行为。

其二，在农房买卖行为中，各方对于农房买卖行为的法律效力缺乏明确的心理预期。农村房屋能不能出卖给城镇居民，事实上，当事各方均不是很清楚。农民从现实中可以观察到的事实是，以前好像有人把房子卖给了城里人，城里人也可以到农村申请宅基地，并修建住宅。根据以往的经验，现在把房子卖给外乡人应该没有问题。农民显然不会去关注书本上的法律和文件中的政策法规的变化，他们基本上是按照生活经验来行事的。画家是否明确知道法律和政策法规有关农村房屋买卖的规定，不得而知。就像前文指出的那样，学界对农村房屋买卖的法律规定的理解也有不同，因此，即使有人知道有什么法律规定，也未必知道这个规定准确的法律含义。农村房屋买卖合同当事人基本上是按照经验在行事，他们会主动找到村集体、乡镇政府去寻求帮助。而村集体、乡镇政府也不会刻意去咨询律师、法官或法学家，只是根据当地经济发展的需要，提出一些有利于推进农村房屋买卖的建议，甚至愿意作为农村房屋买卖合同的见证人。在此情形下，农村房屋买卖合同当事人签订合同的胆气就增加了。至于这种交易行为最终是否合法，就不在当事人考虑之列了。可见，当事人有买卖农村房屋的意思表示，但对这种意思表示能否发生预期的法律效果并不深究或者说心里没底。

综上可知，农村房屋买卖行为中，当事人并没有自发形成宅基地流转的行为规则，或者说，并没有明确针对立法的禁止性规定而创造出新的宅基地流转规则，并没有对可能产生的各种后果有明确的约定和预期。

二 宅基地流转和农村房屋买卖是否得到了法院的支持

"农民告画家"和"画家告农民"的连环案，最终结果让双方都不满意。农民马海涛不满意，他虽然要回了房子，但需要支付给李玉兰9.4万余元房屋补偿款和18.5万余元的信赖利益赔偿款，还背负了背信弃义、见利忘义的骂名。画家李玉兰也不满意，她要搬离工作、生活多年的住宅兼工作室，重新寻找安身之所，而不足30万元的补偿款无法让她再定居宋庄。到头来，这个案件没有赢家。那么，法院到底是否支持农村房屋买卖和宅基地流转呢？

（一）法院对农村房屋买卖合同效力的不同判决

农村房屋买卖纠纷早有发生，各地法院也有判决。有的支持农村房屋买卖合同有效，有的认定其无效。威海市环翠区人民法院认定该类合同有效。2002年10月16日，许某与邹某签订了一份房屋买卖协议。双方约定，邹某购买许某位于威海市环翠区前峰西村建筑面积为76.05平方米的房屋，房价款为55000元。合同签订后，邹某向许某全额交付了房款，许某也依约向邹某交付了房屋。此后邹某一直居住在这所房屋。2006年1月17日，许某向威海市环翠区人民法院提起诉讼，称因邹某不具有前峰西村户口，房屋产权过户手续一直未能办理，双方间的房屋买卖合同违反了我国土地管理法和国务院办公厅有关宅基地不得转让的强制性规定，请求法院确认房屋买卖合同无效。法院经审理后认为：

> 原告许某出售的房屋系其依法建造并取得产权手续的合法财产，当初买卖房屋时已与买主邹某就该房屋所有权的转让达成协议。许某以该买卖合同违反了我国土地管理法关于限制宅基地转让的规定、国务院办公厅禁止买卖农村土地的通知为由请求确认买卖合同无效，系将国家法律关于限制转让农村房屋宅基地的规定错误地理解为限制房屋转让的规定。而国务院办公厅的通知不属于国家法律行政法规范畴，不足以影响合同效力；是否办理产权过户手续，属合同履行的行为，也不影响合同的效力。原告许某与被告邹某签订的房屋买卖合同出于双方当事人自愿，有关法律和行政法规并不限制转让，也无我国《合同法》规定的其他导致合同无效的情形，该合同为合法有效合

同，原告要求确认合同无效无法律根据。依据《合同法》第五十二条的规定，法院作出判决：驳回原告要求确认其与被告签订的房屋买卖合同无效的诉讼请求。[①]

与此相反，北京市通州区人民法院在处理农村房屋买卖合同案件时一般判决合同无效。如北京市通州区人民法院审理李玉兰与马海涛买卖合同纠纷案的民事判决书（［2008］通民初字第02041号）判决无效：

> 原告李玉兰与被告马海涛所签订的房屋买卖合同被法院确认无效后，双方应按照各自的过错程度承担相应的责任。考虑到马海涛作为出卖人在出卖时即明知其所出卖的房屋及宅基地属于我国法律禁止流转范围，其在出卖房屋多年后又以违法出售房屋为由主张合同无效，故其应对合同无效承担主要责任。对于李玉兰作为买受人信赖利益损失的赔偿，应当全面考虑出卖人因土地升值或拆迁、补偿所获利益以及买受人因房屋现值和原买卖价格的差异所造成损失两方面因素予以确定。马海涛出售给李玉兰的房屋及添附部分价值已经法院判决折价补偿李玉兰，就本案而言，对于李玉兰信赖利益损失的赔偿，仅考虑出卖人因土地升值或拆迁、补偿所获利益的因素，参照马海涛出售房屋宅基地区位总价予以确定。故对李玉兰要求马海涛赔偿损失的诉讼请求，理由正当，证据充分，本院对其合理部分予以支持。

两份判决的结果截然相反，而且判决理由针锋相对，前一判决认为国家法律只限制宅基地转让不限制农村房屋转让，后一判决却认为农村房屋和宅基地属于国家法律禁止流转范围。不同法院的法官对国家宅基地法律制度的解释和适用恰好相反。

（二）司法界对于农村房屋买卖合同效力的学理认识

2004年北京市高级人民法院就此类型案件进行研讨，并发布了《农村私有房屋买卖纠纷合同效力认定及处理原则研讨会会议纪要》（京高法发［2004］391号），以指导法院判决。其指导意见主要有以下三个要点：

---

① 转引自黄宗殿、王军《农村房屋是否可以自由买卖》，《河南公安高等专科学校学报》2006年第2期。

其一，列举了农村房屋买卖纠纷案件的特点。这些案件大多依约履行了合同义务，出卖人交付了房屋，买受人入住并给付了房款，但多未办理房屋登记变更或宅基地使用权变更登记手续；从诉讼的起因来看，多缘于土地增值以及土地征用、房屋拆迁等因素，房屋现值或拆迁补偿价格远远高于原房屋买卖价格，出卖人受利益驱动而起诉；从标的物现状来看，有的房屋已经过装修、翻建、改建等添附行为。

其二，研讨会多数意见认为农村私有房屋买卖合同应当认定无效，主要讲了四点理由：（1）法律禁止农村住宅面向城镇居民出售、禁止以农村房屋买卖形式非法转让土地。他们列举的法律规定是国务院办公厅1999年颁布的《关于加强土地转让管理严禁炒卖土地的通知》规定，即"农民的住宅不得向城市居民出售，也不得批准城市居民占用农民集体土地建住宅，有关部门不得为违法建造和购买的住宅发放土地使用证和房产证"。还有土地管理局［1990］国土函字第97号《关于以其他形式非法转让土地的具体应用问题请示的答复》，即原宅基地使用者未经依法批准通过他人出资翻建房屋，给出资者使用，并从中牟利或获取房屋产权，是属"以其他形式非法转让土地"的违法行为之一。这两则法律规定属于政策法范畴。（2）宅基地流转损害了集体经济组织和其他集体成员的利益。他们认为，"宅基地使用权是集体经济组织成员享有的权利，与特定的身份关系相联系，不允许转让。目前农村私房买卖中买房人名义上是买房，实际上是买地，在房地一体的格局下，处分房屋的同时也处分了宅基地，损害了集体经济组织的权益，是法律法规明确禁止的"。也就是说，即使农民自愿也不能让宅基地流转合法化，因为宅基地流转损害了集体和他人的合法权益。（3）在实践中，行政执法部门不提供相应的法律保护。他们认为，"农村房屋买卖无法办理产权证书变更登记，故买卖虽完成，但买受人无法获得所有权人的保护"。农村房屋所有权和宅基地使用权的变动，属于物权变动，需要有明确的法律依据。但事实上，没有任何一部法律对此做出明确规定，因而行政机关不可能仅仅根据"农村房屋买卖合同"办理房屋产权变更登记。（4）从社会效果来看，农村房屋买卖不利于保护出卖人的利益。他们认为，"认定买卖合同有效不利于保护出卖人的利益，在许多案件中，出卖人相对处于弱者的地位，其要求返还私有房屋的要求更关涉到其生存权益"。此外，他们还认为，"此类合同的效力以认定无效为原则，以认定有效为例外，如果买卖双方都是同一集体经济组织的成员，经过了宅基地审批手续的，可以认定合同有效"。

其三，研讨会明确了农村私有房屋买卖纠纷案件的处理原则。包括"尊重历史，照顾现实"的原则；"注重判决的法律效果和社会效果"的原则，特别提到要"起到制约农民审慎处分自己房屋的积极效果"；"综合权衡买卖双方的利益"的原则。

综上可见，这份研讨会纪要详细说明农村房屋买卖合同应当判决无效的理由。先找法律依据，再看社会现实，并从判决可能引发的社会效果中寻求司法的公平正义。

然而，依然有法官认为此类案件应判定农村房屋买卖合同有效。浙江省金华市中级人民法院的应秀良，从合同法、行政法、物权法等视角观察，认为农村房屋买卖合同应当认定为有效。他说，从合同法角度看，认定农村房屋买卖合同无效尚缺乏充分理由；从土地管理法看，是允许农村房屋买卖的，禁止集体土地使用权转让的规定只是调整宅基地以外的其他非农业建设用地；从《国务院关于深化改革严格土地管理的决定》看，"禁止城镇居民在农村购置宅基地"是指禁止直接从村集体经济组织审批或购买宅基地，并没有明确禁止已获合法批准的宅基地的转让，至少没有禁止农村房屋的买卖；从物权法角度看，由于农村房屋所有权与宅基地使用权为两种不同的物权，各自遵照不同的规则，应当承认房屋的所有权有时与宅基地使用权是可以分开的。在目前宅基地管理制度下，无法按照"地随房走"原则处理房地一体化问题。在司法实践中处理房屋抵押效力时，可以认定土地使用权抵押无效，但不影响房屋抵押的效力。同时，《物权法》第 15 条规定了区分原则，合同效力与物权变动相互独立，没有发生物权变动的，也不影响合同的效力。①

总之，司法实务界，既有认为农村房屋买卖合同的无效，也有承认其有效的。

三　农村房屋买卖纠纷法律适用的澄清

（一）法律禁止城镇居民购买农房

农村房屋买卖的效力认定在司法实践中，之所以存在不同的认识，主要是因为研讨会纪要并没有把相关理由讲透，特别是没有讲清楚现行法为

---

① 参见应秀良《农村房屋买卖合同效力辨析》，《法律适用》2009 年第 7 期，第 53 页。

什么禁止农村住房流向城镇居民。

有人说《土地管理法》没有明确规定"禁止城镇居民购买农村住房"这一条，这是误解。《土地管理法》第 62 条第 1 款"农村村民一户只能拥有一处宅基地"之规定，有明确禁止城镇居民享有宅基地的含义。"农村村民一户只能拥有一处宅基地"是 1998 年《土地管理法》修订后的新规定。之所以新增这条规定，是因为 1998 年《土地管理法》修订时，删除了 1986 年《土地管理法》第 41 条"城镇非农业户口居民建住宅"的内容。换句话说，1998 年土地管理法修订之前，城镇居民可以依法享有农村宅基地，但是 1998 年土地管理法修订之后，取消了城镇居民的这个权利，并规定只有农村村民才能享有宅基地使用权。从此以后，宅基地使用权成为农民的一种身份权利。"农村村民一户只能拥有一处宅基地"的法律规定完成了两个立法任务，一是明确了农村宅基地使用权的主体是农户，二是明确了农户享有宅基地的数量。结合《土地管理法》有关宅基地使用权主体制度的演变过程，不难理解"农村村民一户只能拥有一处宅基地"是一条明确禁止城镇居民享有宅基地的规定。1998 年《土地管理法》修订是一道分水岭，之前的农村房屋卖给城里人是合法的，之后就不合法了。

此外，农村房屋买卖合同效力的判定，只能依据法律和行政法规，这当然没错。《最高人民法院关于适用〈中华人民共和国合同法〉若干问题的解释（一）》（法释〔1999〕19 号）第 4 条规定："合同法实施以后，人民法院确认合同无效，应当以全国人大及其常委会制定的法律和国务院制定的行政法规为依据，不得以地方性法规、行政规章为依据"。但是，对这个司法解释也有人存在不当的解释。他们据此认为，国务院办公厅1999 年颁布的《关于加强土地转让管理严禁炒卖土地的通知》不是法律也不是行政法规，不能适用。① 笔者认为，司法判决适用国务院办公厅的通知是合法的。国务院办公厅的通知不是地方性法规、行政规章，而属于国家政策。根据《民法通则》第 6 条规定："民事活动必须遵守法律，法律没有规定的，应当遵守国家政策。"《民法通则》是全国人大制定的法律，人民法院当然可以据此遵守国家政策，进而判定合同的效力。

---

① 高巧丽、刘欣：《农村房屋买卖法律问题探究》，《合作经济与科技》2008 年 5 月号下，第 120 页。

综上可见,从《土地管理法》到国家政策,都明确规定农村住房不得向城镇居民出售。

(二)农房买卖合同无效后,农民不应赔偿买房人的信赖利益损失

法院判决农村房屋买卖合同无效之后,在处理当事人利益方面,法院的判决存在适用法律不当的问题。在"李玉兰诉马海涛案件"中,法院根据《合同法》第58条判决马海涛赔偿李玉兰信赖利益损失,不妥当。

法院认为,马海涛"在出卖房屋多年后又以违法出售房屋为由主张合同无效,故其应对合同无效承担主要责任"。这个结论不能成立。马海涛在出卖房屋多年后又以违法出售房屋为由主张合同无效,该行为既不违法,也不违反诚实信用。表面上,马海涛与李玉兰签订合同,并履行了合同,多年后又要求撕毁合同,违反诚信原则。实质上,马海涛出卖房屋行为违法,多年后,他主动到法院承认违法事实,"反悔"违法行为并不违反诚信原则。《合同法》第6条规定:"当事人行使权利、履行义务应当遵循诚实信用原则。"诚实信用原则是在当事人行使权利、履行义务时应遵循的民法原则,而不是当事人违法时应遵循的法律原则。如果违法了,还坚持诚实信用原则,不交代、不告发,那叫死不悔改;如果违法了,马上交代、及时告发,那叫坦白、自首、立功。撕毁合法有效成立的合同,违反诚信;撕毁违法合同,值得提倡。法院已经认定马海涛与李玉兰的房屋买卖合同因违法而无效,又怎么能因马海涛主动向法院提出诉讼而判定他违反诚信,进而承担合同无效的主要责任呢?

或许有人认为,判定马海涛负主要责任是因为现在房屋土地升值了,马海涛见利忘义才起诉的,他动机不纯。但是,合同当事人是否违反诚实信用原则不考虑他的动机。如果以动机作为判断标准,法律适用就会出现因动机不同而判决不一样的情形,有失公允。现在查清楚了马海涛见利忘义的动机,判他承担主要责任,那么,下一次,有人提出要撕毁农村房屋买卖合同,并将所得利益捐献给希望工程,那么法院又怎么判呢?所以,判断马海涛的过错大小、责任大小,既不能以动机为标准,也不能适用《合同法》第6条。法院在这里适用诚实信用原则,是对诚信原则的错误理解。既然前提错了,结论也不可能正确。法院判定马海涛赔偿李玉兰的信赖利益,没有道理。

信赖利益损害赔偿是为了保护善意无过失当事人的利益,不保护违法者的利益。李玉兰作为违法者,不能享有信赖利益。李玉兰明知城镇居民

不得到农村买房，依然与马海涛签订农村房屋买卖合同，其行为已经违法，属明知故犯。法律不会让违法合同产生当事人期待的法律效果，也不会让违法双方得到相互信赖的利益。违法者对违法合同的所谓信赖，只是一种臆想的信赖。都违法了，谁还能期待对方信守诺言吗？法律不会要求两个违法的合同当事人去信守合同，更谈不上给其中一个违法者信赖利益保护。

违法者为违法合同所做的一切准备、付出以及可能的其他交易机会都无法成为受法律保护的信赖利益，因为信赖利益只属于善意无过失的当事人。日本学者石田文次郎分析过其中的道理，他说，信赖利益赔偿中，当事人之间没有权利义务关系，但法律基于诚信原则与衡平观念，为保护交易安全，规定了这种特别责任。法律规定这种特别责任，自然应当规定合理条件，而赔偿权利人亦应当有正当理由，才能主张损害赔偿。所谓"合理条件"与"正当理由"，即指善意并无过失。① 李玉兰明知行为违法、合同无效，而仍然签订合同、履行合同，其本身有恶意，即使合同无效后受有损害，系咎由自取，法律自无须再予保护。

或许有人会说，马海涛不赔偿李玉兰信赖利益损失，岂不是获得了不当利益。研讨会纪要提到该类案件的处理原则时，要求："要注重判决的法律效果和社会效果。判决要以'有利于妥善解决现有纠纷、有利于规范当事人交易行为'为指导，起到制约农民审慎处分自己房屋的积极效果。"这个要求本身是合理的，让农民审慎处分自己房屋也是应该的。但让违法的农民赔偿违法受让人的信赖利益，肯定不是一种妥当的处理办法。除了在法律依据上站不住脚之外，社会效果上也适得其反。其他农民会不会接受这个案件的教训，从此审慎处分自己的房屋呢？不会，他们会选择从此不再去法院起诉，不再通过法律来保护自己合法权益，不再通过法律来捍卫自己拥有长期使用权的宅基地，他们会选择"私力"或"暴力"方式赶走买了他房子的"城里人"；或者与"城里人"私下协商，让"城里人"补点钱或者合理分配将来的土地征收款和土地升值款，以不"惊动"公权力的方式彻底"私了"。不管哪一种结局都是法律和当局不希望看到的。

---

① 转引自林诚二《民法理论与问题研究》，中国政法大学出版社 2000 年版，第 269 页。

　　法律禁止宅基地流转,规定宅基地使用权只有农村集体成员才能享有,规定宅基地使用权是一种长期使用权,均旨在保护社会弱者的利益。让农户家庭不管在任何情况下都不会流离失所。现在,农民违法卖掉了自己的房屋和宅基地,又反悔了,法律当然支持他的反悔,但法院却要他赔偿一笔并不存在的信赖利益损失以示警戒,就因为他忏悔了自己的违法行为,这显然没有道理。按照警告违法者的逻辑,更应该让"城里人"赔偿农民一笔钱,因为他们既违法又"不悔改",他们期待法律开禁宅基地流转。

　　考虑法律依据和社会效果,本案应适用《合同法》第 59 条,认定为恶意串通。

　　首先,双方有损害集体利益的恶意。民法上的恶意是相对于善意而言的,即明知或应当知道某种行为会造成国家、集体或第三人的损害,而依然实施该行为的,为恶意。双方都知道宅基地所有权属于集体,农户只享有宅基地使用权,而宅基地使用权是不允许买卖的,特别是城镇居民不得享有宅基地使用权。但是双方依然通过房屋买卖的方式事实上转移了宅基地使用权,侵害了集体土地利益。法律禁止宅基地上市交易的目的除了保护农户利益之外,更重要的是保护集体的土地利益。农民集体成员所有的土地只能由集体成员享有,村民可以无偿取得宅基地并长期使用。村民将宅基地使用权转让给城镇居民,意味着非集体组织成员享受了集体成员的利益,也可以长期使用农村宅基地了。为保护集体土地利益,法律禁止城镇居民享有宅基地。由于双方主观上的违法意图是明确的,因而可以认定双方有损害集体土地利益的恶意。

　　同时,双方事先存在着通谋。民法上的通谋有两个构成要件,一是当事人具有共同目的,即双方都希望通过实施某种损害国家、集体或第三人利益的行为来获得利益。二是当事人互相配合或共同实施该非法行为。本案中,双方有共同目的。通谋的共同目的可以是明确表示出来的,如用文字、语言等形式表达出共同目的;也可以是双方心知肚明的。本案双方通谋的共同目的属于后者。村民向城镇居民表示要出卖房屋或者城镇居民要购买村民的房屋,这种意思表示包含了损害集体利益的目的。对方明知这种非法目的,依然与之签订合同,具备了通谋的共同目的。随后双方履行了合同,共同实施了非法行为。所以,认定双方有损害集体利益的通谋是可以成立的。

　　或许有人会说，村干部甚至乡干部都在房屋买卖合同上签字了，集体都同意了，不能认定为损害集体利益。这个问题很好解释。村干部、乡干部甚至更大的干部在农村房屋买卖合同上签字都不能代表集体同意，只说明他们违背了集体意志。那么集体能不能这样操作：集体召开村民大会或村民代表大会，多数表决通过该合同，并对不同意的人做出让他们满意的补偿，这样是不是不算损害集体利益？回答是否定的。因为国家实行土地用途管制，农村集体土地的用途也在管制之列。宅基地的用途是用于满足农户的居住生活需要，而不是满足市民的居住生活需要。法律规定的宅基地用途，集体土地所有权人也不能排除。如果集体、村民、城镇居民排除了宅基地用途的法律管制，将构成三者恶意串通损害国家利益。

　　因此，不管哪种情形，农村房屋买卖合同因违法而无效后，都应当适用《合同法》第 59 条。具体处理的办法是，李玉兰将房屋退还给马海涛，集体土地利益重归集体成员，并且由于宅基地使用权对于村民的生存利益，集体不能收回宅基地。但是，今后因土地征地等情形导致宅基地升值部分的利益归集体所有，这是对马海涛与他人恶意串通损害集体利益行为的惩罚。同时，马海涛将卖房款及其利息上缴集体而不是返还给李玉兰，这是对李玉兰与人串通损害集体土地利益的赔偿。这样处理所能达成的社会效果是，一方面遏止农村房屋买卖现象，杜绝城镇居民到农村买房的念头，也让村民审慎处分自己的房屋；另一方面捍卫国家土地用途管制制度，维护集体利益。当然，如果农村集体出于维护当地产业发展的考虑，也可以将李玉兰等人上缴的赔偿款返还给他们，或者为他们无偿提供租赁房屋以稳定他们的居住秩序。

第四节　基于农房买卖的宅基地转让
不应纳入正规法律体系

　　立法禁止宅基地流转是否具有正当性的问题，引发学界激烈争议。一方认为禁止宅基地流转具有正当性和合理性，主要理由是：（1）土地资源状况和农民生存现状决定了宅基地对农户的生存保障作用；（2）禁止宅基地转让也是为了维护社会稳定，防止强势群体剥夺弱势群体的利益；（3）对禁止宅基地转让的法律政策提出的质疑，其理由在理论层面上站不住脚。① 另一方认为禁止宅基地流转缺乏正当性,主要依据是:(1)宅基地流转是法律难以阻挡的社会现实,继续禁止会让隐蔽的宅基地流转引发的交易风险和权利不确定状态演化为难以解决的社会问题;(2)开禁宅基地流转具有合理性:一是中国农民的未来保障不在于有不可流转的宅基地,二是开禁后不会发生农民流离失所的现象,因为农民是理性人,三是对农民的特殊保护不能通过限制其法律权利的行使来实现,四是禁止流转会把农民固定在土地上,五是农民流转宅基地的收入高于政府的土地征收补偿。②

笔者支持禁止论,即现实生活中出现的宅基地流转不应纳入正规法律体系。

其一,禁止论更符合法律逻辑。支持宅基地流转的学者是从流转的宽泛意义上讨论的,他们所说的宅基地流转,既包括宅基地使用权的转让,也包括宅基地所有权的处分和宅基地的收益。但是,支持宅基地处分、宅基地收益的论据未必同样适用于宅基地转让。单就宅基地转让而言,禁止宅基地流转的理由更加充分。禁止宅基地转让不等于禁止宅基地收益,也不等于禁止宅基地处分。禁止宅基地转让,意指农民作为宅基地使用权人无权将宅基地使用权转让给城镇居民。从宅基地使用权的立法宗旨来看,宅基地使用权是给农民提供一块安居用地,不是给农民一份可交易的土地商品。宅基地是为了确保农民生存的居住用地保障,不是确保农民生存的资金保障。不同的权利具有不同的立法目的,不能要求宅基地使用权既能实现居住保障的目标,又能完成资金融通的任务。宅基地是国家分配给农民的居住生活保障品,不是商品。如果没有资格分到居住生活保障品的人,可以通过市场交易方式取得,就意味着保障品变成了商品,就意味着这种商品可以通过市场自由配置。但通过市场自由配置宅基地,谁能保证每户农民都能占有一块宅基地?正因为中国人多地少,立法才将宅基地定性为农民居住生活保障品,而不是可自由流通的商品。

其二,禁止论更符合中国社会发展的经验,也更符合人类社会发展的

① 孟勤国:《禁止宅基地转让的正当性和必要性》,《农村工作通讯》2009 年第 12 期;另见孟勤国《物权法开禁农村宅基地交易之辩》,《法学评论》2005 年第 4 期。

② 李文谦、董祚继:《质疑限制宅基地流转的正当性》,《农村工作通讯》2009 年第 12 期;另见李文谦、董祚继《质疑限制农村宅基地流转的正当性——兼论宅基地流转试验的初步构想》,《中国土地科学》2009 年第 3 期。

经验。众所周知，流民问题一直是中国封建社会解决不好的重大社会问题。虽然历朝历代都制定了各种安居措施来应对流民问题，比如动员社会力量捐助空闲田宅、利用皇家宫苑建立流民异地安置点或者国家专门拨款建设公共住宅，但都无法从根本上解决因土地兼并带来的流民问题。为了从根本上解决直接影响封建王朝更替的流民问题，1949 年后的中国实行土地公有制，禁止土地买卖。具体到农民安居问题，国家为每户农民分配宅基地，并禁止宅基地转让。从目前的效果来看，没有一个农民会因为居住问题而流浪他乡。任何一个中国农民不管在他乡遭遇了什么挫折和失败，他最终都能够回到家乡，回到那一块谁也买不走的宅基地上。即使国家征收宅基地，也始终把保障农民居住生活条件放在首位，因为没有什么问题能比人们的安居更重要。禁止宅基地流转似乎挡了少数农民变卖农村住房的"财路"，但它给农村社会带来的安居秩序和稳定局面超越了任何"自由"的土地法律制度。在西方土地私有制国家，为保障人们安居问题，国家不惜对私有土地进行严格管制，不惜通过住宅土地利用国有化方式为人们建造住宅。两相对比，中国法律解决了所有农民的安居问题，西方国家，即使福利国家也未必能确保每个公民都能享有长期使用的宅基地。无论人类居住生活的纵向经验还是横向经验，都在告诫我们，坚持宅基地流转的禁止论，才是更符合生活规律的一种理性的立法选择。

其三，禁止论并没有限制农民的宅基地收益。前文指出，中国农民虽然不能转让宅基地，但可以经营利用宅基地从事副业生产经营，开展农家乐等多种形式的经营活动，农民的宅基地收益权能并没有受到法律的禁止，只是法律没有明文规定农民的宅基地收益权能而已。同时，在后文我们还将论证法律也没有禁止宅基地处分权能的必要，农村集体可以通过节约集约利用宅基地的方式，在农民节余出来的宅基地上进行土地的市场经营，从而让农民获取经营宅基地的收益。分配给农民的宅基地使用权永远是农民居住生活的保障品，但农民可以通过各种方式获取宅基地的收益。禁止宅基地流转与农民收获宅基地经营收益之间并不冲突。禁止宅基地流转只是禁止宅基地转让，即禁止宅基地使用权人从农民变成市民，禁止资本对农民居住生活保障品的侵蚀和兼并。它没有禁止农民自主使用宅基地、没有禁止农民收益宅基地。在外延宽泛的意义上使用宅基地流转概念，并笼统地批评法律禁止宅基地流转，事实上是一种混淆视听的做法，是借农民土地权益之名行资本入侵宅基地之实。开禁宅基地转让，的确不会立即出现农民大规模出卖农房的现象，短期内也不会导致农民流离失所，因为农民可以理性地选择卖还是不卖。但历史上，农民卖房卖地、卖儿卖女，有几个人是出于理性人的自愿呢？农民当然是理性的，不到万不得已的时候他不会出卖自己的安身之地，但权力和资本往往会千方百计逼迫农民走投无路，逼迫他们不得不做出非理性的抉择。禁止宅基地转让，本质上是禁止权力和资本以各种名义掠夺农民宅基地使用权。

第 五 章
集体处分：小产权房中新生的宅基地权利

第一节　概念厘定

一　处分与宅基地处分

处分，在汉语中通常是贬义词，是对有过错、有失误的人的一种否定性评价和制裁。但在物权法上，处分不是对"人"的某种不利影响，而是指人对"物"的某种影响。通常认为，当人对物的支配决定着物的"命运"时，人对物的这种影响就是处分。① 物的"命运"包括事实上的命运和法律上的命运，因而处分也就有了事实上的处分和法律上的处分。事实上的处分是指改变物的本体，法律上的处分是指改变所有权的归属或在所有物上设立他物权或者其他物上负担的行为。②

就土地而言，土地自然属性因人力而发生变化，属于事实上的处分，比如把耕地的土壤取走，在平整的耕地上挖一个坑，这种"变形"直接影响了耕地的用途，是对耕地命运的一种事实上的处分。但是，按照土地本来的用途利用土地，就不是处分，比如在林地上种植树木、深耕耕地播种水稻、在建设用地上修建建筑物等，不属于对物的事实上的处分，而属于行使物权的使用权能。土地的法律上的处分，是指决定土地权利命运的一种支配方式。把土地所有权转让给他人，是法律上的处分；在自己的土地上为他人设立他物权，也是法律上的处分。土地物权人消灭土地物权、为土地物权设定负担时，均构成了对土地物权的命运的影响，属于法律上的处分。此外，土地用途改变也应归入法律处分的范畴，比如，耕地变为建设用地，土地承包经营权消灭；宅基地复垦为耕地，宅基地使用权消灭。

---

① 参见彭万林主编《民法学》，中国政法大学出版社 2002 年版，第 236 页。
② 孟勤国、张里安主编：《物权法》，湖南大学出版社 2006 年版，第 90 页。

处分按照是否具有"本权"依据可分为有权处分和无权处分。有权处分是指依据法律规定享有处分权能的权利人行使的处分权，如所有权人行使的处分权。无权处分是指在没有处分权能的情形下行使处分权的行为，如非所有权人在没有法律规定的前提下擅自处分他人财产的行为。划分有权处分和无权处分，有助于明确处分不是任何一种权利都具有的权能。处分是所有权的核心权能。只要不违反法律的禁止性规定，所有权人享有事实上处分和法律上处分其所有物的权利。而用益物权人一般不具有合法的处分他人财产的权能，除非用益物权人得到了所有权人的授权。但用益物权人经所有权人授权行使处分权能，不等于用益物权本身具有了处分权能，而是用益物权人代替所有权人行使处分权能。因此，当我们在法学领域讨论土地的处分权能时，一定是指土地所有人决定土地命运的情形，而不是指土地使用权人决定土地使用权命运的情形。

　　宅基地处分是指农村集体作为集体土地所有权人处分农村住宅建设用地，主要包括四种情形：一是农村集体把集体建设用地无偿划拨给农户作为宅基地，即为农户在宅基地上设立宅基地使用权。二是农村集体在宅基地上修建住宅后，把宅基地使用权和住宅所有权一起转让给农户，即在住宅所有权移转的同时为农户设立宅基地使用权。集体不是先为自己设立一个宅基地使用权，然后将宅基地使用权移转给农户，而是行使宅基地所有权的使用权能修建住宅，然后将住宅所有权移转给农户并同时为其设立宅基地使用权。三是把住宅建设用地出让给他人，为他人设立住宅建设用地使用权。四是农村集体在集体土地上修建住宅后，面向市场主体转让住宅所有权，并同时为受让人设立住宅建设用地使用权。集体在出卖住宅所有权的同时，连同住宅所有权一同转让的不是住宅用地的所有权，而是住宅用地使用权。前两种情形，在中国法律上属于合法的宅基地处分，后两种情形，尚未成为合法的宅基地处分行为。至于集体出租住宅建设用地，即为他人设立住宅建设用地租赁权，不是宅基地处分，而是行使宅基地收益权能。

　　宅基地处分与宅基地流转不同。（1）主体不同。宅基地处分权能的主体是宅基地所有权人，宅基地流转的主体是宅基地使用权人。（2）内容不同。宅基地处分是宅基地所有权人对宅基地进行法律上的处分和事实上处分，宅基地流转是宅基地使用权人移转宅基地使用权。宅基地所有权人转让宅基地使用权属于宅基地使用权出让，即为他人设立宅基地使用权。而宅基地转让专指宅基地使用权人转让宅基地使用权。宅基地流转是指宅基地转让。（3）客体不同。宅基地处分的客体是宅基地，宅基地流转的客体是宅基地使用权。（4）行使条件不同。宅基地处分属于宅基地所有权的权能之一，不受其他任何组织和个人的干预。只有在法律明确规定的情形下，非宅基地所有权人才有权处分宅基地或干预宅基地处分。宅基地流转不是宅基地使用权的内容，而是法律规定的宅基地使用权变动的一种情形。宅基地能不能流转，即宅基地使用权人能不能转让宅基地使用权，最终取决于法律的规定和宅基地所有权人的意志，也就是说，当法律规定宅基地使用权可以转让的，按照合同约定宅基地所有权人也允许或者事后同意的，宅基地使用权才能转让。

乡镇企业建设用地使用权依法转让给其他主体，属于集体建设用地使用权的流转，不是集体建设用地的处分，因为乡镇企业是把已有的集体建设用地使用权移转给其他主体。而集体在集体建设用地上为乡镇企业设立集体建设用地使用权，属于处分集体建设用地，因为它是集体行使集体建设用地所有权。一些集体建设用地改革试点地区，集体可以依法面向市场出让集体建设用地使用权，即为市场主体设立集体建设用地使用权。这在法律上，不是集体土地使用权的流转，而是集体土地的处分。当市场主体获得集体建设用地使用权后，他可以依法转让、出租、入股集体建设用地使用权时，集体建设用地使用权人的这种行为才是权利的移转，即流转。

实践中，通常把宅基地处分和宅基地使用权移转笼统地称为集体建设用地使用权流转。这是不准确的。法律上，"物的处分"与"物权的移转"不同。前者是所有权的权能，后者是物权的变动。之所以要在法律上明确二者的区别，是为了更加准确地对两者进行分类规范。具体而言，法律禁止宅基地流转，未必禁止宅基地处分。把宅基地处分与宅基地流转混为一谈，就会把禁止宅基地流转的法律误读为禁止宅基地处分。

二 小产权房

城镇居民购买农村集体土地上建造的商品房，不能依法办理城市房屋产权登记，通常由乡镇或村委会颁发"权属证明"，习惯上将这种住房称为"小产权房"。

有人将不能自由流转的农村住宅也视为"小产权房"，因为法律禁止农村住宅（宅基地）自由流转，禁止村民将农村住宅出卖给城镇居民，相对于能自由流转的城镇住宅而言，农村住宅的产权似乎有点"小"。然而，不能自由流转的农民私房与不能办理产权登记的农村商品房有本质区别，不宜混为一谈。法律上，村民享有合法建造的农村住宅的房屋所有权，按照《物权法》第30条的规定，该房屋所有权的取得无须登记，自事实行为成就时成立。村民在享有农村房屋所有权的同时也享有宅基地使用权。农户家庭一般都持有宅基地使用权证。因而，农户对自己的住宅享有完全的产权，既有农村房屋所有权，又有宅基地使用权。而"小产权房"既办不到合法的房屋所有权证，也办不到合法的宅基地使用权证。农民私房显然不是"小产权房"。

法律禁止宅基地流转的目的不是"小化"农户房地产权，而是出于宅基地公平分配、维护农民安居秩序的考虑。如果仅仅从不动产权利的内容出发，来判定不动产权利的"大、小"的话，那么也可以说，农户享有大产权，城镇居民的是小产权。因为城镇居民购买商品房，要支付住宅建设用地使用权的出让金，享有的期限最长只有70年，而农户无偿取得没有使用期限的宅基地使用权，在这个意义上，农户享有的宅基地权利要优越于住宅建设用地使用权。可见，从不动产权利内容方面将农户私房归入"小产权房"，在法律逻辑上是讲不通的。因农村住宅不能自由流转而将其称为"小产权房"，这种说法有意混淆了"有产权房"与"无产权房"的区别，不足取。事实上，引起政府部门强烈关注的"小产权房"，并一再叫停的"小产权房"，并非这种农村住宅，而是专指在集体土地上建造的面向市场主体出售的商品房。

还有一个需要与"小产权房"区别开来的是农村集体住宅，即在"宅基地换房"背景下，在集体土地上集中建造的农村住宅。它是合法建造的，供村民集中居住，以实现农村土地集约化利用的新型农村住宅。农户享有完全产权，不是"小产权房"。当然，它和旧有的农户私人住宅不同。比如，在满足一定条件的前提下，农户补交土地出让金后，即可上市交易这些住宅。农民集中居住的公寓房，在满足一定条件后，可以上市交易，是准商品房。

农村集体未经审批、擅自在集体土地上修建面向市场主体销售的商品房，是否应称为"小产权房"，是有争议的。"小产权房"无非是对无法办理合法房地产权证书的这种集体土地上的房屋的一种戏称，不是一个法

律概念。这种本来没有合法产权的房屋，如果叫"小产权房"的话，容
易误导公众。公众会误认为这类房屋上存在不完全的产权。但是，笼统地
把这些"无产权房"划归违法建筑、违章建筑，也不妥当，因为其中一
些房屋的修建是有建设许可证的。为行文方便，笔者仍沿用"小产权房"
概念，当然，没有承认其享有部分产权的意思。

第二节　小产权房的法律问题

一　问题意识的反思

（一）现有研究未厘清小产权房的真正问题

　　法学研究中的问题意识是指研究对象所呈现出来的问题在法学领域中
归属于什么具体的法律命题或者是否属于法学领域尚未涉及的新问题。小
产权房问题是多学科共同关注的问题，各学科基本上将小产权房问题归结
为农村土地制度问题。区别仅仅在于，各学科对农村土地制度的切入点不
同。有的关注农村土地产权问题，即农村集体是否享有和是否应该享有完
整的农村土地产权问题；有的关注农村土地发展权问题，即农村集体是否
享有和是否应该享有改变农村土地用途和土地利用强度的权利；有的关注
农村集体土地流转问题。法学领域，学者大多围绕集体土地流转问题展开
研究。"在本质上，小产权房的问题不仅仅是'房'的问题，更主要的是
一个'土地'的问题，是一个是否允许集体土地自由向城市流转的问
题。"① 具体来说，法学界主要围绕小产权房流转是否合法以及应当如何
处置等问题进行研究。但是，不区分小产权房用地性质，笼统地讨论小产
权房流转问题，容易流于空泛；即使根据小产权房占地的不同，设想出不
同的处置办法的研究成果，也不清楚其到底在研究什么具体法律问题，是
想研究土地流转、土地发展权、农民权益保障，还是这些问题全部都研
究，或者根本就不是问题研究，而只是一个对策建议。笔者在前文谈到，
流转在法律上是一个囊括了诸多法律概念的空泛概念，需要结合具体问题
进一步厘清其包含的那个特定的法律概念。唯有找到这个准确的法律问
题，才能从法学角度发现小产权房产生的法律根源，在此基础上才有可能
提供更加准确和有针对性的立法建议。

---

① 王洪亮：《小产权房与集体土地利益归属论》，《清华法学》2009 年第 5 期。

（二）小产权房中"房"与"地"的问题

小产权房中有房的问题，也有地的问题。房的问题主要包括能不能修建、能不能卖给城里人。能否修建小产权房，是一个容易辨别和处理的问题。2008年以前，一些小产权房的修建是有建设许可证的，2008年以后，国家才明令禁止修建小产权房，也就是说，大量修建于2008年以前的小产权房，有建设许可证的，在房屋建造方面是合法的，2008年以后，违反国家禁令修建的小产权房，是不合法的。

小产权房能不能卖给城里人，这个问题稍微复杂一点。1999年国务院办公厅《关于加强土地转让管理严禁炒卖土地的通知》第2条规定："农村的住宅不得向城市居民出售"。2004年国务院《关于深化改革严格土地管理的决定》规定："加强农村宅基地管理，严禁城镇居民在农村购买宅基地"。2007年国务院办公厅《关于严格执行有关农村集体建设用地法律和政策的通知》规定："农村住宅用地只能分配给本村村民，城镇居民不得到农村购买宅基地、农民住宅或'小产权'房。单位和个人不得非法租用、占用农民集体所有土地搞房地产开发"。加上《土地管理法》第43条第1款、第59、61、62、63条。国家法律均禁止"小产权房"的开发建造及其上市交易。2008年10月22日，中央农村工作领导小组办公室主任陈锡文在新闻发布会上表示，"小产权房"违法，绝对不允许再建设。同时，他还表示："很多消费者购买的时候，他不可能对国家的法律有这么多的了解，因此糊里糊涂就买了，觉得便宜就买了，对这些人的合法利益，政府是要给予保护的"。有人将他的这句话解读为，是官方对"小产权房"的态度出现了有条件的松动。这是对陈锡文讲话的误解。因不清楚政策而购买"小产权房"的消费者的合法权益，政府给予保护，不等于对"小产权房"态度的转变，更不是有条件的松动。法律上，在集体土地上非法建造商品房的人是违法者，不清楚国家政策而买"小产权房"的消费者有可能属于上当受骗者。如果受让人是受害人，那么法律应保护其合法权益。这里的合法权益是指因买房而拿出的钱，不是指保护其继续占有"小产权房"的权益。保护其合法权益，无非是让他们能拿回买房的钱，而不是没收这笔钱。从保护受害消费者的合法权益中，无法合乎逻辑地推出开禁或放松"小产权房"开发和买卖的结论。政府保护购买了有害奶粉的消费者的合法权益，难道就意味着政府对有害奶粉的态度发生了变化？保护购买小产权房的消费者的态度与对待小产权房的态度之间没有必然的逻辑联系。

在宅基地流转一章中我们讨论过农民私房不能卖给城里人，但禁止宅基地流转的法律不能套用在小产权房上，因为小产权房与农民私房有本质区别。（1）小产权房是带有经营性质的"商品房"，农民私房是带有安居性质的"保障房"。"保障房"不能流通不等于"商品房"也不能流通。（2）小产权房是集体组织在集体土地上修建的，原始产权属于集体；而农民私房的所有权属于农民。农民不能卖私房不等于集体不能卖公房。（3）宅基地是农民生存发展的基本财产，占用宅基地的农民私房自然不能自由流通；占用集体经营性用地的某些小产权房能否上市交易取决于国家的政策考量，不涉及农民的基本生存保障问题。可见，小产权房能不能卖给城里人，最终与房的问题不大，关键要看小产权房占用的是什么地。

小产权房的问题关键不在房，而在地。有些小产权房全部利用农民存量宅基地修建；有些小产权房小区既占用了农民的宅基地，也占用了其他土地，甚至包括耕地；有些小产权房项目全部或者主要占用的是农用地；还有些占用的是工商业用地。因此，小产权房中"地的问题"首先是占地性质问题。有关部门提出的对 2008 年以前修建的小产权房"分类治理"的思路抓住了小产权房问题的关键。但法律上，需要研究的不是小产权房占地的性质，而是土地权利主体对小产权房用地的权利内容。

二 小产权房用地的法律问题

小产权房用地问题如何治理，最终取决于集体是否享有小产权房用地的处分权。各种用地情况下的小产权房的最终命运，要看农村集体对该小产权房用地是否具有处分权。农村集体对集体农用地和集体建设用地的处分权能并不相同，而小产权房用地属于建设用地，因此，农村集体享有以及应该享有何种集体建设用地的处分权能，就成为其中核心的法律问题。

农村集体享有农村集体土地所有权。处分是土地所有权的核心权能。在土地公有制下，无论国家土地所有权，还是集体土地所有权，其处分权能都受到一定的限制，主要是禁止买卖土地，即土地所有权本身不能发生权利主体的变动。在这个意义上，中国土地所有权的处分权能是受限制的处分权，或者说是一种"依法"处分权。依照《土地管理法》规定，集体建设用地处分权主要表现在：（1）在集体土地上为乡镇企业设立建设用地使用权；（2）在集体土地上为村民建设住宅划拨宅基地；（3）在集体土地上为兴办乡（镇）村公共设施和公益事业划拨建设用地。集体建设用地处分权受到的主要限制是《土地管理法》第 63 条规定的"不得出让、转让或者出租"集体建设用地使用权，也就是说，集体不能在上述法律规定的处分权范围外，再为其他人设立集体建设用地使用权或集体建设用地租赁权。集体建设用地使用权改革主要针对上述法律限制。改革尝试允许集体面向市场为所有市场主体设立集体建设用地使用或集体建设用地租赁权。

在此背景下，不同类型的小产权用地会遭遇以下不同的法律问题：

（1）占用耕地修建小产权房的，超出了集体建设用地处分权的范畴。集体无权将集体的农用地变更为建设用地。这种情形违反了土地用途管制法律制度。如果占用的耕地在农用地用途变更的规划之内，可以通过补办农用地转用手续合法化，否则，只能通过耕地占补平衡方式弥补。比如，在集体内部将其他的建设用地复垦为耕地，来补偿被占用的耕地。如果无法完成耕地的占补平衡，农用地上的小产权房将面临被拆除的命运。

（2）占用非住宅建设用地修建小产权房的，超出了集体建设用地处分权的范畴。本来批准的集体建设用地是工商业用地，但集体却在其上修建住宅，必然对当地的产业、就业等经济社会发展形势产生不利影响，也直接破坏了土地利用的整体规划。这种情形主要不是违反土地用途管制，而是违反了土地利用规划。其补救措施相对复杂，但并非不可补救。比如，测算工商业用地预计可以实现的税收、预期可以提供的就业岗位和就业收入等指标以及经营失败风险等因素，综合计算出一笔金额。然后从修建住宅后获得的收入中拿出这笔钱，作为农民的社会保障资金，以弥补因占用工商业土地而可能产生的不利后果。当然这种补救措施建立在这种小产权房可以面向市场出售的前提下。如果这类小产权房不能上市交易，也必将面临被拆除的命运。

（3）占用宅基地修建小产权房的，属于集体行使建设用地处分权。宅基地的用途本来就是用于修建住宅的，集体根据市场需求和农民意愿，将原有宅基地上的住房拆除，统一修建质量更高、占地更少的新型住宅，是集体依法行使建设用地处分权的表现。这类住宅只要有建设许可证，自然是合法建筑。问题是，集体统一修建的住宅，按照计划分配给农户后，多余的住宅能不能面向市场销售。从土地角度来讲，就是集体能不能在节余出来的宅基地上为市场主体设立住宅建设用地使用权。

从后两种小产权房占地的情形来看，妥善而有效地解决小产权房问题，关键是占用工商业用地和节余宅基地的小产权房能不能上市交易的问题，而这两类住宅能否上市，主要取决于集体是否有权为市场主体在集体建设用地上设立住宅建设用地使用权。

综上所述，小产权房的法律问题最终可归结为集体对集体住宅建设用地享有怎样的处分权。

第三节　立法限制集体宅基地处分权的根源

依照现行法，集体的住宅建设用地处分权受到严格限制。《土地管理法》第 43 条明确规定，集体只能为村民设立宅基地使用权；《土地管理法》第 63 条明令禁止集体为其他主体设立住宅建设用地使用权。地方有关集体建设用地使用权改革试点的规章，开禁集体的工商业建设用地处分权，即集体有权为市场主体设立工商业建设用地使用权或工商业建设用地租赁权，但不允许集体为市场主体设立住宅建设用地使用权。比如，《广东省集体建设用地使用权流转管理办法》第 5 条规定："通过出让、转让和出租等方式取得的集体建设用地使用权不得用于商品房开发建设和住宅建设。"可见，农村集体的宅基地处分权面向村民是合法存在的，面向其他市场主体是被禁止的。

农村集体建设用地处分权立法与城市化发展战略紧密相关。

城市化最显著的特征是城市人口集聚、产业结构变化以及现代体系建构之间存在相互依赖、互为因果的循环关系。伴随生产力的不断发展，劳动分工和专业化程度日益增加，必然驱动人口聚集城市；人口的大规模转移，进一步推动劳动分工和专业市场的扩大；高度专业化市场分工促进了金融、市场等新经济体系的建立。这些社会、经济因素在城市的高度集聚，使得高效率的生产力成为可能，现代体制变得更为有效。[①] 人类社会这种自发的城市化运动，在 19 世纪的西方国家蓬勃发展，举世瞩目。学者也在纷纷研究城市化对人类的后果。阿德纳·费林·韦伯在他的代表作《19 世纪城市的成长》中认为，城市化的好处多于坏处。作为政治中心、文化和科学的摇篮，作为产业和商业中心，城市代表着一个最高的政治、

---

① ［美］布赖恩·贝利：《比较城市化》，顾朝林等译，商务印书馆 2010 年版，第 5 页。

智慧和产业活动的成就。城市的增长,不仅促进国家经济和实力的成长,而且加速了文明的多元化进程。他也告诫说,城市过于多元化发展会产生贫富差距拉大、阶层对抗严重、城市政府责任加重等诸多极端困难的事情。[①] 后发达国家在借鉴发达国家的经验时,看到了城市化带来国力增强等好处,普遍认为城市化是一个国家发展的重要目标,中国也不例外。

但中国的城市化走的是一条有中国特色的城镇化道路。(1)最初是人口自由迁移的自发城市化。1958—1960年,中国出现了大规模的农业人口向城市移转的现象,城镇人口增幅超过了30%以上,从1957年的9900万增加到13000万。最直接后果就是粮食产量大幅下降,城镇就业困难,社会经济发展举步维艰,根源在于城市缺乏容纳农业人口转移的能力,城市产业缺乏拉动农业人口转移的能力。可以说,这一阶段,农业人口自由迁移到城市是失败的城市化。正因为这个原因,国家开始实行严格的城乡分离的户籍制度,以杜绝人口自由迁移带来的社会和经济发展问题。同时,为了把城市人口驱赶到农村,立法既允许农民的宅基地使用权随同房屋一起转让,也允许城镇居民依法享有宅基地使用权,也就是说,立法赋予了农村集体完整的住宅建设用地的处分权。

(2)限制农业人口自由迁移的小城镇化。1978—1988年,中国城市化发展政策的重点放在了农村小城镇建设上。认为大量剩余农业人口不可能也不必要都进入现有的大、中城市,工业和其他各项建设事业也不可能和不必要都放在这些城市。大力发展乡镇企业,实现剩余农村劳动力就地城镇化成为有中国特色的城镇化道路。1984—1988年,全国小城镇累计吸纳农村富余劳动力近2700万个,农村剩余劳动力以每年1000万的速度向城镇转移。这个阶段,农村集体的住宅建设用地的处分权也不受限制,城镇居民可以依法享有宅基地使用权。但是为减轻城市就业压力,中央再度加强了对农村劳动力流动的限制,严格控制农村劳动力向城市盲目流动,也就是说,不能让农村剩余劳动力大量定居城市。

(3)限制农业人口定居城市的大、中城市化。从1997年下半年开始,中国经济一度持续低迷,城市下岗职工增加,农村乡镇企业就业人员减少。为应对经济形势变化,中国城市化发展政策的重心开始转移到大、

---

① 转引自〔美〕布赖恩·贝利《比较城市化》,顾朝林等译,商务印书馆2010年版,第9—10页。

中城市建设上。一方面继续限制农业人口进入大、中城市落户定居，以减轻城市负担，另一方面限制农村集体住宅建设用地处分权，以确保政府统一经营城市土地。以 1998 年《土地管理法》修改为标志，农村集体处分建设用地的权利受到立法严格限制。要增加城市的容纳能力，就需要加强城市产业发展规模，进而需要加强城市服务产业发展的能力，即加强城市基础设施建设和配套服务。实现这个目标需要大量的资金投入。"以地生财"可在短期内迅速积累巨额的城市建设资金。所谓"以地生财"就是政府低价征收农村集体土地，将集体土地转为国家建设用地，并面向市场主体高价出让国家建设用地使用权，以获取土地出让金。要确保政府的土地收入，垄断土地一级市场是最佳选择，因而立法就会限制集体建设用地进入市场。由于政府从住宅建设用地出让金中获得的收入远高于工商业用地出让收入，因此，即使一些地方的集体土地利用制度改革放开了集体工商业建设用地的处分权，也不会放开集体住宅建设用地的处分权。

从中国城市化发展历程来看，立法对待集体住宅建设用地处分权的态度并不是一味地禁止，而是根据城市化建设的需求，或禁止或开禁。这里的"城市化建设需求"主要包括人口和城市建设资金两大因素。当城市化建设需要城市人口流向农村时，立法就会允许农村集体住宅建设用地使用权向城镇居民开放；当城市化建设需要限制农村人口定居城市时，立法就会限制农村集体住宅建设用地流向城镇居民。这是城市化进程中人口因素在起作用。城市建设资金的影响表现为，在政府出让住宅建设用地可以获取更多的出让金时，在政府需要大量土地出让金进行城市基本建设时，在城市建设资金主要依靠土地出让金时，农村集体住宅建设用地的出让自然会被禁止。目前，立法限制集体面向市场主体处分住宅建设用地，主要受城市建设资金的影响。

第四节　立法限制宅基地处分的基础还能存续多久

首先，开禁农村集体的宅基地处分权可有效释放农业转移人口市民化的压力。随着大、中城市快速发展，农村土地被大量征收，农业人口大量转移到大、中城市就业，但全国 2 亿—3 亿农民工大多无法定居城市，不得不在城市与乡村之间来回迁徙。中国的城市化还没有在人口集聚、产业升级、劳动分工和体制创新之间形成良好的互相促进、互相依赖的关系。城市需要大量农民工，城市产业发展也可以吸纳大量农村富余劳动力，但城市却没有能力为农业转移人口提供安居乐业的环境。政府为维系"土地财政收入"，不惜鼓励城市居民把原本用来满足人类居住需要的住宅作为稀缺商品来投资，甚至主动配合房地产开发商利用城市的教育、医疗、交通等资源大肆炒作商品房。在不断抬高商品房价格、不断增加住宅用地出让收入的同时，也抬高了农业转移人口定居城市的门槛。大多数进城打工的农业转移人口，依靠打工收入是买不起城市商品房的。农业转移人口无法顺利市民化的城市化，只是地方政府追逐地方财政收入的城市化，只是城市市民炒买炒卖商品房的城市化，不是真正的城市化，不是那种能增强国力、促进产业转型升级、促进自由和进步的新社会体制和经济体制诞生的城市化。

正因为认识到我国城市化发展的种种问题，中共中央明确了未来中国城市化发展的基本思路，在 2007 年中共十七大报告中指出，要走中国特色城镇化道路，按照统筹城乡、布局合理、节约土地、功能完善、以大带小的原则，促进大中小城市和小城镇协调发展。同时强调，要以增强综合承载能力为重点，以特大城市为依托，形成辐射作用大的城市群，培育新的经济增长极。中共中央的决策显示，未来的城市化发展将从外延式发展转变为内涵式发展，即完善城市功能、节约用地、增强城市综合承载能力、发挥城市辐射作用，培育出城市新的经济增长点。一切围绕城市自身能力和水平的提升来推行"二次城市化"，以弥补"一次城市化"无法顺利实现农业人口的市民化的缺憾。

农业转移人口市民化，先决条件是农民能买得起城市住宅，能在城市定居下来。通过为农民提供"廉租房"等方式实现农民定居城市的目标，只是城里人的一厢情愿。因为农民没有理由自愿放弃建筑面积至少 3 倍于"廉租房"的农村私房，跑到城里来住"鸽子笼"。一种真诚的、人性化的农业转移人口市民化路径，首先是让有意愿进城定居的农民能买得起城市商品房，能在城市过上有尊严的生活，能让自己的下一代和所有城里人的下一代一样就读"学区房"里的学校。要满足这个先决条件，一是增加农民工打工收入，二是降低城市商品房价格。而要降低商品房价格，首先就要斩断政府对住宅土地出让金的财政依赖。当政府不能从城市商品房土地出让金中获利，或者说，禁止政府从城市住宅土地出让金中赢利，就是农村集体住宅用地处分权开禁之时。

　　或有人说，禁止政府从城市住宅土地出让金中赢利，无异于"与虎谋皮"。我不这样看，不是因为我对政府的主观动机有信心，而是对住宅土地出让的客观情况有清醒的认识。一方面，不管大中小城市，都不可能再以"摊大饼"方式无限向四周扩张。大城市如果大得像一个省，意味着一个省的农用地没了；小城市如果大得像一个县，意味着一个县的农用地没了。城市与农村相对而言，如果承认农村不会消灭，那么城市的边界就是有极限的。因此，地方政府总有把城市住宅土地指标用完的时候。城市住宅土地出让金即使是一座金山，也有被挖完的那一天。这说明，地方政府迟早要从住宅土地出让金之外寻找财政收入来源。随着城市规模的基本定型，城市依靠住宅土地出让金赢利的发展模式已经到了行将结束的"尾声"。另一方面，中央把18亿亩耕地划进不可逾越的"红线区"加以特别保护，地方政府即使有意继续扩张城市范围，也只能征收集体的建设用地。征收集体建设用地，特别是征收集体存量宅基地，难度更大。因为征收的土地如果用于开发商品房，属于征收经营性用地，而非公益性用地，难以获得国家批准。此外，政府征收存量宅基地开发商品房的赢利机会有限。要确保农民的居住生活条件不降低，要保障农民的养老、医疗、教育、就业等生存和发展条件，地方政府不仅可能没有赢利，甚至还有可能为自己背负超越经济、社会发展条件的沉重负担。因此，地方政府继续从城市住宅建设用地出让金中获取土地收益的道路必将越走越窄。

　　同时，开禁农村集体宅基地处分权可以有效释放城市建设资金来源的压力。城市的土地扩张是有限度的，依靠"卖地"维持城市建设资金不可持续。地方政府要寻求新的经济增长点，以维持庞大的城市建设和城市服务开支。城市最佳的经济增长点无非是产业经济，城市建设资金最健康的来源无非是产业经济贡献的利税。中国产业经济的大发展主要应依靠内需。此时，加强城乡经济交流就变得异常重要。城市如果能获得农村稳定的持续的"内需"，城市产业发展就会获得可持续的动力来源。但农村内需与城市产业发展之间存在一个相互循环的"圈"：农村内需受制于农民收入，农民收入受制于农民打工工资，农民打工工资受制于城市产业利润，城市产业利润受制于农村内需。需要一种外力来打破"圈"中的一个环节，从而在更高水平上形成新的消费和经济增长的循环。增加农民收入是最佳切入点。让城镇居民到农村购买商品房，或许是见效最快的增加农民财产收入的措施。

基于以上两大压力，立法禁止农村集体面向市场主体处分住宅建设用地的基础已经动摇。

第五节 宅基地处分规则纳入正规法律体系的社会效果

集体宅基地处分，包括集体在集体土地上设立宅基地使用权和住宅建设用地使用权。前者是现行法的规定，后者是从小产权房中自发生成规则中提炼出来的法律规则。集体在集体土地上为市场主体设立住宅建设用地使用权，是集体行使住宅建设用地处分权。集体住宅建设用地处分权纳入正规法律体系，除了上文揭示的禁止宅基地处分权的立法基础发生动摇的因素之外，还因为其预期的社会效果是可以接受的。

集体住宅建设用地处分权是否入法，可从规则实施的社会效果来判断。集体面向市场主体设立住宅建设用地使用权，从实践效果来看，对城市居民、集体组织、村民、开发商、地方政府都产生了利益方面的影响。

有学者认为小产权房至少危害了三种利益，即在国家农业安全、农村和谐和农民利益方面存在"不利益"。他们认为小产权房危害农业安全表现为侵蚀农业用地、恶化农业生态环境、危及粮食安全；危害农村和谐表现为破坏农村生态和谐、利益和谐和文化和谐；危害农民利益表现为分割农民土地的存量经济利益、透支农民土地的增量利益。[①]

笼统地分析小产权房的危害，的确可以得出上述结论。然而，具体到集体处分住宅建设用地的问题，这些危害事实上是不存在的。（1）集体住宅建设用地处分权处分的对象是集体建设用地，不是农用地。耕地上的小产权房不在宅基地处分权的范畴之内。实践中的小产权房主要是集体利用村民存量宅基地建设的。这就是为什么这类小产权房至今没有被拆除的根源所在。承认集体的宅基地处分权，不会发生侵蚀农用地的现象。相反，在增加农民财产性收入的同时，还会更有利于保护耕地、保障粮食安全。（2）实践中的小产权房建设可能会存在一些违背农民意愿、少数人瓜分集体土地利益的现象。但集体土地利益流失现象不是反对立法赋予集

---

① 参见李长健、邵江婷、张磊《"三农"视野下的我国小产权房法律问题研究》，《三峡大学学报》（人文社会科学版）2008 年第 4 期。

体宅基地处分权的理由。相反，立法赋予集体宅基地处分权后，更有利于规范集体修建农村商品房的行为，更有利于防范集体土地利益的流失，更有利于维护农民的意愿。农村集体要不要整理存量宅基地并面向市场开发商品房，需要事先经过法定程序，由集体成员集体决定；决定要开发后，如何选择承包商，开发利润如何分配等事关村民切身利益的事项都要依法进行。立法赋予集体宅基地处分权，是为国家权力介入集体内部事务建立监管通道。国家要做的事情是监督集体宅基地处分权的行使，以确实保障村民的利益，也就是说，政府在执法时只可能与集体发生矛盾，而不会直接面对村民。而在禁止集体宅基地处分权的立法形势下，政府执法时的对立面更宽，甚至要直接面对农村村民和城市居民。小产权房在实践中之所以发生危害农村和谐局面的现象，是少数人钻了立法的空子。赋予集体宅基地处分权旨在弥补这个漏洞。（3）农村存量建设用地数量是城市建设用地的很多倍，其中农民存量宅基地据说占了总量的80%，并且利用效率低下。开发利用农民存量宅基地面向市场建造商品房，在地方政府推高城市房价的背景下，农民可以坐享商品房销售的高收益。这种收益远高于土地征收补偿费。农民让出了部分宅基地，看上去土地利益受损，但事实上这是农民在经营宅基地，农民从宅基地经营收入中获取的土地财产性收入足以让农民感受到节约用地的巨大好处。此外，节余宅基地的土地所有权性质不变，集体处分住宅建设用地并不是卖地，集体成员在住宅建设用地使用权到期后，还能继续分享土地增值收益，又怎么能说"透支农民土地的增量收益"呢？

集体宅基地处分权的开禁，不等于所有小产权房开禁，不仅不会在农业安全、农村和谐和农民利益等方面产生不良社会后果，相反，还能在这些方面发挥正面的、积极的社会效果。（1）集体宅基地处分权开禁后，集体土地利益流失现象会得到有效约束。宅基地处分权属于集体成员共同决定的事项，所有集体成员都有权参与决策。是否处分、如何处分等重大事项均由集体成员做主，有利于保障村民的民主权利。行使集体所有权的人，必须在法律规定的范围内行使权利，必须依照村集体决议行使权利，其侵蚀集体土地利益的可能性大大降低，在全村村民的眼皮底下，在事无巨细均要经过全体村民讨论的环境中，少数人的腐败很难得逞。（2）集体宅基地处分权开禁后，村民成为一方利益主体，自我维权意识和能力提升，集体土地利益会得到更多的维护。由于宅基地处分主要针对村民存量宅基地，是否行使处分权，必然是村民自主意愿的体现。村民会理性地考虑节约集约利用宅基地能否带来财产性收入，理性地决定是否处分宅基地，理性地决定处分多少宅基地，理性地决定面向哪一类市场主体处分宅基地。在农村集体有权自主处分宅基地时，不会出现"一拥而上"搞农村商品房开发建设的不理智行为。反而是在宅基地处分权不明的情况下，农村集体担心政府合法化已经开发的小产权房、禁止新建小产权房，而出现"遍地开花"的抢建情形。（3）集体宅基地处分权开禁后，农村集体经济组织能不断发展壮大。集体宅基地处分权不是村民个人宅基地的处分权，而是集体所有权人享有的处分权，必须基于集体成员集体决策后才能合法行使。这有利于进一步增强集体的凝聚力。农村集体经济组织借助行使宅基地处分权的机会，召集集体成员共商农村集体发展大计，对集体农用地、宅基地、工商业用地的利用进行重新规划，对开发利用集体土地的收益分配进行民主协商。集体留多少、社会保障留多少、村民分多少、国家税收征多少，会有一笔"明白账"。村民也不会害怕村干部吃光、花光集体提留而要求分光土地收益。村集体积累起来的这笔土地收益为农村集体建设农村基础设施和公益事业提供援助，有利于不断改善农村落后的面貌。（4）集体宅基地处分权开禁后，政府垄断房地产一级市场的局面被打破，但政府住宅建设用地出让金还是政府的，出让金金额也未必必然减少。城市商品房和农村商品房毕竟不是同一类商品房。需要在城市定居的人依然会购买城市商品房，城市商品房价格也不会因竞争而必然下降。或有人说，开禁集体宅基地处分权后，会导致土地资源的浪费。其实不然，开禁集体宅基地处分只是盘活农村存量宅基地，农村宅基地总量不会增加，相反还可能减少，因为不是所有节余的宅基地都会一次性地用于住宅建设。并且还可以通过其他法律手段，有效降低城市住宅建设用地，实现国家宅基地总量的可控，这个问题笔者将在最后一章论及。（5）集体宅基地处分权开禁后，对城市居民和开发商而言，也是有利的。城市低收入阶层和高收入阶层多了一种买房选择。既可满足低收入阶层的安居需求，也可满足高收入阶层享受乡村田园风光的需要。更为重要的是，城市居民与村民的"杂居"，有助于两个群体之间的经济往来和社会交往，可有效防御因阶层隔离带来的各种心理疾病和文化隔阂。住宅开发商或许在城市商品房建设中的利润会降低，但农村商品房开发也给他们带来了更多的市场机会，利润率或有下降但市场利润总量可能不降反升。

综上所述，开禁农村集体住宅用地处分权，既能确保农村社会秩序的稳定，又能增加农民土地经营收入；既能盘活农村存量建设用地，又能为城市产业经济发展增添动力；既有利于保障农民土地利益，又能满足城市居民多样化居住需要；既能维护农村集体的土地权益，也不会损害地方政府和房地产开发商的根本利益。

第六章

定向转让:宅基地置换中新生的宅基地权利

第一节 问题的提出

农村村民存量宅基地面积较大，算上农村住宅用地、庭院用地和房前屋后的自留地，户均宅基地面积在一亩左右。让农民把宅基地退出来，集中居住在小城镇的公寓房里，户均可以节约出 60%—70% 的宅基地。把农村节约出来的宅基地复垦为耕地，即可减少农村建设用地。依照"城乡建设用地增减挂钩"政策，农村减少的建设用地指标可用于增加城市的建设用地指标。具体来说，地方政府征收城市近郊的耕地，用城市远郊的宅基地复垦来弥补，也就是说，城市远郊的宅基地变成了耕地，城市近郊的耕地变成了建设用地。城乡建设用地增减挂钩改革试点的关键就在于地方政府用城镇住房来"置换"农民的宅基地。这种置换叫作"宅基地换房"，又叫作"宅基地置换"。

宅基地换房是城乡建设用地增减挂钩改革试点的核心，旨在盘活农村宅基地，通过农村宅基地的置换和整治，减少农村存量建设用地，增加城镇建设用地。[①] 宅基地换房在各地名称不一,[②] 但实质相同，主要内容是地方政府用城镇住房置换农民的宅基地。

[①] 城乡建设用地增减挂钩是指依据土地利用总体规划，将若干拟复垦为耕地的农村建设用地地块（即拆旧地块）和拟用于城镇建设的地块（即建新地块）共同组成建新拆旧项目区，通过建新拆旧和土地复垦，最终实现项目区内建设用地总量不增加，耕地面积不减少、质量不降低，用地布局更合理的土地整理工作。参见《国土资源部关于规范城镇建设用地增加与农村建设用地减少相挂钩试点工作的意见》（国土资发［2005］207 号）。

[②] 有叫"三集中"的，如江苏的"三集中"指"工业向开发区集中、人口向城镇集中、住宅向社区集中"。重庆的"三集中"指"人口向城镇和农民新居集中、产业向园区集中、土地向规模经营集中"。有叫作"两分两换"的，"两分两换"是浙江嘉兴农村土地改革口号，意思是将宅基地与承包地分开，搬迁与土地流转分开；以承包地换股、换租、增保障，以宅基地换钱、换房、换地方。

宅基地换房，一般以乡（镇）、村为单位开展，规模大、牵扯面广，地方政府、农村集体、农民、开发商等各种利益主体参与其中，社会各界反响强烈。反对者认为宅基地改革突破法律规定，是变相征收，承包地换社保、宅基地换房损害农民权益。① 支持者认为加强土地使用权合理流转，让农民到城市中找工作，通过置换方法处理农村宅基地问题，是根本破除城乡二元体制，加快中国城市化进程不可绕过的两个步骤。② 有学者从节约集约利用农村土地，增加农民财产性收入，促进农地适度规模经营，加速城市化进程等方面肯定改革成绩。③

2010 年，国务院指出试点工作"对统筹城乡发展发挥了积极作用，但也出现了少数地方片面追求增加城镇建设用地指标、擅自开展增减挂钩试点和扩大试点范围、突破周转指标、违背农民意愿强拆强建等一些亟需规范的问题，侵害了农民权益，影响了土地管理秩序。必须采取有力措施，坚决予以纠正。"④ 可见，国务院并未全面叫停宅基地换房，而是要求各试点地区把错误的做法纠正过来，把正确的做法落到实处。

总体来看，宅基地换房在客观效果上实现了宅基地的节约集约利用，间接促进了土地承包经营权的流转，带动了城乡统筹发展，但在尊重农民意愿、保障农民权益、维护农村集体土地开发利益等方面存在诸多需要规范的问题。宅基地换房在理论界存在重大争议，在社会效果方面有利有弊。这场改革试点的前景尚不明朗，有可能因其存在的种种问题，从此消失，也有可能因其取得的明显成效，进而成为宅基地利用制度改革的

---

① 有学者指出，"农村土地整理为工业和城镇发展腾出了空间，在一定程度上促进了土地集约利用与新农村建设，但也存在农民和集体土地权益得不到有效保障等问题。要防止以扩大城镇非农建设用地来源为目的，强行收回农民的宅基地，损害农民的宅基地利益"（韩俊，2009 年）。另有学者在主流电视媒体上说，"宅基地换房，承包地换社保，两换这个事，你跟城里人跟哪个公民敢讲两换？法律规定承包地和宅基地，农民的住宅是我的合法的财产权益，而社会保障是应该政府给我提供的公共服务，在哪个国家，在哪个地方，可以跟老百姓讲，你要获得我的公共服务，你就要拿你的财产来换，没有过这种事情，所以这是在制造新的不平衡"（陈锡文，2010 年）。

② 参见新华网《著名经济学家厉以宁委员点评中国经济热点》，http://news.xhby.net/system/2008/03/02/010211607.shtml。

③ 扈映、米红：《经济发展与农村土地制度创新——浙江省嘉兴市"两分两换"实验的观察与思考》，《农业经济问题》2010 年第 2 期。

④ 《国务院关于严格规范城乡建设用地增减挂钩试点切实做好农村土地整治工作的通知》（国发〔2010〕47 号）。

样板。

然而,宅基地换房改革的形势不明,并不影响我们对其展开深入的法学研究。宅基地换房是政府组织的宅基地利用制度变革,是统筹城乡发展的一个重要环节,它包含了决策层统筹利用农村存量宅基地的意愿和思路,其中或许孕育着新宅基地法律的雏形。退一步讲,即使改革试点因各种原因停止了,也不妨碍我们从中发现宅基地法律规则。发现法律,既要从已经发生过的历史事实中挖掘法律,也要从正在发生的当下事实中寻找法律,既要阐释现实生活中基本成型的法律规则,也要提炼现实生活中尚未成型的法律规则。发现法律不是把现成规则拿来的简单过程,它主要是挖掘、整理、归纳、修正、完善和提炼法律规则的过程。在这个意义上,发现法律是一项创造性的思维过程。政府组织的宅基地换房改革试验为发现宅基地法律提供了鲜活的素材。投入发现者的创造性思维活动,淘汰其中不合理的规则,筛选并提炼合理规则,或许能发现新的宅基地法律。

第二节　宅基地换房的制度成因

宅基地换房是人口城镇化发展的必然要求。改革开放以来,我国小城镇建设急剧加速,耕地面积大幅减少,1981年至1985年,全国净减少耕地3690万亩,其中,1985年净减少高达1500万亩。[①] 为应对耕地面积急剧下降局面,1998年立法机关修订《土地管理法》,强调严格保护耕地、严格控制建设用地;2006年全面实施国家土地督察制度。在严格的耕地保护制度形势下,全国耕地面积依然从1998年的19.45亿亩降到2008年的18.25亿亩。直到中央实施"最严格"的耕地保护制度后,近几年才遏制住耕地面积下降趋势,2009年恢复到18.26亿亩,2010年恢复到18.27亿亩。在死守18亿亩耕地面积的严峻形势下,如何加快小城镇建设是摆在各级政府面前的艰巨任务。以前征收农村集体土地的方式要么是征收耕地、保留农民宅基地,要么是耕地和宅基地一起征,现在这两种方式都行不通了。耕地要保,单独征收农民宅基地又不太现实,因此,农村土地利用只能走制度创新的改革道路。经过十多年的快速发展,土地城镇

---

① 新华网:《2008年我国耕地净减少量创新低,耕地保护趋势明显向好》,http://news.xinhuanet.com/newscenter/2009-03/13/content_11008430.htm。

化任务基本完成，人口城镇化问题日益突出。城镇化最终目标是"人口的城镇化"，也就是让新增的城镇人口（主要是以前的农民）在教育、医疗、保险、就业、居住等各方面真正享有市民权利。但事实上，众多的农民工，因不能平等享受城镇居民的各种待遇、无力负担城市高房价而无法定居城市，并且这种因素短期内无法消除，社会发展需要将土地城镇化任务调整为人口城镇化任务。为配合农村人口城镇化改革任务，加快城乡一体化建设步伐，宅基地使用权置换城镇住宅这种改革形式应运而生。

同时，宅基地换房是宅基地制度改革的理性选择。前文指出，宅基地法律禁止宅基地流转的规定应继续坚持，也就是说，宅基地制度变革不能走"自由流转"之路。但禁止宅基地流转不等于禁止农村集体组织的宅基地使用权变动，也不等于禁止宅基地使用权流向地方政府。禁止宅基地流转目的是为了保护农民的居住生活保障品。当地方政府和农村集体在确保农民居住保障的前提下，农民将节余出来的存量宅基地流转给地方政府，并获取宅基地开发利用收益，与宅基地禁止流转规则不冲突，反而是对禁止宅基地流转规则不利影响的一种最大限度的弥补。

值得注意的是，宅基地换房不是宅基地的自由流转。宅基地自由流转缺乏正当性，主要是因为"农村宅基地交易主要满足强势群体的利益诉求。"[①] 有学者不以为然，他们反驳说："现有到农村购买宅基地的并不都是富有的强势人群，大量发生的购买农民'小产权'房的恰恰是难以承受城市高房价的普通民众。对他们来说，对'小产权'房的打压，恰恰是对其基本居住权的打压。"[②] 这个说法并非普遍事实，实际上，购买小产权房的主力军是公务员、高收入的教师、医生和老板。他们购买小产权房不是因为难以承受城市高房价，而是在用闲钱博弈政策，一旦政策有变，这笔闲钱将带来暴利。[③] 另据报道，有不少月薪过万元的老师也买了

---

① 孟勤国：《物权法开禁农村宅基地交易之辩》，《法学评论》2005 年第 4 期。

② 诸培新、曲福田、孙卫东：《农村宅基地使用权流转的公平与效率分析》，《中国土地科学》2009 年第 5 期。

③ 据报道，有村干部说："有些业主是明白政策的，他不怕，反正有钱，就在这里占着。都是闲钱……"开发商称，目前北京购买"农家别墅"的人，大都是市区居民，有机关干部、老教授、个体业主、新闻媒体工作人员等。参见《北京小产权房变成生态别墅，每套租金高达 60 万》，http://beijing.qianlong.com/3825/2009/06/22/2502@5046261.html。

小产权房，其中一个老师买了三套，计划拿来出租，国家某部委的处长也买小产权房。[①] 一旦宅基地可以合法地自由流转，最终获益的是这些早就"潜伏"其中的强势群体。他们还认为："城市居民不能购买农村集体建设用地上的住房，表面看是保护农民利益，防止农民陷入'失地、失房'的困境，实质是对农民土地权益的侵犯。"[②] 这个观点不能成立。"禁止土地流转实质就是侵犯土地权益"的观点有悖于法律常识。不能流通，不影响土地权利人的使用权；不能流通，不影响土地权利人的收益权。禁止土地流通绝不等于侵犯土地权益。国家土地所有权不能流通，集体土地所有权也不能流通，难道这也是法律对国家、集体土地权益的侵犯吗？即使西方传统物权学说理论和立法也从不把"流通性"作为土地物权的权益或特征，相反，在物的分类中一直有"限制流通物"和"禁止流通物"等法言法语。这说明，不能流通不是某种物权的先天不足。一种财产能不能流通，是立法根据财产在特定社会中的重要性及其功能所做的抉择，与是否侵犯财产权益无关。就事实、法理和道理而言，禁止宅基地自由流转不是损害农民的土地权益，反而是为了保护农民基本的居住生活条件。即使在建立了集体建设用地使用权入市制度的条件下，农民个人也不能直接将房屋连同宅基地卖给城里人，因为农民的宅基地是无偿取得的，他没有出卖宅基地使用权的权利。[③]

然而，宅基地不能自由流转，不等于不能流转。宅基地换房就是在充分考虑自由流转之弊端后，改革宅基地利用制度的一种思路。自由流转会导致一大批农民沦为流民，或者瓦解农村宅基地分配制度，哪一种后果都非中国社会所能承受。[④] 但宅基地换房不会导致其中任何一种结果。（1）宅基地换房是农户将宅基地（包括住宅）流转给政府，农户居住安全有保障。实践中，农户将宅基地流转给政府后，可得到旧房拆迁补偿费、住房补助费，并享有以成本价购买安置房的权利，虽然安置房的购买价与补偿补助费之间有一定"差价"，但根据当地农民的生活条件和收入状况，农民完

---

① 参见《深圳公务员教师等收入偏高人群热买小产权房》，http：//finance. sina. com. cn/china/dfjj/20090626/21226406951. shtml。

② 诸培新、曲福田、孙卫东：《农村宅基地使用权流转的公平与效率分析》，《中国土地科学》2009 年第 5 期。

③ 参见韩松《新农村建设中土地流转的现实问题及其对策》，《中国法学》2012 年第 1 期。

④ 孟勤国：《物权法开禁农村宅基地交易之辩》，《法学评论》2005 年第 4 期。

全有能力支付，不会因为宅基地换房而出现流离失所等失控局面。并且，由于安置房单套面积不大，农户一般可置换到 2—4 套安置房。不仅农户家庭成员代际之间可独立居住，尚有剩余住房可供出租。农户在居住条件改善的同时，还增加了财产性收入。（2）宅基地换房以农民自愿为前提，农户选择有自由。单从政策层面上看，[①] 宅基地置换是在调查农民意愿、农民表达意愿、公众参与以及充分论证的基础上进行的。农户建新拆旧意愿不仅农户之间相互知晓，地方政府清楚，而且上级主管机关也知道，很难造假。这从根本上保障了农民的置换选择自由。当然，实践中损害农民权益、违背农民意愿的做法，需要纠正自不待言。（3）宅基地换房为增加农民收入，壮大集体经济创造了机会，改善农民生产、生活条件，促进农业适度规模经营和农村集体经济发展，这是国土管理部门对城乡建设用地增减挂钩工作的目标要求。地方政府在置换活动中不仅不能追求赢利，反而要以"反哺"态度尽量为农民、农业和农村提供支援，这将从根本上保证宅基地置换产生正面社会效果。[②] 总的来看，城乡建设用地增减挂钩政策在利益分配上明确倾向于农民和集体，不仅不会影响农民安居，还可为农民创造财产性收入，改善农民生产、生活条件，进一步壮大集体经济。在这个意义上，宅基地换房是解决"三农"问题的一种有益探索。即使这种改革探索最终不能解决"三农"问题，政府组织的宅基地换房也能确保土地安全和社会安定。

因此，宅基地换房改革试点有其经济社会发展的必然性，在政府组织下，能确保改革试点地区的社会稳定，是政府统一经营利用宅基地的一种尝试。土地公有制下，宅基地的分散利用与统一利用是中国宅基地法律的两种利用形式。以前政府没有财力大规模开展宅基地统一利用，农民主要依靠自建住宅方式解决居住问题。现在一些经济社会发达地区的政府有财力统一为农民修建住宅，提升农民的居住质量、改善农民的居住条件。同时，通过统一利用宅基地还达到节约集约利用土地的目的，让农民获得更多的土地增值收益。宅基地换房，这种政府统一利用宅基地的形式是实现

---

① 参见国土资源部《城乡建设用地增减挂钩试点管理办法》（国土资发［2008］138 号）第 7 条、第 17 条规定。

② 国土资源部《城乡建设用地增减挂钩试点管理办法》第 17 条第 2 款规定："建新地块实行有偿供地所得收益，要用于项目区内农村和基础设施建设，并按照城市反哺农村、工业反哺农业的要求，优先用于支持农村集体发展生产和农民改善生活条件。"

土地公有制的路径之一。

第三节 宅基地换房政策不能直接纳入正规法律体系

虽然宅基地换房从制度层面上看,具有正当性,但就具体的政策内容而言,不能直接纳入正规法律体系。宅基地换房政策存在诸多缺陷。

一 宅基地换房中政府过于强势,农民意愿缺乏保障,农村集体地位尴尬

宅基地置换的法律主体,包括地方政府、政府投资公司、农村集体和农户。地方政府把宅基地置换作为城乡一体化、统筹城乡发展、开展节约集约用地的一项行政工作来抓,从决策到落实都由政府主导,政府行政工作人员的主要任务就是动员农民放弃宅基地使用权。政府投资公司由政府出资设立,整合农经、国土、建设、社保等部门的职能,统一负责土地流转、安置小区建设和新市镇建设工作。农村集体一方面负责与农户签订置换协议,另一方面负责与政府投资公司签订置换协议,确保置换出来的宅基地无产权纠纷并负责分配安置房。农户在宅基地置换中,作为被动员的对象,有置换自由,农户自主决定是否参加,一旦同意参加就成为宅基地置换的一方主体,但对宅基地置换内容无决定权。农民的自愿和同意是宅基地置换工作的关键环节,实践中,一般由政府从各个单位、部门抽调人手,镇政府具体安排工作人员分片包干做村民放弃宅基地使用权的动员工作。即向村民介绍宅基地置换政策,并动员村民与村集体签订申请置换协议,实际上就是让农户签订一份申请书。该申请书照录如下:

> 某某村村民"两分两换"申请书
>
> 编号:
>
> 某某村委会:
>
> 为积极响应各级政府提出的统筹城乡发展和节约集约使用土地的号召,改善现有的居住条件,提高生活质量,我代表本户申请并承诺:
>
> 1. 自愿永久性放弃宅基地,将现使用的宅基地使用权交回集体,根据××镇农村住宅置换城镇房产政策,同意将本户农村住宅(含

地上建筑物及设施）置换××镇城镇房产。

2. 根据××镇土地承包经营权置换社会保障政策，同意将土地承包经营权置换社会保障。

申请人（户主）：

身份证号：

住址：

年　月　日

村委会意见：

签字（盖章）：

年　月　日

从上列申请书来看，农民自愿原则没有充分体现，农户只有签字与不签字的自由，缺乏表达意愿的途径，他们的利益诉求往往成为对政府工作人员的牢骚和抱怨。所谓的"自愿原则"没有落实，仅有的"签字权"会在政府强大的政策攻势和三番五次的动员说服下"变味"，绝大多数村民会签字，特别是在土地承包经营权已经集中流转的地方，农户签字的说服工作更加容易。实践中，还出现政府工作人员采取欺骗、胁迫等非法手段完成动员任务的现象。这说明，农民自愿原则的落实缺乏相应制度保障。在政策安排中，没有村民表达意愿、反映意见的渠道和机制，政府和政府投资公司单方确定置换补偿、补助和成本价购房等价款条件，村集体和农户没有讨价还价余地。如果把整个宅基地置换过程看作一个合同的话，那么这份合同就是典型的由政府事先拟订的格式合同，政府不需要与农民协商，农民只能选择"签"与"不签"。农户永久放弃宅基地使用权，事关农民重大的土地财产利益，如果农户不能在置换法律关系中成为与政府平等协商的法律主体，不能充分表达自己的意愿，不能在政府制定的必要的格式条款外，就财产交换、生活方式、生计安排和利益分成等重大财产利益问题进行讨价还价，势必对农民利益产生不利影响。

村集体在置换政策中扮演了类似"居间人"的角色，村集体首先要主持召开村民大会或村民代表大会，征求村民意见，如果有2/3以上的村民同意参加置换，则村集体就享有了参加置换的主体资格。然后，村集体要在政府和政府投资公司的组织下，与村民签订置换协议，即农户主动放弃宅基地的申请。村集体与农户是这份申请协议的当事人,但事实上,村集体和农户基本上处于被动地位。申请书的签订过程由政府和政府投资公司积极推动,按政府的工作安排,这个环节被称为"动员"阶段,村集体需要积极配合政府做好动员村民的工作,做好宅基地移交工作,做好安置房分配工作。村集体一直穿梭在政府、政府投资公司和村民之间,履行着政府交办的事务,似乎宅基地换房与己无关。村集体是法定的农村宅基地所有权的代表人,村集体有义务保护集体土地财产利益,需要在宅基地使用权换房中认真考察土地财产利益的流向,自觉捍卫集体的利益。这就需要集体不断地就宅基地换房方案提出意见和建议,将集体的利益诉求表达出来,但宅基地换房政策中,缺乏集体意志与集体利益诉求的表达机制。

二　宅基地换房制度功能不明

制度功能,是指社会制度对社会需求的贡献,揭示制度功能的主要方式是描述社会制度与社会需求之间的关系。准确描述一种改革制度的功能是制度改革的一项正当性要求。地方政府表述的宅基地换房制度功能一般包括两方面的内容,一是解决农民建房散乱问题,二是解决农村宅基地闲置问题。①

然而,农民建房散乱和农村宅基地闲置并非宅基地换房真正的社会需求。

1. 解决农房散乱问题不是宅基地换房的社会需求,或者说,农房散乱不是一个真正的问题。与城市的规划住宅小区相比,农民建房的散乱显而易见。按照政策文件的说法,推行宅基地置换后,一方面能推进农村居住布局从自然松、散、乱形态转向科学规划布局形态,引导农民按规划设计有序建房,减少重复翻建住房的浪费,增加农民财富积累和财产性收

---

①　"近年来,随着全市经济社会的快速发展和城乡一体化的加速推进,大批农村劳动力实现了从第一产业向第二、第三产业转移就业,并有相当一部分已在城镇置房定居,农民的生产、生活方式已经发生了深刻的变化。但是,由于土地使用制度、户籍制度和社会保障制度等方面的束缚,农业小规模兼业经营、农民建房散乱和农村宅基地闲置等问题长期得不到有效的破解,严重影响了我市现代农业发展、农村新社区建设以及工业化、城市化进程,已成为制约城乡一体化的突出瓶颈。"参见《中共嘉兴市委办公室、嘉兴市人民政府办公室关于开展节约集约用地试点加快农村新社区建设的若干意见》(嘉委办［2008］50 号文件)。

入，节约建设资金投入，另一方面能推动城市基础设施向农村延伸、城市社会事业向农村覆盖、城市现代文明向农村辐射，改善农村生产生活条件和生态环境质量，加快城乡一体化进程。但仔细观察，农民建房散乱并不是一个真正的农村问题。导致农村居住分散、建房散乱的原因非常复杂：（1）小农经济模式下，分散的耕作方式必然导致居住的分散，农民就地建屋是最节约农业生产成本的自然选择。以城市小区标准评判农村就地建屋现象，当然会得出农民建房散乱的判断，但这是站在"城里人"立场上看问题的片面结果。从农民、农业的角度看，为了耕种便利，就地建房是自然选择。只有农民变成市民，农民实现了从第一产业向第二、第三产业的稳定转移就业，农民不需要再就近从事农业生产时，农民建房散乱才成为问题。虽然大批城郊农民从事第二、第三产业，但这种产业转移并不彻底、稳定，一有风吹草动，农民还得回去种田，农民的农业生产任务未发生变化也不会轻易发生变化。所以，只要农民身份不变、农业生产任务不变，就地建房这种自然选择就不会成为一个需要刻意解决的问题。（2）城乡经济社会的二元结构是农民散乱建房的根源。改革政策文件说，宅基地置换具有推动城乡二元结构变化的意义，能拓展农民发展空间，为农民进城入镇定居、就业创造条件，推动农民转移就业、转变居住、转变身份，实现分工又分业、离土又离乡，加快城市化进程，推进三次产业融合发展。[①] 农民建房散乱不是城乡二元结构形成的原因，而是城乡二元结构导致的结果。农村人口流动、农民就业和教育以及公共财政的共享等多重城乡二元壁垒，依然是妨碍农民身份转变和农民就业转移的根本原因。宅基地置换可以解决农民建房散乱问题，却不能打破城乡二元结构。而在逻辑上，只有彻底打破城乡二元结构，才能彻底改变农民就地建房局面。认为打破农民散乱建房就可以实现城乡一体化发展，是把原因和结果弄颠倒了。农民集中居住必然带来交通设施、子女上学、公共卫生、农民就业等一系列密切相关的问题，这些问题不解决、不配套，单纯的集中居住对农民、农村和农业无异于一种伤害。当城乡统筹配套改革到位后，农民集中居住自然"水到渠成"。所以，宅基地置换不能以解决农民建房散乱问题为出发点。可见，宅基地换房与农民建房散乱没有直接联

----

① 参见《中共嘉兴市委办公室、嘉兴市人民政府办公室关于开展节约集约用地试点加快农村新社区建设的若干意见》（嘉委办［2008］50 号文件）。

系。农民建房散乱不是宅基地置换真正需要满足的社会需求，因为农民没有这种需求。即使定居在城镇的农民，也想着给自己在农村留一条退路，一旦在城里找不到生活来源还可以回到农村到土里刨食，这是最朴素也是最有道理的一种社会保障思路。

2. 解决宅基地闲置问题不是宅基地换房的社会需求。所谓农村宅基地闲置，泛指农村住宅的闲而不住、占而不用等宅基地浪费现象，主要包括"一户多宅"和"宅基地荒废"两种情形。（1）"一户多宅"形成的原因主要有违法多占、超占。比如村民夫妻和2个子女共同申请了宅基地，等2个子女成年后，又以子女成家的名义重新申请宅基地，结果，4个村民一共得到3处宅基地，这属于违法重复申请；此外，继承也会导致一户多宅，如老一代与新一代各有一处合法的宅基地，老一代去世，新一代可以合法继承老一代的住房，宅基地使用权随房屋一起转移给新一代，这样一来，新一代就享有多处宅基地。（2）"宅基地荒废"情形比较复杂，主要有三种类型：一是久占不用。有的因为经济能力有限，占用宅基地后无力盖房，长年搁置；还有的因邻里纠纷或宅基地界址争议无法修建房屋而闲置。二是因"移民"造成的闲置和外出打工造成的"季节性"闲置。随着社会经济的快速发展，有些农民已经实现了从农业向二、三产业的转移就业，并在城镇买房定居，但在农村的房子由于宅基地使用权流转的限制而无法顺利出卖，因无人居住而荒废；还有些农户十分迷信农村老宅的"风水"，即使城市有多处房产也不愿意放弃宅基地。三是集体用房的闲置。人民公社和生产队时期建成的集体用房，如办公场所、牛栏、仓库等，随着家庭联产承包责任制建立，集体不再使用形成闲置。还有违法建造的"小产权房"因滞销而导致闲置等。宅基地闲置问题迫切需要解决。从结果来看，宅基地置换客观上能解决宅基地闲置问题，因为只要农民交出宅基地，政府将盘活出来的宅基地用于建设用地或复垦为耕地，闲置问题就不存在了。

然而，宅基地置换的主要不是闲置宅基地，而是非闲置的宅基地。宅基地置换的需求，不能用解决宅基地闲置问题来解释。即使真正的闲置宅基地，也不适合一律用置换方式解决，应根据闲置宅基地的不同成因采取不同的法律措施。（1）因"独立门户"的原因导致的"一户多宅"可以通过立法或法律解释的方法来解决。现行法对"一户一宅"的规定不明确，对"户"的内涵的界定比较模糊。《土地管理法》第62条第1款规定："农村村民一户只能拥有一处宅基地，其宅基地的面积不得超过省、自治区、直辖市规定的标准。""一户"的标准是什么？《土地管理法》以及《土地管理法实施条例》均没有规定。1958 年《中华人民共和国户口登记条例》第 5 条规定：同主管人共同居住一处的立为一户，以主管人为户主。单身居住的自立一户，以本人为户主。户口登记标准上的一户是以是否居住一处为标准，子女与父母共同居住的，为一户，独立门户的为另一户。能不能把"一户"的登记标准作为《土地管理法》上的"一户"标准呢？如果按这个标准进行，实践中会出现因"分户"而导致的宅基地扩张。比如，有村民一家父母和子女共 5 口人批得一处宅基地，后三个子女成年结婚后分家，各自再申请一处宅基地，结果，他们家 5 口人实际上得到了四处宅基地，如果父母离婚后无房一方再婚，又可以申请一处宅基地。这种做法明显是不合理的。因为该农户第一次申请宅基地时已经将 5 口人都包含在内，5 口人共同享有宅基地使用权，当其中任何一人"独立门户"的，只能要求析产或者在原有的宅基地上增建、翻建住房，不能再次获得宅基地，但宅基地面积未达标的可以申请补足。为避免出现因"分户"导致的宅基地扩张，一些地方出台了地方性规定，比如，《玉环县农村村民住宅用地管理办法》第 24 条规定，以所有家庭成员作为一户申请批准宅基地后，符合分户和再申请建房条件未将住宅办理分家析产的，其宅基地申请不予批准。但县级人民政府的这个规定，效力层次太低。《土地管理法》或《土地管理法实施条例》可以采纳这条规定，明确农村村民以户为单位申请宅基地，已作为此户成员获得宅基地的村民不能因"独立门户"再申请宅基地。2008 年浙江省公安厅制定的《浙江省常住户口登记管理规定（试行）》第 12 条规定："户内因发生婚姻、分家等变化需要分户，且房屋所有权、使用权已经分割的，可以凭能够证明房屋所有权、使用权已经分割的证明材料申报分户登记。房屋所有权、使用权未分割的，不予分户。"按照这条规定，已有房屋所有权或使用权而发生的独立门户，不能申请宅基地。从农户中独立出来单独生活的农民可以成为户口行政管理法律关系中的"户"，但不能成为宅基地法律关系中的"户"。然而这个规定操作起来有一定困难，因为农村住房所有权非建筑物区分所有权，房屋所有权的分割面临法律困难。分一间、分一层都不能让"分家户"得到完整的房屋所有权，办不到房屋所有权证。在农村住房达不到"区分建筑物"的要求时，这种规定形同虚设。有人建议对

"户"作扩大解释。在法定成年年龄与法定婚龄之间选择一个恰当的点，作为子女可以独立建户的一种例外规定。如果在法定成年年龄以下就允许申请宅基地可能造成宅基地的闲置，因为按中国农村的生活习惯，未成家的成年子女一般与父母共同生活，如果成年就可以申请宅基地，往往形成占而不建、建而不居的闲置现象。如果成年且结婚后才能申请宅基地也不方便，因此，到法定婚龄后允许申请比较妥当。朱岩认为:"家庭成员中因未成年人步入成年，在符合婚姻法所规定的结婚的前提下，可以要求'独立门户'，申请宅基地使用权，即作为单独生活户才能申请宅基地使用权。"① 笔者认为，这个主张应增加一个前提限制，即"农村家庭成员中没有享受过宅基地的"，在成年后独立门户的时候可以申请宅基地使用权。法律还应授权地方制定1人户、2人户、3人户以及4人户以及多人户的宅基地面积，严格控制宅基地用地面积。（2）因继承导致的"一户多宅"应由法律明确规定退出机制。法律对继承取得宅基地使用权问题缺乏明确规定。《继承法》第3条将遗产界定为公民死亡时遗留的个人合法财产。房屋属于《物权法》第64条规定的私人合法财产，因而农村房屋所有权可以由继承人继承。继承人继承房屋后是否享有宅基地使用权，法律没有明确规定。根据"一户一宅"的规定，当继承人为本集体经济组织成员且无宅基地时，继承人依法取得宅基地使用权;有宅基地时，继承人取得被继承人的宅基地使用权将形成"一户多宅"现象，不合法。但根据"地随房走"原则，继承人理论上可以取得宅基地使用权。这个问题需要法律的明确规定。如果继承人不能享有两处宅基地，则需要解决继承人有房屋所有权却没有宅基地使用权的问题。关于继承农村房屋导致"一户多宅"的问题，立法可以规定继承人的选择权。继承人可以选择退出一处宅基地，并由集体补偿退回宅基地上房屋的价值，价值计算可参考拆迁补偿。集体将收回的房屋出卖给符合宅基地申请条件的农户。继承人也可以选择在法定期限内直接将房屋出卖给符合宅基地申请条件的农户。（3）对久占不用的宅基地闲置情形可以通过规定农村住房修建年限来解决。而村民打工产生的"季节性"闲置本就不是一种真正的闲置，外出打工村民不会主动要求宅基地置换，因为农村的家宅是他们抵御经济波动、金融危机的后盾。一旦发生就业困难，农民就可以退回农村，利用宅

---

① 朱岩、高圣平、陈鑫:《中国物权法评注》，北京大学出版社2007年版，第484页。

基地、自留地维持生存。

因而，在宅基地闲置情形中，只有集体闲置用房和定居城市农民闲置的宅基地才有置换需求。在这个意义上，解决宅基地闲置问题成为宅基地置换中的个别问题。宅基地置换不是用闲置的宅基地来置换城镇住房。宅基地置换政策得以实施的前提是 90% 村民的同意，但闲置宅基地的比例一般在 30% 左右，单纯以闲置宅基地换房达不到政策启动的要求。宅基地置换从一开始就不是专门解决宅基地闲置问题的，更何况在 30% 闲置的宅基地中只有部分有置换意向，因此，解决闲置宅基地问题不是宅基地换房的社会需求。

综上所述，解决农房散乱现象和处置闲置宅基地问题不能成为宅基地换房的正当性依据，宅基地换房政策的制度功能需要寻求一种新的阐释或者新的定位。

三　宅基地换房存在利益失衡隐患

利益衡平在理想意义上，是指各利益主体之间地位平等、机会平等，在追求各自利益最大化时，与其他主体在根本利益或长远利益上形成和谐一致的关系。在现实意义上，利益衡平是指利益冲突被调节到现实生活能够承受，并与社会主流价值相一致的范围内，实现不同利益主体利益最大化的需要。在法学意义上，利益衡平是指各利益之间形成一种制度范围内的秩序，形成一种体现最广大群体利益最大化的利益分配和享有状态。[①] 法学意义上的利益衡平因利益冲突而存在，并以消解利益冲突为己任。

利益冲突的消解方式主要是利益确认与利益救济。一方面，确定冲突中的利益是否应受到保障、应受到何种保障、利益归属何种主体以及利益份额构成等各项规则，并运用这些规则消解利益冲突。另一方面，确定利益的取得与丧失、利益的行使、利益的救济等规则，通过这些规则解决各主体之间的利益得失、利益侵害等冲突，从而保证各主体利益结构的秩序。

法学意义上的利益衡平以实现法律价值为目标。财产制度创新领域中

---

① 参见吴清旺《房地产开发中的利益冲突与衡平——以民事权利保障为视角》，法律出版社 2005 年版。

的利益衡平，相当程度上体现为效率、公平目标的实现以及效率与公平之间的合理兼顾。法学追求的利益衡平是一种制度范围内的秩序，一种通过制度创新使主体利益最大化并与公平正义相一致的和谐状态，这种利益衡平的实现有赖于符合公平与效率原则的制度设计。

笔者以嘉兴市的宅基地置换政策为例，分析宅基地置换的利益冲突。嘉兴市宅基地置换试点工作，又叫作"两分两换"。① 嘉兴南湖区七星镇开展试点的几个村事先已完成承包地集中流转任务，"两分两换"工作事实上只有宅基地置换一项任务。七星镇宅基地置换政策在利益安排方面有三点值得赞许：其一，坚持了保护农民权益的原则。把坚持农民自愿、切实保障和维护农民权益、促进农民全面发展作为根本出发点和落脚点，贯穿在整项工作的始终。通过着力解决群众最直接、最关心、最现实的利益问题，确保农民安居乐业有保障，实现城乡居民共享改革发展成果。其二，置换形式多样，可以满足不同农户的需求，主要有三种形式供农户选择。（1）作价领取货币补贴，要提供所购商品房面积达到人均 30 平方米以上的房产证明；（2）到搬迁安置区置换搬迁安置（公寓）房；办理安置房的土地使用证和房屋所有证，可申请按揭贷款，并按照搬迁政策对原住房建筑面积实行房屋补偿；（3）部分或全部到产业功能区置换标准产业用房。可以按照农民安置住宅面积的 1—2 倍置换（具体倍率按相应价值量，据具体项目而定），并核发两证，原则上实行集体统一招租，确保农户收益。其三，较好地处理了身份和利益的关系。农民入住城镇集聚社区后，原则上将户籍关系迁入社区管理，享有城镇居民在子女教育、职业培训、就业服务等方面与城市居民的同等权利，并继续享有原居住地集体经济组织除申请宅基地以外的权益。

但是，置换政策的利益安排存在问题：其一，置换对价不合理。置换过程中，农户付出的是住宅、退还宅基地并永久丧失申请宅基地的权利。政府付出的是旧房补偿、补助款并修建安置房。旧房的补偿和补助理论上只是对财产损失的弥补，不能理解为交易对价。农户失去了建在宅基地上

---

① 所谓"两分两换"是指宅基地和承包地分开，搬迁和土地流转分开，以农村住宅置换城镇房产，以土地承包经营权置换社会保障。"两分两换"实际上是分步骤实行宅基地置换，不是一步到位地实行承包地和宅基地的流转，而是分别进行流转，以降低置换动员工作的难度。在这个意义上，可以把"两分两换"视为宅基地置换的升级版本。

的房屋，旧房补偿是对损失的弥补，并且不是按照市价补偿。对住宅损失的弥补不是宅基地置换的对价。由于安置房须农户出资购买，交给农民的安置房也不是对价。唯有按人头和面积计算的旧房补助可以算得上宅基地使用权的对价，但每人补助1.5万元和可置换面积内每平方米600元的补助，抵不上宅基地使用权的价值，因为宅基地使用权是无期限的使用权，在住宅用地资源日益稀缺，价格一路上涨的前提下，农户户均一亩的宅基地使用权绝不止值一二十万元的补助。当然，农户的宅基地使用权是不可流通的财产，无法准确评估其价值，但农户住宅和宅基地的财产价值、保障功能和田园风光的惬意、单门独院的宁静、饮食消费的自给自足等利益是客观存在的。或有人说，这些利益已经置换成养老保险了。这是对农村养老保险制度和宅基地置换制度的误解。政府给农民的养老保险是用来置换承包地的。即使农户不同意置换，政府迟早也要为农民办理养老保险，农民的养老保险不与退出土地相挂钩。此外，即使置换的对价相等，还要考虑住房置换对农民生产和生活造成的折腾。在这种小型"移民"工程中农民花费的时间、精力成本不容忽视。宅基地换房是一种有政策支持的财产交易，交易必须强调对价合理。

其二，安置房置换标准不公平。宅基地置换，既可以置换安置房，也可以置换产业房，还可以进行货币置换。实践中，绝大多数农户选择安置房置换，因为绝大多数农户没有其他的房源。即使已经定居城市的农户也选择安置房，因为他们认为在三种可供选择的置换品种中，比较而言，安置房吃亏最少。安置房置换标准不公平当然也是置换对价不合理的一种表现形式，但由于农民对这个问题意见很大，因而单列出来加以分析。置换安置房的政策规定：农民可以置换的房屋类型包括多层和小高层，户型设计面积为115、105、75、65平方米四种，可置换城镇住房标准建筑面积的计算方法是，按政策认定人口每人40平方米，每户再加60平方米。户内5人以上的可置换面积不得突破260平方米，四代同堂且人口在6人以上的不得突破300平方米。① 面积上限的设定当然是节约集约利用土地的体现，但农户未必习惯小面积的居住环境，特别是旧房面积超过300平方米的农户无法置换到等面积的安置房，等于居住面积减少了。农户一套500平方米的住房只换得300平方米或更低的住房面积，心理上无法承

---

① 参见《七星镇农村住宅置换城镇房产实施细则》（七统［2008］1号文件）。

受。此外,购买安置房的成本价每平方米 1600 元,而农户旧房的最高补偿标准为每平方米 340 元,加上折旧,农户房屋补偿标准平均在每平方米 300 元左右。加上农户房屋补助标准,包括每人补助 15000 元,可置换城镇住房标准建筑面积以内部分每平方米补助 600 元,旧房补偿和补助相加达不到每平方米 1600 元。以 5 口之家、原有住房建筑面积 260 平方米为例计算,该农户有权置换同等面积的城镇住房,购买 260 平方米的公寓房需要 416000 元。房屋补偿款为 78000 元,房屋补助款为 156000 元,人头补助款为 75000 元,农户可以得到的补偿补助款合计 309000 元。该农户置换等面积的安置房至少需要再拿出 10 万元的购房差价款。在农户无偿退出宅基地的前提下,却不能无偿取得等面积的安置房,这样的置换标准怎么看都不公平。

其三,利益结构安排失衡。利益结构是指在总体利益框架内各主体的利益类型、位置和比例。宅基地换房总体利益框架中的利益成分主要是节余的宅基地指标。节余宅基地指标按照宅基地换房政策是由政府享有的,政府可以在符合土地利用总体规划的前提下,调剂使用。也就是说,节余宅基地指标最终会变成政府征收土地的指标。在这个意义上,农民节余宅基地的利益归属于地方政府。此外,在宅基地换房过程中还会在以下四个方面发生利润:一是旧房拆迁,拆迁的人工费、废旧物资都是一种收益;二是安置房开发建设利用,在地方政府预借的用于周转的建设用地上进行安置房开发建设本身会产生许多收益环节,如建筑材料的采购、建筑工人的劳务收入、安置房与旧房的价格差、安置房物业管理收入和物业管理服务人员的工作机会等;三是土地整理,对搬迁后的宅基地进行土地整理,土地复垦费、土地"七通一平"过程中发生的工作机会和收入等;四是节余宅基地的开发利用,土地的使用权本身就是一种稀缺的利益。按照宅基地换房政策规定,前三种利益主要由政府投资公司享有,当然,不排除地方政府出于顺利开展工作的需要,从中拿出一两种利益给村民或村集体,比如,把物业管理这一块拿出来交给集体的物业管理公司。第四种利益主要由投资开发商获得,因为节余土地由国土部门组织出让,自然是要收取土地出让金的,按照土地出让"招、拍、挂"原则,出价高的投资开发商最有可能成为节余宅基地指标的利用人。在整个利益安排中,没有农民的利益分成,农民在宅基地换房中没有享受到利益。有人说,农民得到了可流通的安置房,这是现成的利益。这种说法是对利益的误解。利益不是对财产损失的补偿，而是现有财富的增加，是财产的获得，不是财产的先失后得。又有人说，农民失去的是不可流通的农村住宅和宅基地，得到的是可流通的商品房，不可流通的财产变成可流通财产就是一种利益。这种说法似是而非，关键要看农民在财产的可流通中付出了什么、付出了多少，农民是自己花钱买来的安置房，可以流通不奇怪，而不可流通的财产与可流通的安置房相比，究竟哪一个更有价值还有争论，并且在绝大多数农民的安置房用于自住的情形下，可流通没有太多现实意义。因此，出于利益衡平考虑，应在利益构成的总体框架中安排农民的利益分成。除了明确村集体的物业管理人员全部由本集体置换村民担任外，还需要明确农民参与政府投资公司和开发商利益分成的方式和机制，宅基地换房利益衡平的关键就在于此。

其四，政府投资公司独揽置换经营权，农户利益受损。城乡建设用地增减挂钩试点政策要求各级试点单位的政府必须与农民协商、尊重农民意愿。地方政府在落实这个政策要求时，安排了政府投资公司这样一个双面角色。政府投资公司，由政府出资设立，整合农经、国土、建设、社保等部门的职能，统一负责土地流转、安置小区建设和新市镇建设工作。这反映了政府投资公司的行政机关的一面。另一面，政府投资公司要与农民进行平等的民事谈判，要积极上门征求农民意愿，发动农民放弃宅基地，鼓励农民与村集体签订置换协议，农民如果不愿意，政府投资公司不能采取命令的方式要求农民遵照办理，此时，它扮演的是与农户平等的民事主体的角色。政府投资公司一人分饰两角，忽而行政主体，忽而民事主体，其作为宅基地换房经营主体的可信度大打折扣。农民不知道政府投资公司到底代表谁的利益，不知道政府投资公司是合作伙伴还是竞争对手。实践中，政企不分的政府投资公司为了自身利益有时甚至采取欺诈、胁迫等强制手段让农民签订置换申请书。政府投资公司代表政府同时也代表自身利益，却不代表农民利益，因而置换方案中带有比较明显的利益倾向，如置换对价不合理，安置房置换标准不公平，利益结构安排失衡等。[①]

---

① 参见向勇《如何维护农民在"宅基地换房"中的权益——以嘉兴市"两分两换"为例》，《嘉兴学院学报》2011 年第 2 期。

第四节 脱胎于宅基地换房的宅基地定向转让

由于宅基地换房改革试点政策存在法律风险、功能不能、利益失衡等诸多缺陷,不能直接纳入正规法律体系。但是,针对宅基地换房政策出现的各种问题,站在真集体主义的立场,修正并完善宅基地换房的具体规则,就可从中发现新的宅基地法律,并将其纳入正规法律体系。

一 辨明宅基地换房的法律性质

1. 宅基地换房不是征收。宅基地换房是指农民将宅基地交回集体,并放弃重新申请宅基地的权利,以换取城镇住房的一项整理农村存量宅基地的改革政策。有媒体评论称,宅基地换房不是制度创新,与城市拆迁并无二致,不过是把钱换成房子而已。[①] 有学者认为宅基地换房的法律性质是一种新型征收关系,与传统征收的主要区别是其非强制性、平等性、非补偿性或互惠性和征收权的有限性。[②] 上述观点把宅基地换房解释为拆迁、征收不妥当。宅基地换房不是征收也不是变相征收。

其一,宅基地换房目的不是征收集体土地,而是盘活农村存量建设用地,通过农村宅基地节约集约利用,获得城镇建设用地指标。有地方文件明确提到:"多余的建设用地指标,在符合土地利用总体规划的前提下,经批准,可以调剂使用。"并规定宅基地换房要"严格按照法律法规进行,不改变土地所有权的性质和土地的使用性质。"[③] 既然不改变土地所有权性质,集体土地没有变为国有土地,就不能把宅基地换房解读为土地征收。

其二,宅基地换房中政府没有动用征收权。征收权是公权力,由政府代表国家行使。如果宅基地置换是征收,征收主体只能是政府,但在宅基地置换政策和实际操作中,政府并不出面征收宅基地,而是指导政府投资公司通过与村集体签订置换协议、村集体与农户签订置换协议的方式完成

---

① 参见凤凰网评论《宅基地换房,是大进步还是大忽悠?》,http://news.ifeng.com/opinion/specials/zhaijidi/。

② 万国华:《宅基地换房中的若干法律问题》,《中国房地产》2009年第3期。

③ 参见《嘉善县统筹城乡综合配套改革领导小组关于在姚庄镇开展节约集约用地试点加快农村新社区建设的请示》(善统领 [2008] 1号文件)。

置换工作任务。这两份置换协议表明，政府是通过协商方式，以农户自愿为前提开展置换工作的，没有动用行政权力来征收。事实上，地方政府在宅基地换房中也无法动用征收权。宅基地换房规模过大，即使地方政府有意征收，也做不了主。根据《土地管理法》第45条的规定，征收非耕地超过70公顷的要由国务院批准。宅基地换房一般以乡（镇）为基础，整村整治，涉及的土地动辄几千亩，如果是征收就需要国务院批准，现实中的宅基地换房都由地方政府决定，不是征收。

其三，宅基地置换补偿标准非征收补偿标准。按照《土地管理法》和《物权法》规定，土地征收后需要依法支付各种法定费用，保障被征地农民的生活，维护被征地农民的合法权益，征收个人住宅的，还应当保障被征收人的居住条件。宅基地换房不是按照征收标准进行补偿的，农户需要在宅基地换房中投入一定资金用于购买安置房，安置房面积一般少于原有住房面积。而征收中，安置房一般是不需要花钱买的，安置房面积基本相当于原有住房面积。

其四，宅基地换房以农户自愿为前提，不具有土地征收的强制性。自愿不能与强制并存。征收带有强制性，被征收人不能根据意思自治原则同政府协商，相反，政府可在法定目的和范围内依法定程序直接实施征收行为，使他人的私权被强制移转给国家。但宅基地换房政策明确规定了农民自愿的前提，农民同意后才能置换。逻辑上不存在自愿基础上的征收，既然自愿了就不需要再强制。所谓的"自愿基础上的征收"、"平等基础上的征收"等新型征收的解释，不仅在理论上不能自圆其说，在具体操作中也会自相矛盾。

最后，宅基地换房不可能成为新型的征收行为。现代文明社会，征收是国家强制剥夺公民、社会组织财产的法定手段，只能在《宪法》和《物权法》规定的目的和范围内进行。如果政府可以在法律规定之外，通过"先行先试"等方式实施新型的征收，那么，这个国家的公民必然缺乏财产安全感，也意味着这个国家法治的倒退。因此，从现代法治文明角度，宅基地换房不是也不应该是一种新型国有化行为。

2. 宅基地换房是定向转让。解释和判断宅基地换房的法律特征，可从宅基地换房的具体运作程序入手。宅基地换房大致有五个步骤：第一步，地方政府注册成立投资开发有限公司，负责农村新社区建设开发、融资、土地整理等工作。第二步，农民在自愿的前提下，将现有宅基地

（住房）交回集体，获得换取城镇住房的资格。第三步，村集体与政府投资公司签订宅基地（住房）置换协议，政府投资公司负责建设新住宅交付村集体，村集体负责组织村民腾空原有宅基地（包括住房）。第四步，村集体组织宅基地（住房）拆迁、整理、复垦，宅基地复垦面积除用于建设农村新社区外，多余的建设用地指标，在符合土地利用总体规划的前提下，经批准可以调剂使用。第五步，市、县国土部门对置换出的建设用地组织出让，出让收入全部用于农村新社区建设和土地整理复垦。

考察宅基地换房程序，可以发现换房主要通过两份协议来完成。一是农户与村集体的置换协议，二是村集体与政府投资公司的置换协议。农户的义务是自愿永久放弃宅基地，不仅将现有宅基地交回集体，并且承诺永久放弃申请宅基地的权利。集体的义务是拿农户交回的宅基地与政府投资公司置换安置房，并将安置房指标分配给农户。政府投资公司的义务是修建安置房，并按成本价出售给农户。可见，宅基地置换是在政府的主持下，由政府投资公司与村集体共同实施，有组织地置换村民宅基地的行为。农民交回宅基地，名为放弃，实为流转。

宅基地换房的结果是宅基地使用权变动，变动原因是物权人的抛弃，但抛弃只是表面现象，权利人在抛弃权利时，事实上得到了"对价"，即获得政府的住房补偿和补助并有权以成本价购买一定面积的小城镇安置房。因此，在宅基地换房中，农户放弃宅基地使用权的行为不是物权抛弃行为，而是宅基地使用权有偿转让行为。从整个宅基地换房"链条"看，"农户放弃"与"政府支付对价"构成了宅基地使用权转让法律关系的主要内容。农民与村集体签订置换协议，村集体与政府投资公司签订置换协议等复杂程序，不能改变宅基地使用权流转的客观事实，置换是有组织的宅基地使用权流转行为。这种有组织的宅基地流转缺乏法律明文规定，属于城乡建设用地增减挂钩试点工作的改革探索。相对于农户自由流转宅基地使用权，可将其称为宅基地定向转让。

宅基地定向转让与宅基地有限流转不同，[①] 前者是政府主持下的流转，后者是农户独立自主的流转。定向转让是群体流转，不能一家一户分

---

① 关于宅基地有限流转的主张，参见宁清同《农村宅基地使用权的有条件流转探析》，《河南省政法干部学院学报》2008 年第 3 期；王军：《宅基地有限自主流转的可行路径》，《农村经济》2009 年第 3 期。

散进行，有限流转是分散流转，只要符合流转条件即可单独行动；定向转让的对方当事人是特定的，是政府投资公司或者政府主持建立的土地合作社，有限流转是流向城镇居民；定向转让目的是节约集约利用农村建设用地，有限流转目的是实现农户宅基地财产的可流通；定向转让可促进农民参与节余宅基地的开发利用，有限流转解决了闲置宅基地问题；定向转让可为小城镇建设积累资金，促进农业的现代化，吸引工商业投资，增加农民非农就业机会，加快农民市民化进程，有限流转满足了少数农民定居城市和城镇居民购买农村住房的愿望。

二　建立宅基地定向转让的一般规则

（一）宅基地定向转让的法律含义

宅基地定向转让是指村民以村为单位，将宅基地使用权和住宅所有权转让给地方政府，地方政府负责村民的集中居住，并通过农民参与的方式经营利用节余宅基地，实现农村存量宅基地有效利用，加快农民市民化进程的一项土地利用制度。其基本含义是：

（1）宅基地定向转让是土地利用制度变革。中国农村宅基地负载农民安居乐业的功能，宅基地转让必然牵涉农民的生存保障和农业生产问题，如果农民的生产、生活问题没有得到妥善安排，宅基地不能定向转让。但各地农村发展情况不同，一些社会经济发达地区的城郊农村，村民有流转宅基地的意愿，政府有条件确保村民在流转宅基地后其生产、生活质量有所改善，并确保宅基地置换后为农民带来土地增值效益。宅基地定向转让是把宅基地换房的制度外部效益内部化的一种土地制度变革。这种制度变革本质是承认村民与政府的宅基地"交易"合法化，它不是单纯的行政行为。行政机关在宅基地定向转让中不是行政职权的行使者，而是民事权利变动的一方当事人，村民与行政机关是平等的民事主体。当然，宅基地定向转让需要政府的行政支持，在转让过程中，政府有时也会以行政主体的身份指导、管理和监督转让。

（2）宅基地定向转让的主体是村民与政府。所谓定向转让就是指村民只能将宅基地转让给政府，不能流向城镇居民、开发商等任何其它主体。定向转让既要考虑农村社会经济秩序的稳定，又要考虑农民分享城乡一体化发展成果，既要保证土地的节约集约利用，又要保证村民生产、生活条件的改善。在诸多制约因素下，定向转让给政府是宅基地流转的妥当选择。并且定向转让不是单个村民的宅基地流转，而是村民联合起来以村为单位进行的宅基地规模流转，只有政府出面才能确保村民参与流转的自愿性，防止可能出现的胁迫、欺诈等违背农户意愿的强制性流转。

（3）宅基地定向转让不是征收，也不是买卖，而是城乡一体化建设的制度创举。宅基地定向转让的目标是节余宅基地，一般能得到现有存量宅基地 70% 的节余宅基地，节余宅基地为小城镇建设腾出空间、积攒资金。政府并不需要农村住宅的所有权，定向转让后，农村住宅一般都拆毁，宅基地复垦为耕地，可增加建设用地指标。政府不需要宅基地使用权，节余宅基地腾出来的建设用地指标最终要在不同市场主体之间流动以发挥市场配置土地资源的作用。村民转让的是宅基地使用权和住宅所有权，政府得到的是小城镇建设用地指标。政府为得到小城镇建设指标，必须为村民建设安置房。为确保定向转让的收支平衡，并将定向转让的土地增值收益留在农村、留给农民，政府还需要为农村集体经济发展和农民增收创造条件。宅基地定向转让不是简单的农民土地得失问题、土地利用规模效益问题，而是政府开展城乡一体化建设、带领农民开展城镇化建设和农业现代化建设的土地利用制度改革。

（4）宅基地定向转让的功能是加快农民市民化进程。宅基地定向转让有助于加快农民市民化进程。一方面，让离土的农民集中定居小城镇，为农民市民化创造了物质条件；另一方面，宅基地定向转让后，农民有了稳定的养老保险、稳定的非农就业机会、享受城乡一体化的生活、教育、卫生、交通等公共服务，为农民市民化扫清了城乡二元结构的障碍。虽然在相当长的时期内，参加了宅基地定向转让的农民会心存顾虑，不习惯城镇的生活方式，但只要定向转让的配套措施落实，真正让农民享受到市民待遇和宅基地定向转让后的土地收益，宅基地定向转让就会发挥出加快农民市民化进程的积极作用。

（二）宅基地定向转让的基本原则

（1）自愿原则。农户是否参加宅基地定向转让，完全由农户自己做主，政府不能采用任何强制定向转让的措施。政府向农户发出定向转让要约之前，可以通过各种宣传方式介绍宅基地定向转让的内容，也可以派工作人员上门"推销"，但政府的动员和宣传工作不得带有任何强制色彩，不能出现"拆迁、征地"等说法，必须首先给农户讲清楚定向转让不是征收，是在自愿基础上的一种民事活动，不参加定向转让不会给农户带来任何不利后果。如果农户有参加定向转让意向的，不是由农户提出申请，而是由政府向农户发出要约。农户在仔细查看、研究定向转让合同文本的基础，自愿做出承诺或不予承诺。确保农户在定向转让的磋商中居于主动地位，农户始终能不受干预、不受限制地自主决定是否参加定向转让。

（2）反哺原则。宅基地定向转让要贯彻城市反哺农村、工业反哺农业、国家反哺农民的原则，政府在定向转让中不以营利为目的。凡是定向转让过程中发生的一切就业机会、商业利益和土地收益都留在农村、留给集体和农民。为推动定向转让工作的开展，政府应动员一切可以动员的力量支持农户定向转让，制定鼓励政策、优惠措施，引导各种资源流向农村。反哺原则强调城市、工业、国家资源各种资源的流入，而不是农村土地利益的流出。

（3）诚实信用原则。农户一旦参加定向转让，就无法反悔，宅基地定向转让具有不可逆转性。但农户会担心政府是否会言而无信，担心出现节余宅基地荒芜的现象。诚实信用是政府需要坚守的原则，政府在定向转让合同中承诺的事项需要一一兑现。在实施定向转让行为中，政府应以诚实信用的态度开展每一项工作，确保安置房建设的质量、工期和配套到位。在适用合同、解释合同、解释政策文件时，政府也应本着诚实信用的原则，不欺骗、不纵容。政府自觉将宅基地定向转让的全过程对外公开，是履行诚信原则的一种表现。

（4）公序良俗原则。宅基地定向转让一般以村为单位开展，制度设计、安置房建设、节余宅基地的经营等事关全村农民利益的事情应充分征求农民的意见，这是维护全村公共秩序的前提。不能以抽象的公共秩序来压制农民的意愿，全村绝大多数农民的意愿就是全村公共秩序的主要表现形式。政府不能以自己理解的公共秩序要求全村农民遵照执行。公序在宅基地定向转让中是一个具体的概念。同时，还要尊重农村的善良风俗。如果农户有大家庭集中居住的习俗，安置房建设就应当充分考虑这种习俗，可提供单套面积大一些的安置房，以满足农户"三代同堂"、甚至"四代同堂"的需要；如果农户有子女成家就独立门户的习俗，则可以多建造单套面积小一点的安置房，以满足农户分家的需要。宅基地定向转让意味着农民居住环境的改变，安置房的建筑风格、容积率、配套设施等需要考虑农民的审美情趣和生活习惯。

（三）宅基地定向转让的基本条件

（1）主体条件。需要有全村 4/5 以上的农户同意村集体参加。宅基地定向转让主要是为了节约出宅基地，为小城镇建设腾出发展空间，没有绝大多数农户的参与，无法实现该目标，所以，定向转让的可行性条件之一是得到绝大多数农户的同意。这需要召开村民大会，在村民充分了解定向转让的内容之后，在村民相互之间进行充分的讨论、交流之后，投票决定是否同意村集体参加定向转让。这个程序与农户签订定向转让合同并不重复，它是村民共同决定村集体是否参加定向转让，因为村集体是否参加对不打算参加定向转让的农户有一定的利益影响，也会对农户是否签订定向转让合同有一定的参考意义。农户在信息公开的条件下，能做出比较准确的利益判断。当然，农村集体通过的定向转让的决议对不同意的村民没有约束力，不同意参加定向转让的农户不会以任何形式被迫参与定向转让。

（2）物质条件。宅基地定向转让不能一拥而上，只有在经济发达地区、在农民非农就业比例较高，非农收入在总收入中比重较大时，才有实施定向流转的可能。否则，极有可能出现定向转让后，农民生活水平下降、就业无岗、种地无田的难堪局面。在确定物质条件时，至少要考虑三个指标：一是与城市的距离，只有靠近城市的农村才有定向转让的可能，不能越过城市近郊村落到城市远郊搞"先行先试"，因为从城市远郊开始试点会导致"城中村"现象。二是农民的非农就业率，全村有多少农民外出打工、创业，种粮农民还有多少，如果全村的青壮年基本都有非农就业岗位，只有老年人在家种粮或者承包地基本上已经流转的，就具备了宅基地定向流转的条件。三是非农收入比重。虽然非农就业比较高，但如果非农收入太低，定向转让也不可行。如果非农收入在农户家庭总收入的比例达到 80% 以上的，可以肯定农户不会因为定向转让而失去生活来源，其生活质量也不会因为定向转让而降低。

（3）组织条件。定向转让是农户以村为单位将宅基地流转给政府，但农户并未失去土地，而是在政府的帮助下，以一种全新的组织形式经营利用节余的宅基地。所以，定向转让首先要建立相应的经营主体。在现阶段，由农户入股成立土地合作社，作为定向转让的经营主体是适当的。可以确保定向转让的利益留在农村、留给农民，也可以有效地为农民提供现成的就业机会，为集体经济的壮大和农民收入的增加打下基础。宅基地定向转让需要有农民自己的组织作为经营主体，政府为农民的经营主体提供帮助，为土地合作社出让、租赁土地牵线搭桥，为土地合作社创办企业、经营项目提供指导和服务。

（4）项目条件。每一户农民节约出来的宅基地，如果由农户分散利用，土地难以增值。通过城乡建设用地增减挂钩后，分散的节余宅基地变成整块建设用地，就能产生土地规模利用效应。宅基地定向转让关键是落实节余的整块建设用地的开发项目。落实节余宅基地的去向，确定节余宅基地的开发项目，是农户签订宅基地定向转让协议的前提。具体确定这个条件时，可将项目的可行性报告、政府批文和企业意向书作为是否符合条件的判断标准。

三　确定宅基地定向转让的经营主体

宅基地定向转让制度对现有宅基地置换政策最大的修正在于，政府把结余建设用地指标用在当地开展小城镇建设，并以参与定向转让的农民为结余建设用地指标的受益人。具体而言，政府以定向受让的结余建设用地指标入股当地土地合作社，农民以宅基地定向转让方式自动成为土地合作社的社员，分享土地合作社经营收益。

1. 土地合作社是一种理想的置换利益主体混同机制，有利于实现各方的利益衡平。宅基地换房对农民专业合作社的发展是一个重大机遇。宅基地换房强调以城带乡、以工促农，着眼于改善农民生产、生活条件，促进农业适度规模经营和农村集体经济发展，是国家反哺"三农"的制度化尝试。这项惠农政策涉及安置房的建设、新市镇建设、承包地集中流转和节余宅基地的经营利用等一系列长期经营项目，迫切需要一个合适的经营主体来完成这项工作。土地合作社是比较理想的经营主体。因为合作社可以让农户、政府投资公司、村集体、开发商等不同利益主体以社员身份共同参与宅基地置换的利益分配。现有置换方案中存在的置换对价不合理、置换标准不公平的问题很难解决，即使各方有充分的商谈机会，也会陷入纠缠不清的利益分配怪圈，在"拆赔比"、置换面积、置换价格问题上讨价还价的社会成本过高。因此，换一个角度，跳出利益主体对立圈子，站在利益合作立场让各方主体共同参加利益创造和利益分配的团体，形成利益共同体，能实现共赢。农户、村集体、政府投资公司、开发商合作成立土地专业合作社，条件成熟的地区可以直接以村经济合作社为基础，由各方出资入股成立土地专业合作社。农民、村集体、政府投资公司和开发商作为受益主体按照股份分享经营收益,安置房分配给农户,剩余安置房由村集体支配,节余宅基地的开发利用由合作社在政府指导下出让、出租或者自用。合作社这种利益混同机制,具有以下四点优势:

其一,维护村集体利益,为壮大集体经济打下基础。村集体是集体土地的所有权人,宅基地置换必须考虑维护集体的土地权益,村集体作为一方主体参与利益分配理所当然。并且在剩余安置房的利用和土地经营利润的积累中集体经济会逐步壮大,这可以让当前形同虚设的集体重新找到发展和壮大的机会。中国社会不可能重走土地私有的道路,中国几千年的历史已经证明,不管是土地国有还是土地私有,都不能将中国农民带出泥沼。新中国尝试农村土地集体公有制,为新中国的工业化积累和城镇化建设打下了坚实基础,农村、农民和农业为中国发展作出了巨大贡献。现阶段,到了工业反哺农业、城市反哺农村的新历史时期,坚持农村土地集体公有制,可以实现农村的共同富裕,加快农民整体城市化的步伐,而这一切都建立在集体经济的壮大和发展的基础之上。

城市发展的经验证明,谁掌握了土地的增值收益,谁就可以获得巨额利润。地方政府把宅基地定向转让后的节余土地的增值利益留在农村,其实就是把巨额的土地财政收入留给了集体。在这种背景下,集体经济没有道理发展不起来。所以,宅基地定向转让对于集体经济的壮大是一个难得的历史机遇。村集体以集体土地财产或者以村经济合作社财产加入土地合作社,分享宅基地置换和承包地集中流转、规模经营的效益,可以迅速改变村集体经济状况,重塑村集体带领农民发家致富、推动农村社会公平和共同富裕的形象。如果村集体错过宅基地置换,试想承包地集中流转给农业公司,宅基地定向转让给政府投资公司,村集体还能统一经营什么呢?村集体统一经营的财产应该是农村集体的土地,完全失去农村土地的经营管理权,村集体事实上就不存在了。所以,合作社成为宅基地换房的经营主体,可以让村集体焕发活力。

其二,维护农民利益,树立农民主体性地位。宅基地定向转让给地方政府,地方政府将集中起来的结余建设用地指标投入到土地专业合作社,实际效果类似于农民以住宅和宅基地入股土地合作社。区别在于,入股合作社有"进退自由",而宅基地定向转让中形成的"入社",农民无法要求退回宅基地使用权,因为宅基地使用权已经定向转让给了政府。给农民土地合作社社员资格是政府激励农民定向转让宅基地的"对价"之一。

入社农民可以永久享有结余建设用地指标所形成的土地合作社社员资格，但退社不可能再退回宅基地指标。这样一来，农民成为土地合作社利润的分享者，不必再斤斤计较于宅基地置换"拆赔"标准，置换利益都在农民自己的控制下，合作社经营得好，农民可以分享更多利益。在集约利用土地的前提下，随着土地容积率的提高，农户甚至有可能分配到比旧房面积更多的安置房面积，既不用花钱买房，还有可能增加住房面积，收益明显。在合作社出让或出租节余宅基地的基础上，农民可以获得稳定的土地利润，这将是一种长期的稳定的收入来源。土地合作社经营利用土地产生的就业机会可以解决村民的后顾之忧，村民作为合作社成员之一，有权优先获得土地经营利用产生的就业机会，这为农民的市民化打下了基础。尤其重要的是，农民在合作社决议的形成过程中能充分表达自己的意志，农民会重新体验到掌控自己命运的主人滋味，这是农民主体性建设的最佳方式。长期以来，中国农民都处在被欺压或者被关照的"客体"地位。在主客体二元对立的传统认识论下，工业化、城镇化是先进文明的代表，农业、农村和农民是落后的象征，是被改造的对象。农业为工业化提供原料，农村为城镇化供应土地，农民沦为工业化、城镇化制度框架中的客体，城乡二元结构由此而生。"三农"问题凸显后，农民半主体、半客体地位并未得到根本的改变。看得见的变化是，农民逐渐从被制度侵害的客体转变为受制度重视并得到制度实惠的客体，但农民在中国社会的主体性地位依然缺乏制度性的系统安排和保障。由于农业的比较劣势，以至于农民在主体交往中无法处于自足状态，农民不是依附于国家援助就是依附于企业的"用工"，自然而然低人一等。如何开展农民的主体性建设？一种思路是让强势主体在既有利益范围中部分退出，留出弱势集团的成长空间，并且通过国家长期的政策补贴以一种含而不露的方式来完成弱者主体性地位的建构。国家对农民的种粮直补、购买农机具补贴和其他各种补贴都属于这种思路。但是，农民依然无法通过自主、自为、独立选择和独立创造的方式规划自身生存和发展的长远大计。所以，开展农民的主体性建设需要有让农民"当老板"的新思路。所谓的主体性就是当老板而不是永远当伙计，是独立自主、自强不息，而不是寄人篱下、受人恩赐。农民当了很长时期的"农民工"，什么时候可以当老板？2008 年十七届三中全会的《中共中央关于推进农村改革发展若干重大问题的决定》提出，农民能以主体身份参与农村集体土地上的非公益性建设项目，这是一种农民.

主体性建设的进步。如果地方政府能支持土地合作社成为置换的经营主体,就可以彻底实现农民的老板梦。当前,农民在宅基地换房中的积极性没有想象的那么高,农民不太了解政策的意义、可行性和前景,也没有参与政策制定的途径和反映意愿的渠道,农民在政策中只是被动的客体,缺乏主体性参与。农民对宅基地置换这种"连锅端"的大动作心存顾虑,眼前利益与长远生计相比,农民更倾向于选择后者。宅基地换房不是简单的经济活动,不是经济活动中管理模式或经营方式的改革,而是农村土地利用制度的创新,属于法律活动,事关农民财产权,必然深刻影响农民生存、生产和生活方式,不尊重农民的主体性地位,难以取得良好效果。让农民的合作社成为宅基地定向转让后基于结余建设用地指标所产生的建设用地的经营主体,这些问题可自然消解。

其三,降低政府换房成本,又可实现增加建设用地指标的目标。由政府投资公司主导宅基地置换,财政负担重,农民对利益安排还不满意,政府投资公司以入股方式支持宅基地置换,不需要支付调研、规划、设计、动员、组织等一系列费用,会节省大量开支。政府投资公司作为合作社"社员",自始至终参与合作社运作,可以确保合作社经营的正确方向,有利于合作社的健康发展,合作社也因有政府支持可以加快发展。

其四,降低开发商的投资门槛,有利于落实节余宅基地的利用去向。开发商不需要支付土地出让金,可以节省前期投入成本,在政府、村集体和村民的大力合作下,后期的业务经营也会变得更加顺利,加快投入回报速度。开发商入社还可以给农民吃下"定心丸",农民不需要担心结余建设用地指标的去向,开发商入社意味着项目的落实,意味着农民就业岗位的落实。所以,开发商是土地合作社不可或缺的成员之一。

2. 合作社财产归属于社员集体所有,经营风险不大。这个问题需要多花一些笔墨。《农民专业合作社法》(以下简称《合作社法》)确立了合作社的法人资格后,有学者按照法人理论中的"法人所有权说",认为合作社法人享有成员出资后形成的法人财产的所有权,即合作社财产归合作社法人所有。[1] 这个观点也出现在普法读物中,影响较大。[2] 但这个观

---

① 参见宋刚、马俊驹《农业专业合作社若干问题研究》,《浙江社会科学》2007 年第 5 期;另见陈彦晶《论农民专业合作社的财产权》,《云南大学学报》(法学版) 2007 年第 3 期。

② 参见徐永前主编《农民专业合作社法 100 问》,企业管理出版社 2007 年版,第 46 页。

点是错误的。

首先，法人所有权学说不可靠。尽管在法人财产权性质问题上有超过 8 种以上的观点，① 但中国主流的民法教科书以法人所有权说为通说。法人所有权说比较典型的表述是："法人拥有属于自己的独立的财产，对财产享有完全的支配权，这是法人作为独立民事主体的物质基础。……股东作为出资人和公司成员，将出资的财产交付给公司，公司对全体股东作为出资缴付的财产不仅仅是行使占有权，而且是享有所有权，能够自由处置和支配这些财产。"② 法人所有权说借助教材的影响力成为法律人思考法人财产结构的"先见"。值得一提的是，最早主张法人所有权说的梁慧星，在他的教材《民法总论》中，只字未提法人所有权，其谨慎态度可见一斑。1981 年梁慧星认为："企业财产独立，即企业全部财产所有权属于企业法人，这是企业法人制度的根基"。③ 佟柔的观点刚好相反："法律为企业拟制一个人格……绝不是为了使资本所有人丧失所有权，或者使企业对企业财产享有所有权，没有这一基本认识，就无法解释在资本主义国家的公司法中，都不规定公司对其财产享有所有权，而是规定公司可以取得所有权"。④ 王利明采取折中的态度，他认为股东对公司财产享有所有权，公司对公司财产享有法人所有权，并强调"双重所有权仍然是而且只能是支撑现代股份公司的两根支柱"。⑤ 后来，有关法人（公司）财产权性质之争蔚为大观。争论过程中，大家发现一个有趣的事实：中国学者常见的德、法、日、瑞士等国的民法典中根本找不到有关法人财产权性质的规定，能找到的西方法学著作中也没有法人财产权性质的蛛丝马迹。葛云松尖锐地指出："所谓公司财产权性质问题是一个不能够成立的问题"。⑥

假设法人财产权的问题可以成立，法人所有权学说就需要回答：法人

---

① 参见葛云松《股权、公司财产权性质问题研究》，载《民商法论丛》（第 11 卷），法律出版社 1998 年版，第 3—4 页。

② 刘凯湘：《民法总论》，北京大学出版社 2006 年版，第 170 页。

③ 梁慧星：《论企业法人与企业法人所有权》，《法学研究》1981 年第 1 期。

④ 佟柔、史际春：《我国全民所有制企业"两权分离"的财产权结构》，《中国社会科学》1990 年第 3 期。

⑤ 王利明：《国家所有权研究》，中国人民大学出版社 1991 年版，第 197 页。

⑥ 葛云松：《股权、公司财产权性质问题研究》，《民商法论丛》（第 11 卷），法律出版社 1998 年版，第 46 页。

所有权的客体是什么，是法人成员的出资还是由这些出资形成的集合物（一个整体意义上的法人财产）。如果客体是成员出资，法人所有权无法在成员出资上成立。法人成员的出资可以是所有权，也可以是非所有权，如土地使用权（物权法将其改名为建设用地使用权）。股东将土地使用权转移给公司，公司享有的依然是土地使用权，"土地使用权的所有权"这样的概念不能成立。如果法人所有权的客体不是法人成员的出资，而是由法人成员的出资共同组成的集合物，法人所有权能不能成立呢？理论上倒是可以，只不过比较荒诞：法人是法人的所有权人。即使支持法人所有权说的教材也不得不承认："公司的财产属于公司，或者说法人的财产属于法人，那么最后公司本身作为一项整体的财产仍然是属于公司股东的，或者说法人的财产最终是属于法人成员的，这不成问题"。①既然法人所有权不能完全在成员出资上成立，也不能在作为一项整体财产的法人上存在，那么法人所有权在什么地方"生根发芽"？法人所有权学说缺乏理论根基，分析合作社法人的财产归属问题，不宜将其作为推理前提。

其次，《合作社法》没有规定合作社法人所有权。（1）立法赋予合作社法人资格的目的是为了树立合作社的市场主体地位，并非规定合作社法人所有权。《合作社法》颁布之前，农民专业合作社已经存在，但因其法律主体地位不明确，有在工商行政部门登记的，有在民政部门登记的，还有不作任何登记的，因而在对外交往中，不被视为独立的经济实体，在签订合同、销售产品、申请贷款等方面碰到困难，合作社的作用不能充分发挥。《合作社法》明确规定合作社的法人资格，赋予合作社民事权利能力和行为能力，旨在解决合作社身份尴尬问题，加快合作社进入市场的步伐，目的不是调整这个经济组织的财产归属。或许有人会拿《合作社法》第4条第2款说事，认为这条规定讲的就是合作社法人所有权。我们先看看这条规定的内容："农民专业合作社对由成员出资、公积金、国家财政直接补助、他人捐赠以及合法取得的其他资产所形成的财产，享有占有、使用和处分的权利，并以上述财产对债务承担责任"。再看看《物权法》第68条的规定："企业法人对其不动产和动产依照法律、行政法规以及章程享有占有、使用、收益和处分的权利"。全国人大常委会法制工作委

---

① 刘凯湘：《民法总论》，北京大学出版社2006年版，第170页。

员会民法室认为这一条是"关于法人财产权的规定"。① 既然权威部门用法人财产权概念不用法人所有权概念，说明法人所有权并非解释法人财产权利的"标准答案"。所以，《合作社法》第 4 条第 2 款不能成为"合作社法人所有权说"的法律依据。该条规定的目的是进一步落实合作社法人资格问题，明确规定合作社法人的独立财产和独立责任。正是因为合作社有独立财产，能独立承担民事责任，使得合作社的法人资格落到了实处。但是，独立财产不能与财产所有权画等号，合作社有独立财产不等于合作社拥有这些财产的所有权，因为独立财产包括除所有权之外的用益物权、担保物权、知识产权、债权、票据、应收账款、股票、债券、存款等各种权利。显然，合作社法人不可能对成员以建设用地使用权、土地承包经营权、债券等形式的出资享有所有权。既然非所有权也是"独立财产"，那么凭什么说拥有独立财产就是拥有财产所有权呢？"法人的独立财产仅仅表明一个事实，法人的财产与法人成员、股东和其他法人的财产是分离的"。② 独立就是分离，其法律意义在于出资人不能再直接支配分离出去的财产，出资人以分离出去的财产为限对法人债务承担责任，出资人其他个人财产不受影响。从独立财产的概念中不能合乎逻辑地推断出所有权的内涵。主体是否独立享有一份财产，关键看他是否是该财产的占有人，而不是看他是否是该财产的所有权人。只要是占有人，就有权依法使用和处分该财产，对他而言，这份财产就是他的独立财产。因此，不能想当然地把《合作社法》第 4 条第 2 款理解为合作社法人所有权。

（2）立法赋予合作社法人资格的原因不是因为合作社财产归合作社所有，而是因为法人比合伙更适合于合作社。在我国现存的民事主体制度体系下，有关团体的主体只有三大类：法人、合伙以及特殊民事主体即国家。合作社团体的主体资格只能在法人与合伙之间进行选择。立法选择法人的理由是因为法人比合伙更适合合作社的性质，更有利于合作社的发展。具体表现为三点：一是合伙的无限连带责任不符合合作社的宗旨。合作社是方便弱者联合起来的一种经济组织，目的在于克服单个小农市场竞

---

① 全国人大常委会法制工作委员会民法室：《中华人民共和国物权法条文说明、立法理由及相关规定》，北京大学出版社 2007 年版，第 103 页。

② 孟勤国：《物权二元结构论》（第二版），人民法院出版社 2004 年版，第 60 页。

争力不强、农业生产规模不大、生产效益不高等问题,让社员在互帮互助、互利互惠的基础上实现个体经济利益的最大化和共同富裕。而无限连带责任超出了社员承担风险的范围,不利于合作社的创设。而法人的有限责任对社员有吸引力。法人成员以出资为限对法人债务承担责任,使成员对风险有事先预期,可以最大限度地打消社员加入合作社的顾虑。二是合作社实行自愿原则,社员入社自愿、退社自由。合伙基于无限连带责任的考虑,入伙和退出必须经过全体合伙人的同意,二者的出入太大。法人制度虽然不允许成员抽回出资,但以转让出资的方式退出是自由的。三是合作社规模较大、社员较多,其内部管理适合采用法人的治理机构。合伙成员人数较少,一般采用成员共同管理制度,即合伙成员对于合伙事务享有平等的管理权,合伙成员对外都具有同等的代表权。合伙的管理制度无法适用于动辄上百人的合作社。《合作社法》在比较各类民事法律主体制度的基础上选择了法人,不牵涉合作社内部的财产构造问题。

　　(3)立法赋予合作社法人资格不会产生合作社法人所有权的结果。《合作社法》明确规定合作社财产归属于社员。"退社自由"的立法规定,意味着社员的出资自始至终归属于社员。有人认为:"成员账户所记载的数额,只是对合作社所有的财产的一个数额上的虚拟的划分,或者说一个统计意义上的数额而已,并不改变财产所有权归属。但是,一旦成员退社,那么账户上的'虚拟'数额就具体化,进而成员可以从合作社中取回该数量的财产。"① 不得不佩服作者的应变能力,所有权可以变化为实在的所有权和虚拟的所有权,在社员的入社与退社之间,所有权也在实在与虚拟之间来回变换。这是执着于合作社财产法人所有权的结果,复杂得像魔术,不足为信。社员的出资和积累自始至终归属于社员不仅可以合理解释退社自由,还能合理解释为什么要对合作社财产分社员账户管理。为什么要舍弃明白、简单的法律解释而选择虚虚实实又缺乏理论根基的法人所有权呢?《合作社法》第5条明确规定成员"以其账户内记载的出资额和公积金份额为限"承担责任,这说明,出资额和公积金份额是社员的个人财产,他只需要以他这一部分个人财产对合作社债务负责,无须动用其他个人财产。这也是社员放在合作社这部分财产与他其他个人财产相互分离、成为独立财产的含义。一个人有两份以上的独立财产,是一种生活

---

① 宋刚、马俊驹:《农业专业合作社若干问题研究》,《浙江社会科学》2007年第5期。

常识，不能说我把财产分成两堆，其中一堆就不属于我的了。

再次，合作性质决定合作社财产不归合作社。合作社的核心是合作，一些市场弱者自愿联合起来，用自己的手、用联合起来的力量去征服贫困、实现共同富裕。1844 年英国的"罗虚戴尔公平先锋社"，是 28 名纺织工人为限制中间商剥削而创立的；1867 年美国的"格兰奇合作社"，由华盛顿特区的一些农场主自发联合，主要从事销售、储运和加工方面的合作，使社员有效排斥了贸易商、加工商和储运商的盘剥；1880 年，法国农业工会为反对贸易商的统治，组成了供销联盟。20 世纪 90 年代后，合作社受到各国政府的重视，联合国敦促各国政府积极为加快合作社的发展创造政策和法律环境，政府推动和扶持的合作社迅猛发展起来。对抗中间商盘剥的合作社组织有效捍卫了社员的利益、缩小了贫富差距、促进了社会和谐。1995 年，国际合作社联盟（ICA）代表大会通过的《关于合作社界定的申明》将合作社定义为：合作社是自愿联合起来的人们通过共同所有与民主管理的组织以实现共同的经济、社会与文化目标及需求的自治联合体。当然，定义中提到的"Jointly-owned"是翻译为"共同所有"还是"共同拥有"值得进一步探讨，但不管怎么翻译，在合作社财产归属问题上，ICA 的态度很明确，社员共同拥有合作社的财产，合作社财产并不归属于合作社。这应该是对 150 年来合作社实践经验的一种总结。

从学理上分析社员共同拥有合作社财产的理由，可以着重考虑近代西方资本主义国家兴盛的个人主义思想。独立的个体需要联合，也需要抵制团体主义的侵袭。人们为了共同的利益需要不得不自发联合起来的时候，会有一种普遍的担忧，那就是合作社组织会不会成为一种异己的力量。如果合作社组织对社员造成不可预期的损害或压迫，则社员的自发联合就变成了"自掘坟墓"。所以，自发联合起来的合作社从一开始就以防范合作社团体的"变异"为任务，"入社自愿、退社自由"的合作性质以及"一人一票"的民主管理模式至今没有动摇。而这种合作的根基，就建立在社员共同拥有合作社财产的财产法规则的基础之上。入社不发生财产归属关系的变化，入社财产不归合作社，仍然属于社员个人，入社时投入，退社时取回。合作社不是社员一辈子依附的"单位"，合作社提供的是服务，回报的是利润，没有剥削、压迫和人身依附，有的只是"1 + 1 > 2"的合作。倘若合作社财产归属于合作社，合作的基础就会丧失，社员不得不听命于合作社、不得不与合作社的实际控制人拉关系、套近乎,合作社异化为一个"统治"社员的无生命的力量。人身依附关系的形成源于"财产的丧失",丧失财产的人必将依附于掌握财产的人,不管掌握财产的是个人(国王)还是团体,依附关系都必然发生。守住财产才能守住人身自由。为了"合作"的宗旨,万不可认定合作社法人是合作社财产的所有权人。即使合作社公司化的发展趋向,也不是合作的终结,而是合作的发展。① 这是合作社立法的一种"应然"态度,也是贯彻、落实、解释合作社法的一种"应然"态度。

最后,农民不会赞同合作社法人所有权。新中国农民有过一次不愉快的合作社经历,不愉快的根源是个人财产被剥夺。从 1950 年冬到 1953 年春,全国基本上都完成了土地改革。几乎与此同时,1951 年 9 月,中共中央召开第一次农业互助合作会议,通过了《中共中央关于农业生产互助合作的决议(草案)》,提倡"组织起来",发展农民的互助合作积极性。从 1953 年春起,各地开始普遍试办实行土地入股、统一经营,并有较多公共财产的初级农业生产合作社。1953 年和 1955 年中共中央先后颁布有关合作社的决议。其中有关财产的主要政策内容是:规定固定的土地报酬数量,土地和劳动按一定比例分配报酬,土地报酬一般应低于劳动报酬;土地报酬数量应稳定一个时期,为照顾农民土地私有观念,不应过早取消土地报酬。初级合作社承认农民对入社土地的合法权益,但这种承认是暂时的,过渡性质的,迟早是要取消土地报酬的。1956 年,全国人民代表大会颁布《高级农业合作社示范章程》,明确规定社员的主要生产资料转为合作社集体所有。具体包括:

(1)社员入社必须把私有的土地、耕畜、大型农具等主要生产资料转为合作社集体所有;(2)社员土地上附属的私有塘、井等水利建设,随着土地一起转为合作社所有;(3)社员土地转为合作社集体所有后,原则上取消土地报酬;(4)社员原有的坟地、房屋地基归合作社所有;(5)经济林木作价归合作社所有。

而且,以阶级斗争的形式"敦促"农民入社。至此,合作社彻底演变为集体化。后人在总结高级社和人民公社失败教训时,提到一平二调、

① 参见郭富青《合作社公司化发展趋向:合作社的终结或是制度创新》,《公司法评论》2006 年第 3 辑。

一大二公、大锅饭、政社合一、缺乏劳动生产自主权、缺乏生产积极性、监督不力、监督成本过高等问题，其实，根本问题只有一个，就是剥夺了农民的个人财产，从而摧毁了农民作为独立主体的人格基础。这与解放农村生产力的方向恰好相反。从合作社到高级社再到人民公社，不是发展速度快慢的问题，也不是管理制度落后与先进的问题，而是违背了解放农村生产力的发展规律。所谓解放农村生产力的发展规律就是指解放人，让农民成为独立的生产主体。

剥夺农民个人财产，变个人财产为集体财产，是农民从主体沦为客体的"祸根"。后来的包产到户、土地承包经营实际上是以土地承包经营权的形式重新分配给农民财产的改革。虽然分配给农民的财产不是土地所有权，但期限长达30—70年的土地承包经营权是不折不扣的稳定的独立的财产，农民可以依法占有、使用、收益和处分自己的承包地。在稳定农民的个人财产的基础上，"多予、少取、放活"政策方能收效。当前政府积极推动的农民专业合作社是"放活"政策之一，只要不拨动"财产转移"这根弦，不重蹈剥夺农民财产的覆辙，坚持合作社财产归社员共同拥有，不主张合作社法人所有权，那么中国农民就不会谈"合"色变，合作社扶持市场弱者、促进社会和谐的功能才能充分发挥。

综上所述，合作社财产归合作社法人所有的观点不能成立，合作社财产依然属于合作社社员集体所有。

合作社财产归社员集体所有，合作社经营不会给社员和农村集体带来太大风险。中央叫停重庆的土地股份公司，把土地股份公司改制为土地股份合作社，① 可以从一个侧面印证合作社的经营风险可控。此外，《农民专业合作社登记管理条例》第8条规定，农民专业合作社成员可以用货币出资，也可以用实物、知识产权等能够用货币估价并可以依法转让的非货币财产作价出资。宅基地置换的法律性质是定向转让，即宅基地使用权定向转让给政府，只要立法明确规定宅基地定向转让制度，宅基地使用权即可成为可以依法转让的财产。

3. 合作社经营主体制度构想。首先，确定合作社的成员资格。合作社成员包括农户、村集体、政府投资公司和其他有意于宅基地置换开发的

---

① 大众网：《重庆股田制改革被叫停》，http：//paper. dzwww. com/ncdz/data/20081120/html/2/content_ 2. html。

经营者。村民以户为单位加入合作社。村集体以村集体经济组织的名义入股合作社。政府投资公司的入股合作社,还存在一些需要讨论的问题。政府投资公司由政府出面组织,整合了一些政府职能部门的行政职权,因而具有一定的管理公共事务的职能。《农民专业合作社法》第14条明确规定"具有管理公共事务职能的单位不得加入农业专业合作社"。因而政府投资公司入股合作社存在一定的法律障碍。但由于宅基地置换本身带有土地行政管理内容,政府的入股是必然的,可以考虑让政府投资公司代表政府入股,但不是实质意义的出资入股,而是行政管理意义上的入股,比如为政府投资公司设立一股优先股,以满足政府行政监管合作社的需要。立法机关只需做一个解释,允许政府以特别优先股方式入股农民专业合作社即可解决问题。同时,合作社必须要有经营者成员,这些入股合作社的经营者、开发商就是有利用节余宅基地指标意向的投资人。他们的入股是宅基地置换可以顺利开展的保证。

其次,明确合作社的社员权结构。(1)社员的宅地股。由各农户以宅基地使用权定向转让方式间接入股。农户的宅基地面积因家庭人口原因大小不等,合作社折算股份比较困难,建议不再考虑家庭人口问题,即不再考虑宅基地面积大小问题,各农户的宅基地使用权价值一律平等。人口的差异的问题和宅基地面积差异问题可以在安置房分配环节落实,比如;安置房面积按家庭人口分配,或者按人头折算成安置补助金。这样一来,土地合作社的宅地股每一户都一样,为民主管理合作社打下基础。(2)社员积累股。这是通过合作社发展积累起来的,属于全部社员的股份。(3)社员集体股。根据合作社章程提取而形成,还包括政府扶持的资金,社会捐赠等。(4)投资股。企业、事业单位和社会团体的投资股以现金或实物出资,占比不超过总股本的20%。(5)政府优先股。政府以受让的建设用地指标在合作社中享有一股优先股,该优先股既不参与分红,也不参与决策,只是当合作社的决策和行为违反公共利益时,政府享有一票否决权。政府还可以向合作社指派理事长和监事,但政府指派的理事长和监事的薪酬由政府负担。

再次,确保民主决策管理机制。坚持"一人一票"原则,农民是以户为单位入股的,户主享有投票权,农户户主至少应当占社员总数的90%。企业、事业单位和社会团体除享有最多10%的基本表决权外,还可以根据出资比例享有不超过总表决权20%的附加表决权。政府行使一票否决权的，必须说明理由。投资股社员可以享有优先经营权，无论是独立经营，还是与合作社联营，投资股社员都享有同等条件下优先的权利。但在合作社表决事项与投资股社员的经营有关时，投资股社员无表决权。为避免合作社成为企业的附属物，合作社的理事长和主要管理人员不能由投资股社员担任。

最后，确定合作社的经营模式和业务范围。宅基地置换是合作社的重要业务，包括安置房建设，在利用节余宅基地指标的建设用地上开展新市镇建设等业务是合作社早期的主要业务，后期业务主要是基于节余宅基地指标的建设用地的开发利用。根据《土地管理法》第60条和第63条的规定，合作社可以在乡（镇）土地利用总体规划下利用宅基地定向转让后新增的建设用地兴办企业，盖厂房、修员工宿舍楼、建超市，利用建设用地兴办各类工商企业，企业经营模式可以多种多样，合作社既可以自己经营企业与他人联营经营企业，也可以采取承包、租赁等形式让他人来经营企业。也可以采取土地流转模式，出让、出租土地使用权。各种模式各有优劣，由合作社自主决定经营模式。当地政府根据地理位置、农民素质等实际情况可以引导合作社自己经营企业或与他人联合经营企业，以获取更多的经济收入。

四　构建宅基地定向转让契约

1. 宅基地换房合同中的契约精神与权力因素。宅基地换房最终需要通过合同形式来落实，但现有置换政策对待宅基地置换合同的态度比较含混，一方面追求置换合同当事人的"意思表示一致"，强调农户的自愿和置换合同主体的平等地位，另一方面，在置换的各个角落布满了地方政府的行政权力。现有置换方案中主要有两份协议，一是农户与村集体的置换协议，二是村集体与政府投资公司的置换协议。农户与村集体的置换协议中没有行政主体，虽然双方都是在政府安排和主持下签订协议的，但由于合同当事人主体身份的平等性，这样的合同显然属于民事合同。村集体与政府投资公司的置换合同看上去要复杂一些，政府投资公司注册的是公司，按公司模式运作，但政府投资公司"整合农经、国土、建设、社保等部门的职能"，实际上相当于政府相关行政部门的"联合办公室"，政府投资公司在公司外衣下实施行政行为。村集体和政府投资公司的合同因一方当事人有行政主体的身份或者说色彩，不能肯定是民事合同。政府投资公司在宅基地置换中确实行使着行政职权，村集体在签订置换合同时，无法站在平等主体的立场上与政府投资公司讨价还价，村集体的意思表示除了签字这个环节外，没有表现在其他地方，所谓的合同双方当事人的"合意"似乎接近于零。政府投资公司与村集体的合同关系实际上是命令与服从的关系。但在外人看来，一方是村集体，另一方是公司，他们的合同关系中没有行政主体一方，不是行政合同。宅基地置换协议的复杂性表现为意思自治与行政命令的并存。为什么一方面要在表面上掩饰置换合同的行政行为的性质，另一方面又在实质上通过行政权力控制置换呢？换句话说，为什么政府要在置换合同中加入权力因素，同时又希望置换活动在民事合同的外衣下展开？

置换合同中之所以存在权力控制，原因在于，宅基地换房是城乡建设用地增减挂钩试点工作的具体运作模式，是在地方政府主持下的一项农村土地管理和利用制度的改革，行政权力的控制是土地制度改革的题中之义，行政机关不可能置身于宅基地换房之外。

2004年《国务院关于深化改革严格土地管理的决定》提出：鼓励农村建设用地整理，城镇建设用地增加与农村建设用地减少相挂钩；改革和完善宅基地审批制度，加强农村宅基地管理。并规定了三条禁令：禁止擅自通过"村改居"等方式将农民集体所有土地转为国有土地；禁止农村集体经济组织非法出让、出租集体土地用于非农业建设；禁止城镇居民在农村购置宅基地。同时开禁了集体建设用地流转："在符合规划的前提下，村庄、集镇、建制镇中的农民集体所有建设用地使用权可以依法流转。"中央部署了农村建设用地包括宅基地的制度改革方向和基本要求，为宅基地置换提供了政策依据。

2005年，国土资源部为落实中央精神，推进土地集约节约利用，促进城乡统筹发展，制定《关于规范城镇建设用地增加与农村建设用地减少相挂钩试点工作的意见》，前期已经开展试点的天津、浙江、江苏、安徽、山东、湖北、广东、四川等省（市）按照国土资源部的《规范意见》要求，开展新的试点工作。《规范意见》明确了挂钩试点的含义："是指依据土地利用总体规划，将若干拟复垦为耕地的农村建设用地地块（即拆旧地块）和拟用于城镇建设的地块（即建新地块）共同组成建新拆旧项目区，通过建新拆旧和土地复垦，最终实现项目区内建设用地总量不增加，耕地面积不减少，质量不下降，用地布局更合理的土地整理工作。"

《规范意见》要求各试点地区研究城乡建设用地增减挂钩的思路、原则和方法；经济探索相关政策、机制和激励措施；研究提出挂钩工作的组织方式、管理制度、技术措施和监管手段，为全面推进城乡建设用地增减挂钩工作积累经验、奠定基础。宅基地置换是在这种背景下推出的一种试点改革政策，必然要求各地党政机关根据本地的基础条件、研究能力等情况，出台不同政策，控制宅基地置换的规模、方向和风险。行政权力不能只停留在政策的制定上，还需要深入到具体的实施方案和工作落实中。

2008 年《中共中央关于推进农村改革若干重大问题的决定》提出"健全严格规范的农村土地管理制度"，并具体要求："农村宅基地和村庄整理所节约的土地，首先要复垦为耕地，调剂为建设用地的必须符合土地利用规划、纳入年度建设用地计划，并优先满足集体建设用地。"同时，站在农民增收的立场上要求："在土地利用规划确定的城镇建设用地范围外，经批准占用农村集体土地建设非公益性项目，允许农民依法通过多种方式参与开发经营并保障农民合法权益。"这是对宅基地置换试点的具体指示。实际上，中央提出的这两点要求恰好是地方宅基地置换试点方案中普遍需要加以克服的问题。《中共中央国务院关于 2009 年促进农业稳定发展农民持续增收的若干意见》中提到：

> 抓紧编制乡镇土地利用规划和乡村建设规划，科学合理安排村庄建设用地和宅基地，根据区域资源条件修订宅基地使用标准。农村宅基地和村庄整理所节约的土地，首先要复垦为耕地，用作折抵建设占用耕地补偿指标必须依法进行，必须符合土地利用总体规划，纳入土地计划管理。农村土地管理制度改革要在完善相关法律法规、出台具体配套政策后，规范有序地推进。

宅基地换房要在"完善相关法律法规、出台具体配套政策后，规范有序地推进"，这说明宅基地换房制度变革被提到了立法的新层面。如何完善相关法律法规，地方政府如何根据区域特色出台地方性法规，成为中央关于宅基地置换工作的一项新要求。（1）从制度改革背景来看，宅基地换房是土地行政管理制度的变革和发展，必然存在权力的控制，行政权力的控制不限于宏观政策的把关，更要深入细节，控制置换的各个方面。

(2) 就置换策略而言,如果放手让市场主体来经营,让市场主体与农户平等谈判,结果未必理想。有可能因为农户对宅基地置换这种大规模拆迁心存顾虑而出现拒绝置换的情形,也有可能出现市场主体因过于强势而损害农户利益的状况,还有可能因置换本身缺乏充分的法律支持而引发不必要的诉讼纠纷。因此,宅基地置换需要政府的全力推动和介入。农户只能将宅基地置换给地方政府,其他任何市场主体不得参与置换。政府可以建立相关配套措施,修订完善相关规章制度,控制宅基地置换可能存在的各种不良后果,及时解决实践中出现的各种问题。(3) 行政权力控制置换是吸取承包地流转经验教训的结果。土地承包经营权流转以承包方为主体,以承包方与受让人的自由协商为前提,政府、发包人充当中介角色。法律的这种规定在实践中存在意想不到的缺陷,即经济发达地区的农户对承包地流转收益并不看重,反而担心流转之后会影响自己承包人身份而产生"惜转"心理,即使抛荒也不愿流转,严重影响了耕地的种植面积和粮食产量。地方政府最终迫于无奈想出鼓励流转政策,在政府强力组织下,通过定向流转方式完成承包地的集中流转,进而实现承包地的规模经营。为克服承包地自由流转的这种弊病,宅基地置换从一开始就采取政府主持的定向转让方式,可避免诸多不必要的麻烦。

政府有充分理由在宅基地置换合同中加入权力因素,为什么还要遮遮掩掩,让宅基地置换合同披上民事合同的外衣呢?这是因为,宅基地置换的法律性质是宅基地定向转让,出于法律逻辑和农村现实的考虑,宅基地定向转让必须尊重宅基地权利主体的意愿。

那么在法律没有规定宅基地定向转让制度时,置换制度如何尊重农户意愿?参照《农村土地承包法》有关承包地流转规定是一种正常的思路。《农村土地承包法》第33条规定,土地承包经营权可以在"平等协商、自愿、有偿"的原则下流转,"任何组织和个人不得强迫或者阻碍承包方进行土地承包经营权流转"。"受让方须有农业经营能力","在同等条件下,本集体经济组织成员享有优先权"。第34条规定:"土地承包经营权流转的主体是承包方。承包方有权依法自主决定土地承包经营权是否流转和流转的方式。"第36条规定:"土地承包经营权流转的转包费、租金、转让费等,应当由当事人双方协商确定。流转的收益归承包方所有,任何组织和个人不得擅自截留、扣缴。"从以上规定的内容可以看出,土地承包经营权流转是典型的民事法律行为,贯彻了平等、自愿、协商的民法精神，没有命令与服从，没有调剂和干预，土地承包经营权流转合同是纯粹的民事合同。这是对农户意愿尊重的表现，宅基地置换合同要尊重农户意愿，不可能不在民事合同的形式下进行。

《农村土地承包法》第 37 条规定："采取转让方式流转的，应当经发包人同意；采取转包、出租、互换或者其他方式流转的，应当报发包方备案。"有人认为，这是发包人及国家意志干预的表现，因而土地承包经营权流转合同不是纯粹的民事合同，而是具有较强的发包人及国家意志干预性的民事合同。① 这种认识欠妥当。发包人的同意不是行政干预，而是所有权人自身利益的维护。发包人是农村集体土地的所有权人，在所有权人的土地上设立土地承包经营权当然要尊重所有权人的意志，或者说，谁来承包经营土地，应该是土地所有权人依法选择和决定的结果。承包方将土地承包经营权转让给他人，意味着换了一个承包主体，当然应该首先获得土地所有权人的同意，否则，土地承包经营权转让就变成了层层发包，非所有权人也成了发包方。为维护耕者的劳动利益（承包地农业产出利益相当有限），法律限制层层发包显然是正当的。另外，"发包人同意"的立法宗旨是为了保护承包人利益。承包地是农户的一种生存和发展的保障形式，转让意味着彻底放弃了这种土地保障，受让人将替代承包人成为土地保障的受益人，因而发包方一方面要依法考察转让人的生存保障状态，另一方面还要考察受让人的农业生产经营能力。发包人同意不是流转障碍，而是法律要求发包方履行的法定职责。发包方的同意和法律规定的流转条件没有削弱土地承包经营权流转当事人之间的"合意"，是否流转、流转给谁，流转合同权利义务的安排、流转的形式等双方的意思表示并没有受到与其他民事合同的区别对待。

或许有人认为受让方须有农业经营能力是对流转对象的限制，其实，这是土地承包经营的固有含义，如果没有农业经营能力的人可以通过受让方式拥有土地承包经营权，土地承包经营权岂不成了投资品？土地承包经营能力与法人的经营范围相类似，法人不能超出经营范围经营，缺乏农业生产能力的人当然不能享有土地承包经营权。所以，法律规定的土地承包经营权受让人资格并不是对流转合同自由的限制。

---

① 参见左平良《土地承包经营权流转法律问题研究》，中南大学出版社 2007 年版，第155 页。

　　土地承包经营权流转合同是民事合同,但在实践中经常发生行政机关积极参与、鼓励承包地流转的做法。比较典型的操作手法是,政府机关出台鼓励承包地流转的措施,比如一亩地每年补助几百元,然后动员农户将承包地统一流转给村集体或有政府背景的土地流转服务公司,村集体或土地流转服务公司再将承包地流转给种粮大户或农业生产公司等受让人,农户获得土地流转的收益,受让人取得承包地的经营权,地方政府完成了稳定耕种面积、稳定了粮食产量的责任目标。但是,政府参与和鼓励承包地流转并未改变承包地流转合同的民事性质。农户流转给集体,集体流转给受让人,改变了流转当事人面对面交易的形式,由集体充当了中间人的角色,节省了流转成本,减少了流转风险,加快了流转速度,简化了履行程序,但事实上的流转主体未发生变化。流转主体非面对面的交易和村集体、政府的中介使得承包地流转类似于证券交易,但形式创新不等于本质变化。不管从哪个角度分析,土地承包经营权流转合同的性质都是民事合同。

　　由于承包地与宅基地的天然联系,宅基地流转合同应比照承包地流转合同,定性为民事合同。这样既可以让农户对宅基地置换合同有似曾相识的感觉、减少抵触情绪,又有利于为政府行政权力的介入提供便利。同时,就现实而言,不把农户作为宅基地置换的主体,不尊重农户意愿,单纯依靠行政命令方式进行宅基地整理,实践证明行不通。在宅基地置换之前,开展过各种宅基地整理工作,比如收回闲置宅基地、收回多占宅基地,但效果都不明显,不是收不回来,就是收回后也不能产生社会效益。后来搞"村改居",通过行政规划方式进行村庄治理和改造,结果引起村民强烈反对,最后,中央不得不叫停"村改居"这种过于激烈的土地行政管理行为。在不断总结经验和教训的基础上,从农村的现实出发,整理农村宅基地不能不尊重农民的意愿和利益。所以,宅基地置换合同不能缺少农民意愿表达这种民事性质的成分。

　　契约精神与行政因素并存的置换合同到底是什么性质的合同,是行政合同还是民事合同,哪一种定性更有利于宅基地置换工作的顺利开展?或者说,政府在宅基地置换合同问题上的谨慎和多虑,到底是有意还是无奈?如何消除置换合同中的冲突?或者通过法律解释来认同和规范这种冲突?回答这些问题之前,需要先回答一个同样棘手的理论问题,行政合同和民事合同的区分标准是什么?

2. 行政合同与民事合同难解难分。《合同法》制定过程中，梁慧星对将行政合同列入合同法的动议提出了明确的反对意见。他认为："本质上属于市场交易的行为，即使一方当事人为行政机关（如政府采购合同），即使法律规定强制签约（如粮食定购），也仍然属于民事合同，而与所谓行政合同有本质区别……国家通过行政机关对某些市场交易行为进行适度干预，并不改变这些市场交易行为的性质，当然不可能使这些市场交易关系变成所谓行政合同。"① 之后，《合同法》中没有行政合同的影子。崔建远对判断行政合同的四个标准一一进行了反驳，认为法国行政法上判断行政合同的标准并不能直接移植到中国法律中。② 但行政法学界研究行政合同的热情并未受影响，他们认真回答了什么是行政合同，什么是识别、判断行政合同的标准等问题。

行政法学界在界定行政契约时，通常采取形式标准加实质标准的做法。形式标准是指契约当事人中必须有一方为行政主体，实质标准采取"行政目的说"，即为追求实现国家管理的某些目标或为了实现公共利益目的。实质标准是行政契约与民事契约的分水岭。但是，鉴于行政目的的多样性和层次性，几乎行政机关的任何活动都可以和行政目的扯上关系，因此，"行政目的说"扩大了行政契约的范围。余凌云借鉴德国的"契约标的论"，主张行政契约的实质标准是"发生、变更或消灭行政法律关系的合意"。他认为，这种标准也涵盖了"行政目的论"所要表达的内容，又避免了"行政目的论"的缺陷。行政合同与民事合同在合同标的内容上存在根本差别。他找到的根本差别就是行政合同标的内容是行政法上的权利义务关系，即行政法律关系。这个结论是余凌云在充分比较法国、德国、日本和普通法国家有关行政合同的规定、判例和学说的基础上得出的。③ 但是，合同标的内容是权利和义务，合同标的内容的差别未必就等于权利义务关系的差别。行政合同与民事合同的区别就是行政法律关系和民事法律关系的区别，这等于什么都没有说，就像有人问你，美国小孩与中国小孩怎么区别，你说美国大人与中国大人的区别就是他们的区别，这

---

① 梁慧星：《民法学说判例与立法研究（二）》，国家行政学院出版社 1999 年版，第 191页。

② 崔建远：《行政合同之我见》，《河南省政法管理干部学院学报》2004 年第 1 期。

③ 参见余凌云《论行政契约的含义——一种比较法上的认识》，《比较法研究》1997 年第 3 期。

种回答当然没错，只不过它不是问题的答案。所谓的"法律关系标准"不能成为区分行政合同和民事合同的一种答案。

有学者看到了"法律关系标准"的不足，提出了"职权标准说"。此标准自认融合了"行政目的说"和"法律关系说"。因为，行政主体为了实现一定的行政目的，采取行政契约的方式时，必然要在其职权范围内，即自己管辖事务范围内与其他方缔结，由此必然会形成一定的行政法律关系。"职权标准"只需注意在其中行政主体是否行使了行政职权，如果无职权因素，即使是为了实现一定的行政目的也不能划为行政契约。并举例分析了职权标准该如何运用：某主管绿化的部门接受了绿化某山地的任务，与甲公司签订了绿化契约甲，与乙公司签订了购买树苗的契约乙，那么甲契约为行政契约，乙契约为民事契约。原因很简单，甲契约是绿化部门行使绿化职权的行为，而乙契约则不包含职权因素，为普通的民事买卖契约。① 笔者不以为然。如果绿化主管部门与甲公司签订了绿化并购买树苗的契约，它是行政合同还是民事合同？合同内容往往是复杂的，绿化任务中本来就包含了购买树苗、草皮、聘请人工、浇水施肥护理等内容，绿化主管部门为完成绿化任务去购买树苗与商家签订合同，难道不包含职权因素？行政机关以民事主体的身份去签订民事合同一定是出于某种行政目的，之所以能这样做，也一定有行政职权的支持，否则行政机关就是在乱花纳税人的钱。

后来余凌云修正了自己的学说，认为行政合同的内容包括两个变量，一是合意的程度，二是存在类似于行政行为的权力因素。并动态分析了行政合同在行政行为和民事契约之间的变动规律。他认为，从动态的角度讲，如果合意的变量逐渐递减为零，那么该形态就会发生质变，变成为纯粹的行政行为；如果类似行政行为的权力因素递减为零，那么就变成了纯粹的民事契约。只要合意程度与权力因素不变为零，或者说，只要是两个要素兼而有之，那么，就应当仍然属于行政契约的范畴。②

余凌云早期笼统的"法律关系标准说"变成了"合意＋权力因素标准说"。这与孙笑侠的主张十分接近了。孙笑侠在行政合同的"归属"问

---

① 梁红霞、郭勇：《行政契约的识别标准探析》，《行政与法》2003 年第 7 期。

② 余凌云：《行政法上的假契约现象——以警察法上各种责任书为考察对象》，《法学研究》2001 年第 5 期。

题上表现出了足够的谨慎，他同意日本学者南博方的观点，也是依合同内容来确定，南博方在寻找合同标的内容时没有绕回到权利义务关系上，而是告诉我们：不同的行政合同有不同的条款涵容，关键看它的"根本性条款"是属于公法性质的条款还是私法性质的条款。① 这相当于为区分中美两国小孩，提出通过检测他们的"DNA"的区分标准。这个标准可以让人按图索骥，先寻找合同的"根本性条款"，然后看这个条款内容是私法性质的条款还是公法性质的条款，具有可操作性。但接下来还是会碰到问题，公法与私法怎么区分？一个合同条款到底是公法条款还是私法条款，判断起来并不容易。一个合同的根本性条款是政府得到市民的住房、市民得到政府支付的价款，私法上的买卖与公法上的征收都存在这样的事实。这样一来，还需要寻找其他的根本性条款，或者说，这个条款不是根本性条款。那么问题又出来了，判断合同根本性条款的标准是什么？南博方为行政合同与民事合同的区分提供了一个答案，但这个答案本身还需要继续回答。因此，孙笑侠在同意南博方观点的同时，一再表明自己的态度——重点不是合同归属于行政合同还是民事合同，而是行政合同中契约精神与权力因素的并存，既可以让人反思合同法的观念，又可以让人反思现代行政法的功能发展——并进而得出一个结论："行政合同的本质，既是政府用来加强经济干预的手段，又是公民对政府权力进行限制的方式。"② 至此，关于行政合同与民事合同之争似乎可以告一段落了，笔者接受这样的结论：一个合同究竟归类定性为行政合同还是民事合同已无关紧要，重要的是合同可以交融契约精神和权力因素。

3. 宅基地定向转让契约中的自由与限制。既然契约精神和权力因素可以在合同中并存，那么接下来的问题就是，宅基地定向转让合同如何实现契约与权力的交融？答案是，通过合同当事人的权利义务的安排来实现契约自由与权力控制的交融。

从意思自治方面而言，定向转让合同应将农户的意思自治安排到位。民法上的意思自治又称为意思自由，主要包括缔约自由，选择相对人自

---

① 转引自孙笑侠《契约下的行政——从行政合同本质到现代行政法功能的再解释》，《比较法研究》1997 年第 3 期。

② 孙笑侠：《契约下的行政——从行政合同本质到现代行政法功能的再解释》，《比较法研究》1997 年第 3 期。

由，契约内容自由，契约类型自由，解约自由和选择裁判自由等。但宅基地定向转让合同并非单纯的民事合同，其意思自治在选择相对人、内容、类型、解约和选择裁判等方面受到限制，农户只能将宅基地定向转让给地方政府或行政机关指定的经营主体。在契约条款的设置上，农户可以提出自己的意愿，但最终由行政机关决定是否采纳，因宅基地置换属于定向转让，置换合同类型已无选择余地。由于宅基地置换具有不可逆转性，农户没有解约的自由；并且宅基地置换属于土地制度创新，不是法律适用问题，不方便由司法机关进行纠纷裁判，农户也没有选择裁判的自由。因此，所谓的意思自治在宅基地定向转让合同中只剩下"缔约自由"。只有充分的保证农户的缔约自由，才能确保合同的契约精神。首先要在合同文本外加上两个附件，一是项目区选点布局的听证会和论证会纪要，二是试点专项调查结论摘要。《城乡建设用地增减挂钩试点管理办法》第 7 条规定："挂钩试点市、县应当开展专项调查，查清试点地区土地利用现状、权属、等级，分析试点地区农村建设用地整理复垦潜力和城镇建设用地需求，了解当地群众的生产生活条件和建新拆旧意愿。"专项调查内容不仅是政府决策的参考，同时也是农民作出建新拆旧决定的依据，调查结论应当成为定向转让合同内容的附件，这样，农民才能准确表达自己的意思和愿望。农户现在的生产生活条件是怎样的，定向转让后又会发生什么变化，这些调查结论在农户表达建新拆旧意愿之前就应当让农民看到。对农户建新拆旧意愿的调查与农户签订定向转让合同是两个不同的程序，不能用农户签订申请书的形式代替意愿调查。农户的意愿有各种各样，赞成、反对、观望，意愿调查应全面反映真实情况，最好由独立调查机关来调查。当政府拿着定向转让合同去找农户签字时，农户应在合同的附件中看到专项调查结论，从而使农户的意思表示有充分的参考依据。这可以最大限度地避免发生农户被强制签字、受欺诈签字等诸多扼杀农户意思自治的不正当行为，可以牢固树立定向转让合同的意思自治的基础。其次，定向转让合同应对农户和农村集体的利益问题作出具体明确的安排。农户是否愿意在合同上签字，他的意思自治最终取决于合同的利益安排。一般而言，作为"理性人"，农户只要认为这种利益安排不会损害自己的利益并对将来的生产和生活更加有利，肯定会同意置换，此时农民的签字就是真实的意思表示。《城乡建设用地增减挂钩试点管理办法》第 17 条第 2 款规定：建新地块实行有偿供地所得收益，要用于项目区内农村和基础设施建设，并按照城市反哺农村、工业反哺农业的要求，优先用于支持农村集体发展生产和农民改善生活条件。这也是《管理办法》在《规范意见》基础上的规定和要求，《管理办法》第3条新增了一个基本原则："以城带乡、以工促农，通过挂钩试点工作，改善农民生产、生活条件，促进农业适度规模经营和农村集体经济发展。"定向转让合同一定要体现这方面的安排和考虑。大多数持观望态度的农户主要是对置换后的生活心里没底。让农民看到收益分配的去向，集体生产方面分得多少、农民改善生活条件方面分得多少，对置换后的生产生活心中有数，能进一步打消农民的顾虑。定向转让合同要具体落实《管理办法》的新要求，这既是维护农民和集体的合法权益的要求，也是满足农民意思自治的一项要求。农户的意思自治不是单纯的签字盖章，要给农户提供签字盖章的"决策"依据，这样才能保证农民既不被忽悠、也不被强制，真正做到农民自愿。在合同内容设计上，农户意思自治主要表现为以下几项权利：（1）知情权。农户有权了解听证会和论证会的主要情况；有权了解政府专项调查的结果。（2）置换形式选择权。农户在安置房、产业房、货币补偿的置换形式中享有自主选择权，可以在置换价值总额内进行置换形式的自由组合。（3）接受补偿和补助的权利。改善生活条件的经济补助权。农户可以获得一次性经济补助费用于改善生活条件，并按规定面积享受旧房拆迁补偿费。（4）参与集体生产活动的就业权。与置换有关的一切生产建设活动，在符合就业岗位的技能要求的前提下，置换村民有优先就业权，比如建筑行业的各种具体工种、保安、保洁等岗位由置换村民优先享有。（5）分享集体土地收益权。置换后，集体在节余建设用地上的土地收益由置换村民共同分享。

从行政控制方面而言，定向转让合同应明确行政机关的行政权力和义务表现为：（1）行政机关享有选择经营主体的权力。当经营主体不能实现行政管理目标时，行政机关可以根据多数农户的意愿，否定其经营主体地位，重新安排以农户为主体的新的经营主体。（2）行政机关基于公共利益或法律、法规和上级政策的变化，享有单方面变更或解除定向转让合同的权力，给农户和集体造成损失的，应给予相应的补偿。（3）行政机关享有监督和指挥定向转让的权力。相对人签订行政合同是为了自身的利益，如果行政主体对合同的履行不加控制的话，相对人会因追求利益的最大化而不择手段地实现合同。因此行政主体对合同的履行必须进行监督和指挥，对经营主体不合法、不符合合同约定的行为有权加以制止，并可责令经营主体改正。（4）行政机关享有行政处罚权。由于行政合同目的的公益性，在行政合同成立后，相对人应当认真、尽职地履行合同义务。在相对人不履行或不适当履行义务时，行政主体有权采取强制措施促使相对人履行。对不履行合同或不适当履行合同义务的相对一方，行政机关可依法进行处罚。（5）行政机关享有合同标准文本的制定和解释权。定向转让合同采取标准化形式，其格式条款的制定由行政机关负责，在遵照合同法有关格式条款的规定外，行政机关享有合同条款的解释权。（6）行政机关享有合同的要约权。普通合同订立时要遵循要约与承诺的规则，双方当事人均可作为合同的发起方向对方发出要约，但在定向转让合同中，发出要约的是行政主体。合同的要约方是行政机关，不能采取申请的方式，因为宅基地置换不是一种依申请的行政行为。

第 七 章
自主复垦:地票中新生的宅基地权利

第一节 地票改革试点的目的

地票是在"建设用地增减挂钩"基础上开展的农村宅基地改革试点。2007年,中央政府批准重庆为全国统筹城乡综合配套改革试验区。《国务院关于推进重庆市统筹城乡改革和发展的若干意见》(国发〔2009〕3号)提出,"设立重庆农村土地交易所,开展土地实物交易和指标(即地票)交易试验"。由此,地票作为政策试点具有了宅基地变法试验的性质。

2008年12月1日开始实施的《重庆市农村土地交易所管理暂行办法》(渝府发〔2008〕127号)明确了地票(即建设用地挂钩指标)的定义:"特指农村宅基地及其附属设施用地、乡镇企业用地、农村公共设施和公益事业建设用地等农村集体建设用地复垦为耕地后,可用于建设的用地指标。"由于农户存量宅基地面积占大头,地票主要是指存量宅基地复垦后产生的可用于建设的用地指标。地票产生的前提是宅基地复垦。

地票改革的基本思路是:以耕地保护和实现农民土地财产价值为目标,建立市场化复垦激励机制,引导农民自愿将闲置、废弃的农村建设用地复垦为耕地,形成的指标在保障农村自身发展后,节余部分以地票方式在市场公开交易,可在市县城乡规划建设范围内使用。

地票改革试点制度的运行程序和主要内容如下:

(1)规划。市国土资源行政主管部门依据土地利用总体规划、城镇规划、编制城乡建设用地挂钩专项规划,确定挂钩的规模和布局,经市人民政府批准后实施。

(2)申请。土地权利人(包括农村集体经济组织、农民家庭及拥有土地权属的其他组织)向区县(自治县)国土资源行政主管部门提出土地复垦立项申请,经批准后复垦所立项的土地。前提是农民自愿、居住有保障。

（3）复垦。农户将闲置、废弃或利用不充分的农居房屋，复垦为耕地。复垦后，复垦人自愿选择在本地另建新居、新村或者到城镇购房。区县国土管理部门所属的土地整理机构为复垦项目的承担单位，投资由其自行承担，复垦后形成的耕地仍归原农村集体经济组织，并发包给农户。

（4）验收。项目验收按照"初验—竣工验收—验收确认"的程序进行，严守复垦达标的技术标准（土壤层厚40公分，小于15度坡）。验收合格的，市国土房管局确认新增耕地面积并颁发新增耕地合格证。

（5）申让与申购。地票转让交易必须在重庆农村土地交易所内进行，由交易所组织挂牌交易。申请转让的地票一般以组合的方式进行，有起始价和政府保底价。例如，《农村土地交易所建设用地指标（地票）公开交易公告（渝农地所告字［2015］1号)》显示：15001号地票，共计1934.358亩，交易价款起始价18.7万元/亩。该地票以复垦项目为基本单位，由12张地票组合而成，单张地票面积最小32.349亩、最大554.586亩。[①]凡是需要受让国有建设用地使用权的人必须取得相应面积的地票。地票的取得须向农村土地交易所申请购买。

（6）交易与成交。农村土地交易所根据资格确认情况确定地票交易方式，竞得人确定后向市国土房管局申请办理"地票证书"。

（7）地票使用。主城区和区县城新增的经营性用地，必须使用地票。持有地票证书的权利人选定符合城市规划、土地利用总体规划的待开发土地，由政府办理征收转用手续并完成补偿安置后，按照规定组织招、拍、挂。受让人取得建设用地使用权的表明其地票落地。地票权利人在地票落地前可以地票质押贷款。

（8）地票价款分配。地票价款在支付复垦成本后，全部用于"三农"。例如，《重庆农村土地交易所关于地票价款直拨公示结果的公告（渝农地所直拨告字［2015］8号)》指出："本次公示拟直拨价款的地票共计598202平方米（897.303亩），成交价格为280.5483元/平方米（18.7032万元/亩），其中复垦成本为55.5元/平方米（3.7万元/亩），农户（使用权人）应得191.2911元/平方米（12.7527万元/亩），集体

---

① 重庆农村土地交易所网站，http://www.ccle.cn/jyyw/dpjyyw/jygg/html - 1543/10185.html。

经济组织（所有权人）应得 33.7572 元/平方米（2.2505 万元/亩）。"①
宅基地收益由农户与集体按 85∶15 分成，政府还设立最低交易保护价，
保障农户的地票收益不低于每亩 12 万元，集体的收益不低于每亩 2.1 万
元。复垦形成的耕地，所有权归农村集体，原则上由原农户承包经营和
管护。

地票交易制度在农民、农村集体、开发主体与政府之间，对土地增值
收益进行了市场化的安排。地票改革试点旨在变革单一的建设用地指标行
政配置制度。我国现行建设用地配置制度主要包括"土地用途管制"、
"土地利用总体规划"、"土地利用年度计划"、"建设用地原则上使用国
有"、"耕地占用补偿"等制度，形成了比较明显的行政配置建设用地资
源的制度体系。建设用地资源的行政配置有利于更好地实现土地的公益
性。但面对已经完成行政配置的农户存量宅基地，不可能再来一次行政配
置，也就是说，政府不可能强行要求农户让出一半的宅基地。存量宅基地
的盘活只能采取平等协商的市场交易方式。同时，着眼于公益的建设用地
资源行政配置制度越来越难以衡平土地占有人、土地开发人和政府之间的
利益。土地占有人要求分配到更多的建设用地增值收益。由于农户存量宅
基地复垦不是土地征收，复垦宅基地产生的指标价值不能适用法定的土地
征收补偿标准，因而只能通过市场交易方式平等协商复垦指标价格。地票
改革的重点涉及两个相互关联的内容，一是农户是否愿意复垦宅基地，二
是农户复垦宅基地后能分配到多少土地增值收益。农户得到的土地增值越
多，复垦宅基地的积极性就越高。2008 年，重庆市委提出了"设立农村
土地交易所、用市场化的办法来科学发现农村土地价格、开辟城市反哺农
村新途径"的设想。可见，地票改革是市场化配置存量宅基地的一种制
度探索。

市场化配置存量宅基地的"地票"是从宅基地上衍生出来的可交易
的财产利益。其法律性质是什么，学界一直存在不同的认识。刘俊等学者
归纳了有关"地票"法律性质的 8 种学说，包括指标说、资格说、土地
发展权说、特许权说、资本化说、利益证券化说、债权说和新型权利说，

① 重庆市农村土地交易所网站，http://www.ccle.cn/jyyw/dpjyyw/zbgsjggg/html - 1598/10213.html。

并提出了新型准物权的新说①。黄忠认为，"地票"交易应适用地役权规则②。地票改革的目的在于市场化配置存量宅基地，而市场化配置农民占有的存量宅基地，一定会涉及宅基地使用权的制度创新。因而，地票改革是在宅基地使用权之外新增了一种新权利，还是在宅基地使用权上新增一种的新的权能，就成为法学研究的重要命题。

第二节　地票是不是土地发展权

不少学者认为，"地票"交易就是将一块土地进行非农开发的权利通过市场机制转移到另一块土地上，这与英美国家的土地发展权类似。③ 然而，"地票"交易中不可能生长出土地发展权。

一　土地发展权概念厘定

土地发展权被认为是 20 世纪上半叶出现的新法律概念，最早源于英国。作为一个外来概念，土地发展权的内涵是什么，最早译介的学者的"发言"往往最有影响力。我国学者对土地发展权的解释是：土地发展权是一种可以与土地所有权分离而单独处分的财产权。最初，由于土地发展权创设的主要目的在于保护农地，因而土地发展权又称"农地发展权"，即农地变更为建设用地的权利。创设土地发展权后，其他一切土地的财产权（所有权）是以目前已经依法取得的权利为限，亦即农地所有权的范围，以已经编定的正常使用的价值为限。至于此后变更农地使用类别的权利则属于发展权。④ 上述有关土地发展权的介绍和界定，产生了深远影响，后来研究土地发展权的学者基本上照搬这一说法。⑤ 并且，关于土地

---

① 刘俊、杨惠、白庆兰等：《地票的制度基础与法律性质》，法律出版社 2012 年版，第 63—85 页。

② 黄忠：《地票交易的地役权属性论》，《法学》2013 年第 6 期。

③ 汪晖、陶然：《论土地发展权转移与交易的浙江模式制度起源、操作模式及其重要含义》，《管理世界》2009 年第 8 期。

④ 柴强：《各国（地区）土地制度与政策》，北京经济学院出版社 1993 年版，第 105 页。

⑤ 参见胡兰玲《土地发展权论》，《河北法学》2002 年第 2 期；刘国臻《论我国设置土地发展权的必要性和可行性》，《河北法学》2008 年第 8 期。

发展权的上述知识变成了相关教科书的内容。①

上述有关土地发展权的知识实际上来自于学者对英国《城乡规划法》的分析。1947 年英国《城乡规划法》规定，一切私有土地将来的发展权（即土地变更使用类别之权）移转归国家所有，由国家独占。私有土地仍然保持私有，从此，任何私有土地只能保持原有使用类别的占有、使用、收益与处分之权。变更原使用类别之权则为国家所有，由国家独占。私有土地所有人或其他任何人如想变更土地的使用类别，在实行开发之前，必须先向政府购买土地发展权。②

问题是，对英国《城乡规划法》相关规定的这种解释和归纳是否准确、妥当？除了英国的土地发展权外，美国也有土地发展权转移和土地发展权购买制度，我国学界有关土地发展权的界定是否也能适用于美国的相关制度？带着这些必要的疑问，一些学者开始从英、美等国有关土地发展权的具体制度入手，试图还原土地发展权的真实面目，并挖掘其功能、性质、法律属性、理论基础等内容。其中，《法学研究》杂志先后在 2012 年第 4 期和 2014 年第 5 期发表两篇介绍土地发展权的论文，为学界呈现了更多有关土地发展权的知识和思考。然而，关于土地发展权概念的准确定义依然没有出现。虽然学者已经在不同层面探索了土地发展权的实质，但尚未在概念界定问题上开展有意识的反思和重塑。

既然土地发展权概念源自对英国、美国相关法律制度的概括，那么，概念界定的基本思路只能是分析土地发展权制度的内涵。可喜的是，有关土地发展权的制度变迁已被学界梳理得相当清晰了。

1. 英国土地发展权制度内容。自由开发土地是土地所有权固有的权利。但土地开发建设的自由在 20 世纪初期的英国遭遇了贫民窟蔓延、住宅拥挤、环境脏乱等城市病的挑战。英国 1909 年的《住宅、城镇规划及其他事务法》授权地方政府拟订土地使用规划方案，并对已发展及未来可能作为建筑用地的土地实行管制。1919 年，为应对郊区发展，《住宅、

---

① 沈守愚说，将农地变更为非农使用的权利称为土地发展权。沈守愚：《土地法学通论》（下册），中国大地出版社 2002 年版，第 524 页。程信和说，土地发展权分为三类：农业用地转变为建设用地的权利（即农地发展权），提高建设用地利用度（建筑容积）的权利（即市地发展权）以及对未利用地进行开发的权利（即未利用地发展权）。程信和：《房地产法学》，中国人民公安大学出版社 2003 年版，第 65 页。

② 柴强：《各国（地区）土地制度与政策》，北京经济学院出版社 1993 年版，第 107 页。

城镇规划及其他事务法》修订，授权两万人以上的地方政府拟订建筑用地的计划方案，并将部分原属中央政府的权力下放给地方。1923 年的《城乡规划法》将都市与乡村地区的土地纳入同一体系下进行管制，并将管制相关事宜交由卫生部全权负责，同时实施"暂时开发令"，开启了土地开发许可制的序幕。1942 年，英国政府的阿斯渥特报告探讨了土地规划与管制时土地补偿和土地增值问题的解决之道。1947 年重新修订的《城乡规划法》构建了土地利用规划和管制的制度体系。主要内容有三点：（1）因土地规划导致土地权利人既得利益损失的，将以总金额为 3 亿英镑的基金来补偿。（2）意图开发土地的人，须向规划机关申请建筑许可证。申请被批准的，当事人需要就土地增值向政府缴纳 100% 的"开发捐"。（3）土地征收时，土地权利人只能按照土地规划后的用途获得补偿。①

分析英国土地发展权制度，可以发现，土地发展权不是我国学者理解的那种改变土地用途或者增强土地利用度的权利。所谓土地发展权，是指"在地上、地面、地下进行建筑建造、工程建设、矿产开采或其他工作，或在对任何建筑、土地的使用中所进行的任何实质性改变。"②这是自罗马法以来就流传下来的土地所有权或土地产权固有的一种权利表现形式，在大陆法系国家，一般把这种土地开发建设的权利称为土地所有权或土地用益物权的"使用权能"。我国物权法规定的建设用地使用权和宅基地使用权就具有这种"使用权能"，也就是说，土地发展权的功能在我国建设用地使用权和宅基地使用权的"使用权能"中得到体现。

英国 20 世纪初期建立起来的土地管制制度的重点，不是创建土地发展权概念，而是解决土地开发建设价值因规划管制而发生转移的问题。英

---

① 以上有关英国土地管制制度的内容可参见宋国明《英国土地规划管理》，《国土资源情报》2010 年第 12 期；张新平《试论英国土地发展权的法律溯源及启示》，《中国土地科学》2014 年第 11 期；程雪阳《土地发展权与土地增值收益的分配》，《法学研究》2014 年第 5 期；［英］巴里·卡林沃思、文森特·纳丁《英国城乡规划》，陈闽齐等译，东南大学出版社 2011 年版；陈柏峰《土地发展权的理论基础和制度前景》，《法学研究》2012 年第 4 期；杨惠《土地用途管制法律制度研究》，法律出版社 2010 年版。

② ［英］巴里·卡林沃思、文森特·纳丁：《英国城乡规划》，陈闽齐等译，东南大学出版社 2011 年版，第 162 页。

国通过立法禁止所有私有土地的发展权，在某种程度上即被视为从地产权人手中"拿走"发展权。① 同时，在规划管制制度下，被允许发展的土地的价值因其他土地的限制发展而得到额外增加。为平衡土地规划下的"被禁止发展的土地"权利人与"被允许发展的土地"权利人的利益。英国法的基本思路是，赔偿前者损失，分享后者增值。具体而言：（1）按照英国 1909 年《住宅、城镇规划诸法》第 58 条的规定，任何人的财产受到规划方案的不利影响，都有权向地方政府请求赔偿。为此，工党政府专门建立了一个金额为 3 亿英镑的基金来补偿土地权利人的损失，并打算在 1954 年之前对所有土地发展权受损的权利人进行一次性补偿。② 这是对土地发展权受到限制的一种国家补偿。（2）获得开发建设权的当事人需要就土地增值向政府缴纳 100% 的土地开发费。此后土地"开发捐"税率不断地向下调整，1985 年的财政法案取消了这个税种。③ 1990年《城乡规划法》第 106 条规定了"规划义务"，即取得发展权的当事人承担部分基础设施的建设责任，从而使公众分享土地发展增值收益。④ 可见，为解决土地规划管制导致的土地开发建设价值发生转移的问题，英国政府决定赔偿土地发展权受到限制的土地权利人，决定让公众共享因土地开发建设而产生土地增值收益。在英国土地规划管制法律制度中，我们看到的不是土地发展权概念，而是土地发展权受到限制的补偿权、要求规划征收的权利以及有权开发建设土地的人与社会公众分享土地增值收益的法定义务（缴纳开发捐或者履行规划义务）。正由于土地发展权受到限制的人可依法获得补偿，被许可进行土地开发建设的人捐献了土地开发增值收益，学界才会得出英国土地发展权被转移给了国家的结论。由此，可以把英国土地发展权制度内容简要概括为：（1）私人土地发展权被转移给国家；（2）因土地发展权转移而遭受损失的人可以得到相应补偿；（3）因申请建筑许可得到批准的人应通过交税或履行规划义务分享土地增值收益。

---

① John M. Meyer, The Concept of Private Property and the Limits of the Environmental Imagination, Political Theory, 2009, 3 (71)：99 - 127. 转引自张新平《试论英国土地发展权的法律溯源及启示》，《中国土地科学》2014 年第 11 期。

② 转引自程雪阳《土地发展权与土地增值收益的分配》，《法学研究》2014 年第 5 期。

③ 同上。

④ 参见宋国明《英国土地规划管理》，《国土资源情报》2010 年第 12 期。

2. 美国土地发展权制度内容。美国马里兰州特别上诉法院曾在一份判决书中说："发展权转移这一概念是极其简单明了的，土地所有权是一个权利束，其包括通过建设改善土地利用的权利，……蒙特哥马利县之所以采用并实施土地发展权转移项目，就是为了在确保土地的农业用途得到长期保留的同时，对发展权受到严重损害的土地所有者提供补偿。"① 蒙特哥马利县之所以出现了发展权转移制度，首先是因为地理位置的特殊性。它邻近华盛顿特区，该县南部在 20 世纪 60 年代以后得到较快发展，并逐步实现了城市化，北部则一直保持着农业区特征，土地利用主要是以空地、牧场和农场为主。为了保护北部的农业区，蒙特哥马利县于 1973 年通过了一项农业保护规划，该规划将北部区域从每 2 英亩 1 个建筑单元降低到每 5 英亩 1 个建筑单元。不过这一规划在保护农地方面效果不太明显。于是，自 1980 年开始，该县启动了"保护农业和田园开敞空间"的土地发展权转移项目。具体内容是，北部 89 万英亩农地被确定为乡村密度转移出让区，土地发展权的密度被降低到每 25 英亩 1 个建筑单位（为确保农业生产所必需的房屋和建筑）。南部的 27 个区域则被确定为受让区，通过修改分区规划，这些受让区土地开发密度和强度得到进一步提高。受让区的人购买出让区的土地发展权后，就可以提高其土地的开发密度、高度和容积率。

美国还有土地发展权购买制度，即为了保护农业和耕地，政府除了制定土地利用规划以外，还负责购买农业用地的土地发展权。美国宾夕法尼亚州的"农业保护地役权"项目被认为是实施土地发展权购买制度最成功的范例之一。其内容是：（1）划定一个农业保护区；（2）向该区域的农地所有者发出要约，希望他们将面积不少于 120 英亩的农业用地纳入保护项目；（3）签订有期限或永久期限的土地发展权购买合同。1987 年，宾夕法尼亚州发行了 1 亿美元的地方公债作为购买土地发展权的资金。②

从美国土地发展权转移和土地发展权购买制度中可以发现，美国土地发展权转移制度旨在补偿土地发展权受到限制的土地权利人，土地发展权购买制度旨在分享因规划而产生的土地增值收益。在这个意义上，美国和

---

① 转引自程雪阳《土地发展权与土地增值收益的分配》，《法学研究》2014 年第 5 期。

② 同上。

英国的土地发展权制度极其相似，都是为了解决土地规划管制所产生的"补偿和分享"问题。

综上所述，英美两国的土地发展权制度，立法目的是补偿土地发展权受到限制的土地权利人，分享"被允许开发建设土地者"的增值收益。立法的社会效果客观上实现了土地发展权的公有。任何人都不再享有自由的土地开发建设权利，任何人都不能再基于土地发展权而独享土地增值收益。可以说，现代土地发展权的法律精髓是土地开发建设的公有化。由此，现代英美国家的土地发展权成为脱离土地所有权的独立的公权利。

二 "地票"交易与土地发展权交易的本质区别

"地票"交易虽然在交易形式上与土地发展权交易有相似之处，但是，宅基地用途改变、宅基地使用权性质改变以及宅基地使用权的利益结构和价值形态的改变，都与土地发展权制度有本质区别。(1)"地票"交易制度改变了宅基地使用权的性质。农户的宅基地复垦为耕地，宅基地使用权消灭，在复垦的耕地上，设立土地承包经营权。农户的宅基地使用权转变为土地承包经营权。在多数地方，由于复垦土地上的承包经营权被批量转让，农户宅基地使用权消灭后并未换回等量的土地承包经营权，有时会换来等量土地承包经营权的转让费，更多的时候这种变更后的权利被忽略或者说被淹没在各种补贴中而说不清楚。(2)"地票"交易制度调整了农户的宅基地利益结构。农户的宅基地利益比较复杂，除修建住宅、满足家庭居住需要的基本利益外，还包括利用宅基地从事副业生产等扩张利益。宅基地利益既满足了农民的生活需要，也满足了农民一部分生产需要。"地票"改革后，农民"上楼"，集中居住在规划区的城镇住宅，住房面积变小、居住区域改变，但住房、居住配套、卫生条件等方面的品质有所提升。农民整体安居利益基本不变。然而，集中居住消灭了农民宅基地上的副业生产利益。农民在城镇小区无法开展手工业生产和家禽饲养。由于宅基地生产利益并非宅基地上法定的显性利益，"地票"改革政策有意无意间忽视了这种利益。(3)"地票"交易制度改变了宅基地使用权的价值形态。现行法不允许农民自由转让宅基地使用权，禁止农民向城镇居民出卖农房，也就是说，宅基地使用权始终只能表现为对宅基地的占有和使用，而不能转化为货币或其他的价值形态。在价值形态转变方面，宅基地使用权与城镇住宅建设用地使用权明显不同，后者可单独转让，也可随同住宅一并转让。"地票"制度没有把宅基地使用权改造为城镇住宅建设用地使用权，但它允许宅基地使用权中的"使用权"分离出来，并转变为货币、城镇住宅或可变现的"地票"。改变宅基地使用权的价值形态，目的不在于完善宅基地使用权制度本身，而是为了补偿农民的宅基地复垦行为。由于建设用地的市场价值远高于耕地，"地票"制度就可以通过市场交易补偿农民复垦宅基地的行为。可见，"地票"制度改变宅基地用途和宅基地使用权性质、改变宅基地利益结构和价值形态与土地发展权不改变土地权利性质、不改变土地用途、不改变土地利益结构和价值形态的逻辑截然不同。"地票"的利益补偿不是对土地开发权利被管制的补偿，而是对农户复垦行为的补偿。所以，仅仅从"地票"通过交易形式实现利益的特性中不能得出其中会生长出土地发展权的结论。

最根本的是，土地发展权是在土地私人所有权上产生的一种土地开发利用和分享土地增值收益的权利，目的是保护耕地、公平分配土地增值收益。而"地票"交易是在土地公有制基础上，在不改变集体土地所有权的前提下，对宅基地使用权的一种技术改造，目的是节约集约利用存量宅基地。制度目的、制度基础和制度内容均不相同，怎么可能是同一性质的权利呢？

第三节　地票是不是地役权

有学者指出，"地票"交易符合地役权的规定，可以被纳入地役权的范畴，进而按地役权的规则进行处理。[①] 然而，"地票交易"中不可能生长出地役权。

首先，"地票交易"不在地役权的权利内容范围之内。按照我国《物权法》第 156 条的规定，地役权是按照合同约定，利用他人的不动产，以提高自己的不动产效益的权利。他人的不动产为供役地，自己的不动产为需役地。所谓"利用他人的不动产"应扩张解释为：（1）需役地的所有人可以某种方式使用供役地；（2）供役地权利人不得在供役地上实施某种行为；（3）排除供役地的所有权对需役地行使权利。[②] 可见，利用他

---

① 黄忠：《地票交易的地役权属性论》，《法学》2013 年第 6 期。

② 该分析依据《德国民法典》第 1018 条。

人的不动产的地役权不包含改变供役地用途和供役地上土地权利性质的内容。供役地此前是建设用地的，在其上设立地役权后，依然是建设用地。供役地此前是耕地的，在其上设立地役权后，依然是耕地。供役地上的土地所有权或土地用益物权，不因地役权的设立而改变。"地票"交易中，一方面，农村宅基地等建设用地复垦为耕地后，将获得国土管理部门核发的地票，这说明所谓的"供役地"从建设用地变成了耕地；另一方面，经过竞购获得"地票"的主体可以请求政府将符合土地利用总体规划、城市规划的农业用地通过征收转变为城镇建设用地，这说明，所谓的"需役地"从耕地变成了建设用地。"地票"交易中关联的两块土地的用途改变，两块土地的权利性质改变。这种改革现象用地役权是解释不了的。城市远郊的宅基地复垦为耕地、城市近郊的耕地被征收变成建设用地的关联事实，无法包含在地役权的权利内容中。

其次，"地票"交易未遵循地役权设立逻辑，也不符合宅基地改革的基本事实。学者认为"地票交易的结果是地票申让方的土地用途受到了限制，地票竞购方则获得了将其农用地转为建设用地的资格，进而可以增进土地的效益"。这种将"地票"交易有意识地解释为地役权的表述在逻辑和事实上讲不通。（1）"地票"交易的结果不是"地票申让方"的土地用途受到了限制，即不是宅基地的用途受到限制，而是宅基地消灭。"地票申让方"要把宅基地复垦为耕地，并经过合格验收后，才能获得地票。把宅基地复垦为耕地，不能解释为宅基地土地用途受到限制。如果一定要说到限制，也是指农民复垦后的耕地的用途受到限制，即不能再变更为宅基地。但是，把宅基地复垦后的耕地当作地役权的"供役地"，不过是掩耳盗铃，因为"地票"交易改革的核心是宅基地复垦，而不是对复垦后的耕地保护行为的补偿。如果"地票"交易改革是对耕地权利人保护耕地、不变更耕地用途行为的补偿，那么，根本不需要复垦宅基地，直接以农民的承包地为"供役地"即可。显然，"地票"交易的本质是盘活存量宅基地，并给复垦宅基地的农民以经济补偿，而不是对复垦耕地的保护行为的补偿。因此，"地票申让方的土地用途受到了限制"的说法掩盖了"地票"交易的真相。（2）"地票竞购方获得了将农用地转为建设用地的资格"的说法，并非事实。"地票竞购方"在购买"地票"时自己是没有农用地的，他也不可能因为有了"地票"就享有将他人的农用地转为建设用地的资格。将农用地转为建设用地的资格属于国家，只有政府可以代表国家变更土地用途。事实上，"地票"交易中持票人获得的权利是请求政府征收土地的权利。政府能不能征收某块"地票持有人"看中的农用地，还是未知数，也就是说，"地票持有人"所谓的"需役地"事实上尚未确定。即使政府能启动征收程序，最后竞买到这块土地的人也未必是"地票持有人"。将"地票"交易描述成地役权设立只是主观附会。"地票"交易的客观效果是"地票申让方"的宅基地复垦为耕地、宅基地使用权消灭并取得地票，"地票竞购方"购买"地票"后，享有竞买国有经营性建设用地的资格。"地票"交易的上述事实，用地役权是解释不通的。（3）"地票竞购方"的"地票"落地，不能解释为"地票竞购方"需役地得到了某种便利。事实上，"地票竞购方"的"地票"落地的地块是具有国有建设用地使用权的地块，并不是因为"地票落地"才导致他享有该土地的建设用地使用权。政府在出让这块土地时，它就已经是标准的建设用地了。"地票"只是政府对竞买国有建设用地受让人的一种资格限制。"地票竞购方"持票受让国有建设用地时取得的地块，根本不是与供役地相对应的需役地，而是无须借助地役权就可独立行使开发建设权的建设用地。

第四节　地票中生长的宅基地复垦权

所谓"宅基地复垦权"，是指农户复垦宅基地后获得的城镇新增建设用地指标的专有权，也可称为宅基地复垦指标专有权。它是宅基地使用权新生的权能。农户有权依法利用宅基地建造住宅及其附属设施，也有权将宅基地复垦为耕地以独享增减挂钩下城镇新增建设用地的受让权，即通过城乡建设用地增减挂钩项目产生的城镇新增建设用地，只有复垦农户享有受让权。

一　宅基地复垦权生长的制度成因与机理

（1）土地用途管制。其目的是保护耕地，产生了建设用地价值高于非建设用地的市场效果。（2）建设用地指标管制。其目的是控制建设秩序，导致建设用地指标稀缺，进而产生了新增建设用地指标的需求。（3）耕地与建设用地占补平衡管制。其目的是维持耕地总量，导致新增耕地资源稀缺，进而产生复垦存量闲置建设用地的需求。（4）农村宅基地交易管制。其目的是维护耕者利益，导致已经脱离农业生产的农民工家庭无法通过市场交易出卖农房和宅基地使用权，进而产生了宅基地复垦或宅基地置换等变现资产的冲动。（5）建设用地竞买资格管制。只有获得"地票"才能参与竞买某类建设用地使用权。其目的是鼓励农户变现宅基资产，效果是农民复垦宅基地可以得到比征地收入更多的补偿（2010年成都市"地票"的政府保护价每亩15万元①，而宅基地复垦为耕地后，理论上还能得到该土地征收的相关补偿）。政府如愿得到新增建设用地指标。开发商虽然增加了取得建设用地使用权的成本，但可以通过成本转移方式回收。

　　前四项法律制度均具有自身的正当性，轻易不会动摇。第五种管制制度实际上涉及的是地方政府与开发商之间的利益调整。在土地出让价与地票价格之间，地方政府有诸多调控手段，以维护土地开发商的权益。其正当性取决于利益调整机制，本身不构成对开发商权益的侵犯。

　　之所以把"地票"中生长出来的权利称为宅基地复垦权，是因为它反映了"地票"利益的生长机理。"地票"利益产生的机理是政府对农民宅基地复垦行为的补偿。征地中农民获得的利益，根源于政府的补偿。同样，"地票"中农民得到的利益，最终也根源于政府的补偿。看上去，是开发商在市场上通过购买方式支付了"地票"价格。但开发商的购买在性质上只是一种票据的"承兑"，他们可以通过成本转移方式将其转移到各种政府征收税费中，也就是说，最终是由政府"埋单"。

　　"地票"交易从其生长机理上看，实现了城乡建设用地的统筹利用。在城乡建设用地增减挂钩系统中，政府新增建设用地指标、农户宅基地复垦指标和开发商建设用地竞买指标等要素通过市场交易方式发生转移，各要素在土地用途管制和建设用地指标计划等条件下实现土地利益的重新配置。就"地票"涉及的主体来看，购买"地票"的开发商基本上处于"中立"的地位，无关乎利益的得失。地方政府得到了新增建设用地指标，土地出让金每亩单价或有降低但总量增加，从而加快了城市建设步

---

① 关于地票的最低保护价，地方政府的文件有明文规定，如《成都市人民政府关于完善土地交易制度促进农村土地综合整治的意见（试行）》（成府发［2010］27号）。

伐，容易在城市之间的建设竞争中取得领先优势。农民得到了宅基地复垦指标，兑现了宅基地建设用地功能的价值，加快了农民市民化的进程。由于农民得到的是宅基地复垦指标，政府得到的是新增建设用地指标，因而"地票"上的新生权利宜称为"宅基地复垦权"。

二　宅基地复垦权的内容与核心

宅基地复垦权包括转让权、申请回购权和竞买权。转让权是指宅基地复垦权人出卖复垦指标的权利。申请回购权是指宅基地复垦权人在市场僵局情形下请求政府回购复垦指标的权利。竞买权是指宅基地复垦权人享有参与竞买新增建设用地使用权的权利。

服务于城乡建设用地增减挂钩目的的宅基地复垦权的内容重在转让权，而服务于农业转移人口有序市民化目的的宅基地复垦权的内容应重在竞买权。从"增减挂钩"到"人地挂钩"是我国城镇化发展的大趋势。从"地票"制度中生长出来的宅基地复垦权的制度设计应把重点放在丰富、完善农户和农村集体的竞买权上。具体而言，政府应有意识地引导农户和农村集体亲自行使宅基地复垦权，而不是轻易地"一卖了之"。农户和农村集体由于初始享有宅基地复垦权，这就意味着只有他们才有资格参与竞买新增建设用地。引导农户用好这种垄断性的竞买权，是实现农民市民化的捷径。这是因为，其一，独享增减挂钩下城镇新增建设用地的受让权是农民复垦宅基地的逻辑必然。农民之所以能取得这种独享的购买权，是他们复垦宅基地的结果。宅基地是农民的身份福利，一方面，宅基地使用权没有法定期限，农户可长期使用，另一方面，宅基地使用权具有身份性，只有农村集体成员可以享有，并由集体无偿分配。在人多地少的国家，在人口不断增加而住宅建设用地不可能同比增长的情形下，无偿享有长期使用的宅基地，无异于享有了未来幸福居住生活的基石。农民享有的这种宅基地身份福利，在一定程度上弥补了他们在现代化、城市化、工业化发展进程中的各种劣势。宅基地整治项目要打破这种利益格局，就要让农民看到明显可期待的"对价"。用宅基地上的建设用地指标置换城市新增建设用地指标，合情合理。用一种身份福利置换城镇土地开发的身份福利，是一场公平的权利交易。农民垄断享有城镇新增建设用地的购买权，进而行使土地开发经营权，就可能收获土地开发收益，这是奠定农民市民化的物质基础。

其二，独享增减挂钩下城镇新增建设用地的受让权可同时实现土地法的公平正义、效率和秩序价值。对农民而言，独享城市新增建设用地购买权远比保障房、城市户口、养老保险、职业培训、就业推荐等待遇要更靠谱，更实惠。以农民集体为主体共同行使城市新增建设用地优先购买权、共同行使城市土地开发经营权，对于整个农村经济秩序和社会秩序的稳定具有积极意义，其不利影响肯定要小于"地票"交易这种基本上将农民排除在城镇土地开发经营之外的模式。对政府而言，启动城乡二元体制改革，让宅基地复垦农民整体纳入城市居民体制，不仅难度大、经济负担重，还有可能直接导致城市整体发展水平和质量的退步，而赋予农民城市新增建设用地独享购买权，政府几乎无须财力、物力、人力的投入。政府只须履行政府的职责，即帮助、引导、监管农民集体和农民行使城市新增建设用地独享购买权和土地开发经营权，防范城市资本掠夺农民土地开发收益即可。宅基地复垦指标专有权在法的公平正义、效率和秩序方面都具有可行性。

其三，独享增减挂钩下城镇新增建设用地的受让权更有利于实现农民的市民化。宅基地换房、换钱、换地票，换来的只是资产，不是资本。这点资产依然只是农民生活保障意义上的资产，其保障价值能否超越宅基地使用权尚有疑问，更遑论让这些资产变成资本。倘若农民能用宅基地使用权换来城市建设用地专享的开发权利，他们定居城市的条件比获得普通的资本更有利，因为城市土地开发资格是一种"垄断"资本。有了这种独享的土地开发权利，农民集体和农民可以像开发商一样获取商品房开发收益，获取土地经营开发的超额利润。政府包办的市民化，是农民被动的市民化，赋予农民宅基地复垦指标专有权的市民化，是农民主动的市民化。

其四，独享增减挂钩下城镇新增建设用地的受让权是推进农民复垦存量宅基地的动力机制。复垦存量宅基地，永久放弃申请宅基地的资格，对农民而言，是一场未知的挑战。大多数农民的生活现状是"城市打工、农村定居"。他们的主要收入依靠城市打工，但他们的收入不足以支撑全家定居城市，他们不得不在城市与乡村之间来回迁徙，他们逐渐习惯这种"半工半农、半城半乡"的生活，他们深切地感受到，曾经让他们自卑的乡土是他们无法舍弃的"靠山"。一旦在城市失业，他们还可以回归故土。在看不到更加光明的前景时，多数人情愿维持现状。如果绝大多数农民缺乏复垦宅基地的动力，盘活农村存量宅基地几乎是一项不可能完成的重任。让农民集体和农民独享宅基地复垦指标专有权，基本上等于让农民和政府分享城市土地开发利润。实质上是让农民获得了一种定居城市的土地开发经营身份权利。推动数量庞大的农民工顺利实现市民化，给他们城市土地开发经营身份权利比改革现有的城乡二元体制或许更现实、更有效，也会让农民更有动力。农民通过宅基地复垦方式获得城市土地开发经营身份权利，盘活农村存量宅基地这盘大棋就有"下活"、"下好"的可能。

最后，独享增减挂钩下城镇新增建设用地的受让权是补救土地资源市场配置失灵的需要。土地与劳动力、资本等资源要素在市场配置方面略有不同。主权国家的土地资源是有限的，无论土地公有制国家还有土地私有制国家，土地资源的配置都不能完全由市场做主。我国土地所有权归国家或农村集体所有，是为了避免土地市场的完全自由配置，避免因土地占有不均而引发的各种社会矛盾。同样，宅基地资源和基于宅基地建设用途而产生的"地票"资源也不能完全依靠市场自由配置。赋予农民宅基地复垦指标专有权是对市场自由配置城市建设用地失灵的一种补救。众所周知，过去由市场自由配置城市建设用地，特别是城市住宅用地，造成了城市房价过高、城市商品房占有贫富不均、农民工家庭难以进城买房定居等诸多难以克服的市场失灵现象。宅基地复垦指标专有权一旦生成，农民即可自主解决城市定居问题、就业问题、收入问题和参与城市发展的竞争力问题。

宅基地复垦权不是所有区域宅基地使用权共有的权能，它一般仅限于城市远郊的宅基地，限于进城务工多年的农民工家庭的宅基地。农村宅基地按照资源状况可分为四类。一是城中村宅基地，分享城市土地升值和城市人口集聚带来的房屋租赁市场资源。二是城郊村宅基地，除分享房屋租赁市场资源外，还享有土地征收的期待利益。三是远郊村宅基地，既无法分享房屋租赁市场资源，也无法期待土地征收利益。包括粮食生产基地和老少边穷山区。四是资源村宅基地，主要包括旅游资源和矿产资源。虽地处远郊，但凭借得天独厚的先天资源，能部分分享资源收益。远郊村的宅基地发展前景显然不能与城中村、城郊村和资源村相提并论。正是在这种分化的背景下，贺雪峰指出，不能用笼统的农民、农村或农民土地来抽象讨论农民的权利问题，必须具体有针对性地讨论哪一部分农村的哪一部分农民的哪一部分土地权利。[①] 研究宅基地权利，自然不能不充分考虑宅基地的分化情况。宅基地复垦权是宅基地使用权新生的权能，是城镇远郊的进城务工农民基于宅基地使用权而享有的变现宅基地建设用途价值的一种权能。

---

① 贺雪峰：《地权的逻辑Ⅱ：地权变革的真相与谬误》，东方出版社 2013 年版，第 20 页。

第八章

公平占有:城市化中新生的宅基地权利

第一节　城市化发展趋势与宅基地改革任务

一　中国城市化从被动到主动的发展趋势

经济学、管理学等学科提出"被动城市化"、"主动城市化"等概念，来分析中国城市化发展历程与趋势。有学者指出，"被动城市化"是由工业化所推动的城市化，主要表现为生产要素集聚所引致的城市规模扩大和数量增加，城市缺乏渗透、辐射作用，居民生活质量较差。"主动城市化"就是城市的自生发展能力和辐射带动作用不断增强，城市主要依靠渗透、辐射作用实现自我发展，城市化取代工业化而成为推动经济社会发展的首要因素，城市化由注重规模扩张和数量增加的外延式增长向注重质量提升的内涵式发展转变。同时，他们认为，"主动城市化"的本质是以人为本，是以城市为载体不断提高人的素质和生活品质，而农民工市民化正是彰显城市化本质的内在要求。[①]另有学者认为，"主动城市化"是工业化完成外延式扩张之后的必然趋势，其基础是农业生产力的高度发展，其显性目标是要实现人口就业结构的转型，其中一个重要任务就是要让这些农民工逐步融入现代工业生产和城市生活，成为真正的产业工人和市民。[②]

可见，"被动城市化"中的"被动"既包括城市的被动，也包括人的被动；"主动城市化"中的"主动"同时包括城市的主动和人的主动。被动城市化一方面是城市的被动，主要表现为：（1）城市辐射能力有限。

[①]　白永秀、王颂吉：《由"被动城市化"到"主动城市化"——兼论城乡经济社会一体化的演进》，《江西社会科学》2011 年第 2 期。

[②]　孙建波、黄旭平：《周期与转型的双重过渡：后危机时代经济形势和投资环境前瞻》，《世界经济与政治论坛》2010 年第 2 期。

城市发展不能促进现代农业发展，城乡二元结构不仅没有在城市发展进程中逐步消解，反而日益强化，城乡之间经济社会发展差距不断拉大，农业转移人口进程的门槛越抬越高。（2）产业结构不合理。低端工业产值比重过高、服务业发展缓慢、高端产业吸纳就业能力不足、土地利用率不高。土地单位产值远没有想象中那么高，甚至出现一些工商企业依靠"圈地"致富的畸形发展现象。（3）城市功能不完善。因交通和居住引发的城市拥堵，因产业布局规划引发的城市污染，因高房价以及教育资源非市场化配置引发的城市定居困难等，导致城市无法实现吸纳人口定居的作用。被动城市化另一方面是人的被动，主要表现为：（1）农民被迫卷入城市。政府大量征收城市周边农村土地，导致失地农民被迫进入城市。农民以一种绝对弱者的地位被迫进城。他们缺乏充分的心理准备、财富积累、职业培训，不具备基本的城市竞争能力。这批"农转非"农民的经济、社会地位处于全面被动状态，即使经过几代人的努力也未必会有根本性的转变。"农转非"农民的被动状态被学界称为"半融入"。① （2）外来务工农民无法融入城市。他们之所以背井离乡来城市打工，主要是因为农业收入不足以维持有尊严的生活。由于农业剩余劳动力总量过大、城市产业结构不合理等诸多因素的影响，进城打工收入不高、就业岗位不稳定，使得外来务工农民无法彻底脱离农业生产。没有家乡的农业收成，光靠打工收入，他们很难过上体面的生活。此外，城市不断上涨的房价断绝了农民进城买房定居的梦想。即使农民工的打工收入在维持温饱之后还有剩余，也买不起城市商品房。四处租房、房租不断增加等生活窘境不仅不能让他们彻底抛弃农村，反而会增强他们保卫农村土地根基的决心。更何况，市民与农民之间国民待遇的差异，平添了农民工的愤懑，让农民看不到定居城市的美好前景。有学者指出，这种局面反映了"土地城市化的速度超过了人口城市化的速度"。② 农民工不能融入城市，意味着城市的建设者不能融入城市，城市建设者不能融入城市的城市建设只是土地的城市化、政府的城市化、房地产商的城市化，而非农民的城市化。与其说被动城市化是工业化推动的城市化，倒不如说是政府组织的房地产业推动的

---

① 李强：《中国城市化进程中的"半融入"与"不融入"》，《河北学刊》2011 年第 5 期。

② 蔡昉：《城市化与农民工的贡献——后危机时期中国经济增长潜力的思考》，《中国人口科学》2010 年第 1 期。

土地城市化。

改变城市的被动局面、改变人的被动局面，是主动城市化发展的目标，具体来说，就是城市内涵式发展与农业转移人口市民化的齐头并进。

二　中国主动城市化发展的理论内涵

中国城市化与西方国家城市发展进程最大的区别是，前者奠基在土地公有制上，后者立足于土地私有制。但中国城市的发展不能因为这种差异，就忽视或者不顾城市发展的基本规律。城市发展的基本规律是人类社会共同的文明遗产，中国城市发展自然要汲取西方城市发展一些成型的经验。

按照马克斯·韦伯的分析，一个理想的正当的城市必须包含两大法律因素，即市民权和城市法人性格。他说："亚洲的城市居民并没有具备类似西方古代与中古的城市市民权，亚洲的城市也没有像西方那样的法人性格。"① 通俗地讲，理想状态下的城市就是要让人成为法律上的市民，让城市成为法律上的法人。

市民权和城市法人性格是一组相互关联的概念。城市作为一个共同体，具有独立的民事主体资格，是为法人。法人的成员即市民。市民与城市不是相互对立的关系，而是法人与法人成员之间的关系。没有法人成员，城市就只有物理上的意义，有了法人成员，城市就变成了法律意义上的人。韦伯的城市观是人本主义的，不是物本主义的。所谓城市的"物本主义"是指只注重城市的物质基础设施，而忽略城市发展的主体力量，忽视城市发展的文化精神力量，忽视城市发展中上层建筑的作用。

根据上述城市发展理念，可以对中国未来城市化的两大命题进行如下理论阐释：

1. 城市内涵式发展命题的理论展开

城市内涵式发展，一般解读为城市功能和产业结构不断完善，城市辐射能力和容纳能力不断增强。这是从目标方面来理解的。从措施和手段方面看，无非是进一步健全市场体系、健全城市基础设施、健全城市区域规划，并在制度上进一步实现城市公共服务的均等化。然而，对城市内涵的

---

① ［德］马克斯·韦伯：《非正当性支配》，康乐、简惠美译，广西师范大学出版社 2011 年版，第 415 页。

这种理解依然是"物本主义"的思路。

有市场和工商业、有工人和商人、有城墙和行政官员等经济性意义和政治行政意义下的所谓城市，未必是一个真正意义上的城市共同体。① 换句话说，经济性意义和政治行政意义下的城市不是一个具有凝聚力、辐射力和容纳力的能持续发展壮大的城市共同体。城市共同体除了有人口密集居住的聚落、防御设施、市场之外，还需要有城市自己的法律、城市团体的性格以及基于这种独立主体地位形成的城市的自律性和自主性，前三者是城市共同体形成的经济、社会和政治等外部条件，后三者是城市共同体形成的内部因素。

城市内涵式发展就是要重视城市共同体内部条件的培育，即把城市培育成具有独立法人资格的主体。城市法人共同体的形成，具有两大要素：（1）城市共同体建立在社会契约的基础上。这种社会契约不是双方当事人讨价还价、各方同意履行义务这一近代意义上的契约，而是同意某种永久关系的声明，是进入某种身份的协议，即进入一种由法律规定其条件并且不能由任何一方意志所更改的关系之中的协议。它既标志着也作用于共同体的形成和该共同体法律的建立。② 某个外来人加入某个城市，要举行庄严的宣誓仪式，就是同意城市共同体契约的一种声明。（2）城市共同体关系是成员相互参与关系。城市公民之间有相互帮助和相互保卫的法律义务；城市公民通过"公众会议"颁布城市的法律、选举城市官员；城市政府的权力受到限制；城市公民的基本权利受到法律保障；城市公民不受任何非法律事先规定的义务的约束；市民或镇民能够合法地通过"租地权"或"城镇占有权"等占有形式获得土地和房屋。③ 城市成员通过自身参与，为自己立法规定权利和义务，并对城市管理人进行限制和约束。这意味着是城市成员在治理城市，而不是城市管理人以城市的名义来管制成员。

可见，城市作为一个法人团体，其成员享有城市建设、维护和发展的决策权、执行权、监督权和收益权。同时，城市成员负有忠诚和服务于城

---

① 参见〔德〕马克斯·韦伯《非正当性支配》，康乐、简惠美译，广西师范大学出版社2011 年版，第 391—412 页。

② 参见〔美〕哈罗德·J. 伯尔曼《法律与革命：西方法律传统的形成》（第一卷），贺卫方、高鸿钧、张志铭、夏勇译，法律出版社 2008 年版，第 383—384 页。

③ 同上书，第 385—390 页。

市的法律义务。把城市培育成具有独立法人资格的主体的内涵式发展，其关键是充分发挥城市成员的积极性、主动性和创造性，即在法律上建立城市成员的社会契约制度。

比照这样一种城市内涵式发展标准，被动城市化时代的中国城市只是物理上城市，不是法律意义上的城市。因为任何城市都不是享有独立的民事主体资格的法人，任何城市居民都不是享有城市法人"成员权"的市民。如果一定要说中国城市居民享有某种"成员权"的话，这种成员权也仅仅只体现为享受城市发展的收益权。比如，市民交通、医疗、子女教育等方面的城市收益只能由城市居民享受。正因为如此，中国的城市居民从一个城市迁移到另一城市，改变的只是经济待遇和社会待遇。他们在法律上没有参与城市建设的权利和义务，对城市也缺乏必要的忠诚感和荣誉感。他们只会为了"利"而在不同城市之间穿梭奔波。哪个城市提供的经济和社会待遇好，就迁移到哪个城市去。他们不是任何一个城市的成员，他们与城市之间不是成员与组织之间的关系，他们与城市之间缺乏政治归属关系。最终，中国的城市既不是市民的城市，也不是官员的城市，而只是国家的城市而已。

城市的市民与城市之间缺乏政治归属关系，城市的市民与城市之间不是成员与共同体的关系，这就意味着生活在城市的市民只是千千万万个独立的个体。他们各怀心事，永远不能把他们聚居的地方打造成一个具有竞争力、凝聚力和影响力的有特色的城市。如果城市成员没有为城市共同奋斗的精神动力，没有城市"主人翁"意识，那么城市的内涵式发展就只能停留在口号上，或者继续走向"物化"而非"人化"的方向。

中国人心里想的是如何成为经济社会福利待遇最好的"北京人"、"上海人"，想的是怎样谋得一个大城市人的资格，而不是想着如何为城市建设贡献一份自己的辛勤劳动和聪明才智。这不是说他们不会辛勤工作，恰好相反，他们每天都在辛勤工作，都在为"别人"、为"别人的城市"当牛做马，而不是为自己的城市流血流汗。绝大多数的农民工就处在这种状态中。中国城市内涵式发展亟须改变这种"异己"状况。

2. 农业人口市民化命题的理论展开

农业人口市民化，是一个听上去比较简单的"去身份"或"给身份"的运动，似乎只要去除农民工的农民身份，并给他一个城市户口就能实现一样。但事实上它远比想象的困难，因为中国城市里的身份关系十分复杂。

身份的本质是人对人的支配关系。这种支配关系在古代体现为主人对奴隶的劳动——即身体——的支配，在现代主要体现为对他人利益——劳动成果、劳动收益——的支配。变化的只是被支配的对象不同。被支配对象从"身体"到"身体的劳动"再到"实物租"最后到"货币租"。不管被支配的对象以何种形式出现，均可认定人与人之间的支配关系的存在，即身份关系的存在。在就业领域，中国社会经济的发展，已实现"从身份到契约"的转变。农民工与企业签订工作协议，按照约定交易劳动和报酬，双方的法律地位是平等的，不存在谁强迫谁的情况；企业负责投资并承担经营风险，工人负责生产经营并收取劳动报酬，双方共享收益共担风险，双方的经济地位是平等的，不存在谁支配谁的劳动收益的情况。契约里，双方是合作关系，不是身份支配关系。然而，在城市里依然存在明显的身份支配关系：（1）城市的身份关系表现为身份差异。最明显的当然是农民工与城市居民之间的身份差异，其次是城市居民之间的身份差异。比如，同样在政府部门工作的城市居民，有的是国家公务员编制、有的是比照国家公务员编制、有的是事业编制、有的是企业编制、还有的是没有编制的临时工。身份的差异最终表现在经济待遇和社会待遇方面。农民工的子女不能进入城市公办学校上学，农民工在城里打工需要办理"暂住证"，诸如此类的身份差异据说多达几十项。同样在政府部门工作的人因身份差异，在收入、福利待遇方面相差较大，甚至由于身份差异，有些人一辈子都不会有职位升迁的资格。（2）城市的身份关系还表现为身份分化。一个明显的趋势是，少数人利用权力或财富大量占有城市稀缺的住宅用地资源，间接剥夺了其他人占有住宅用地的机会。多占住宅用地的人即"房东"，他支配了其他人的"贡租"。这种"贡租"主要表现为"房屋买卖差价"和"房租"。买得起二手房的人一次性向房东支付了住宅用地的"贡租"；买不起房屋的人不断向房东支付住宅用地的"贡租"。这类似于农民向封建地主缴纳土地"贡租"。房东基于城市住宅实现对他人的支配，最后演化为一种新的身份关系。在房东和租客之间悄然发生着强者与弱者的身份分化。

中国城市的"去身份"，主要不是祛除户籍的限制，而是祛除"身份差异"和"身份分化"。祛除身份差异，对于农民工进城定居十分重要，但更重要的是去除基于住宅而产生的身份分化现象。因为身份分化必然导致弱者在经济上的不自由，导致弱者不得不依附于某个组织或个人，进而降低他们的社会竞争力，使得他们始终无法通过自身的奋斗摆脱身份差异。身份分化导致的竞争力缺乏，不仅影响农民工自身的发展，更重要的是，它将深刻地影响其后代的成长。

综上所述，无论是城市的内涵式发展还是农业人口的市民化，都把问题指向了"人的法律地位"。人究竟和城市是一种怎样的法律关系，生活、工作在城市的人能不能成为城市的成员，城市能不能因为其成员的存在而成为法人，这是中国未来城市发展不得不认真考虑的法律问题。

三　实现"人的成员化"的法律任务

人的成员化，即工作、生活在城市的人成为城市的成员，是城市内涵式发展与农业人口市民化的核心，也是中国城市化发展的重要法律命题。实现这一目标，需要从方方面面采取措施，比如消除城市对农民的身份歧视；形成城市完善的产业结构，提供稳定的多样化的就业岗位；提升城市对农村的辐射能力，带动农村经济社会发展；改革城乡土地制度，消除城乡居民自由迁徙的障碍等。其中，改革城乡土地制度是重点，而改革城乡住宅建设用地制度是成败关键。

如果城市住宅建设用地制度不改革，城市居民就不会把多余的资产配置到农村去；如果农村住宅建设用地制度不改革，农村居民就没有足够多的资产实现定居城市的梦想。只有事先创造了城乡居民自由迁徙的经济基础，才会产生城乡居民自由迁徙的良好社会效果。强制性的城乡居民迁徙由于违反经济规律，必然导致不良的社会效果。城市化是城乡联动发展的一盘大棋，而构建城乡统一的宅基地公平占有法律制度是为"人的成员化"落下的第一颗棋子。

宅基地改革需要打破现行的"城乡住宅用地二元制"。事实上，城乡住宅用地二元制正面临改革。一方面，城市国有住宅建设用地使用权制度遭遇挑战。城市建设用地使用权制度，将计划经济体制时期单一的土地划拨使用制度改革为土地出让与土地划拨双轨制，除了法定的公益性建设项目继续沿用土地划拨方式外，其他建设用地采取土地出让方式。建设用地出让制度实现了城市土地使用权的商品化，城市土地使用权交易市场应运而生。地方政府代表国家收取城市建设用地的地租，为城镇基础设施建设积累资金，加快了城镇建设步伐，推进了城镇工商业发展，特别是城镇房地产市场取得骄人成绩。据公开数据显示，全国城市人均住房使用面积从2000年不足15平方米，增长到2011年人均30多平方米，基本可以满足7亿城镇人口的居住需要。以三口之家计算，现有城市住房面积户均可达100平方米。然而，由于城市私有化住宅制度的先天不足，导致城市房价居高不下，住宅占有方面的贫富差距过大，城市住房问题逐渐演变成一个民生问题。不仅绝大多数进城农民无法实现买房定居的需求，城市中低收入阶层也背负沉重的购房包袱。城市住宅建设用地出让制度是否有利于发挥土地社会主义公有制优势，要不要启动第二轮改革等问题，已尖锐地摆在世人面前。近年来，国家加快了保障性住房建设，土地划拨或成为保障房主要供地方式。① 这似乎让人们看到了城市住宅用地制度改革的迹象。

另一方面，农村集体建设用地使用权改革正突破限制。十几年前，在城市建设用地制度由过去的无偿划拨变革为有偿出让之际，农村集体建设用地制度却"按兵不动"。至今，农村集体建设用地只能用于乡镇企业、乡（镇）村公共设施和公益事业以及农民住宅建设；农村集体所有的土地的使用权不得出让、转让或者出租用于非农业建设。② 虽然集体建设用地使用权改革探索一直在进行，但改革进展和效果却不尽如人意。2005年《广东省农村集体建设用地使用权流转管理办法》颁布，激发了全国各地集体建设用地使用权改革试点的热情。但多年之后，集体建设用地使用权流转的市场回应却没有想象中那么积极。有人分析其主要原因包括用地主体担心会有法律风险，农民集体内部决策机制无法正常运转，配套制度规定缺乏，登记备案困难，地方政府积极性不高，等等。③ 其实，关键原因

① 住房和城乡建设部政策研究中心住宅与房地产研究处处长、研究员赵路兴说："廉租房用地靠划拨，公租房建设工程比较大的城市，也是大量采用划拨的形式，因为只有划拨，建房的成本才会下来，租金才能明显低于市场租金，才能实现其意义。"王涛：《保障房土地供应提速》，http：//dz. jjckb. cn/www/pages/webpage2009/html/2011 – 01/14/content_ 21748. htm? div = – 1。

② 《中华人民共和国土地管理法》第43条、第63条。

③ 参见金励、梁彤《集体建设用地使用权流转绩效之探索——以广东省改革实践为视角》，《理论月刊》2011年第10期。

还是试点改革有关规定并未真正实现集体与国有建设使用权的"同权"。比如，相关改革试点政策规定集体建设用地不得用于商品房开发和住宅建设，为集体建设用地设置了禁入门槛。禁止进入的这个行业恰好是能产生高额利润的行业，这不由人不怀疑改革试点的诚意。这也直接导致中国物权法立法在集体建设用地使用权方面步履维艰。《物权法》起草过程中，中国社会科学院、中国人民大学、武汉大学分别拟订的三个物权法学者建议稿中，都是"清一色"的统一城乡建设用地使用权的思路，但立法机关最后还是以时机不成熟为由，宣布"集体所有的土地作为建设用地的，应当按照土地管理法等法律规定办理。"① 2008 年，农村集体建设用地可用于非公益性项目开发，成为推进农村改革发展的一项重大改革决定。《中共中央关于推进农村改革发展若干重大问题的决定》提出："在土地利用规划确定的城镇建设用地范围外，经批准占用农村集体土地建设非公益性项目，允许农民依法通过多种方式参与开发经营并保障农民合法权益。"有学者认为这是赋予农民集体对土地进行商业开发或参与商业性开发权利，并认为中央在改革农村土地制度的部署中，最根本的改革内容是赋予农民集体进行商业化开发土地的权利。② 按照中央精神，经批准，可以占用农村集体土地建设非公益性项目。"非公益性项目"应当包括商品房开发项目，农民也可以成为开发经营土地的参与主体。然而，在全国各地迟迟没有看到农村集体经批准开发商品房的场景，只看到农村集体建造的商品房因未经批准而沦为"小产权房"。与此同时，地方政府却在加紧征收农村土地，通过出让给开发商开发商品房以获取高额的土地财政收入。农村集体商业化开发农村建设用地的"违法"之举，与地方政府征收农村集体土地积聚土地财政的冲动，似乎都到了难以遏制的地步。"小产权房"到底怎么处理，集体住宅建设用地使用权制度究竟怎么改，已成为不得不妥善解决的现实问题。

因此，实现"人的成员化"的关键任务是如何构建城乡统一的住宅用地制度。

---

① 《中华人民共和国物权法》第 151 条。

② 高富平：《推进农村建设用地改革，实现农村自主发展——城乡一体化背景下的农村土地制度改革思考》，载中国（海南）改革发展研究院《"十二五"：城乡一体化趋势与挑战》，中国长安出版社 2010 年版，第 229 页。

第二节　城乡宅基地改革方向："同地同权"下的宅基地公平占有权

时下，集体建设用地使用权正在改革试点，但学界对于集体建设用地与国有建设用地不能完全实现"同地同权"颇有微词，希望改革试点能尽快实现集体建设用地与国有建设用地的"对接"，完成"同地同权同价"目标。

问题是，"同权"方向是让集体住宅建设用地法律向国有建设用地法律看齐还是相反，或者将二者全部打乱，重新构建统一的住宅建设用地法律，学界尚缺乏明确的主张。高富平指出，同地同权是在肯定土地分类管制和利用管制前提下，赋予农村土地具有与城市土地相同私法性质，具有三个要点：（1）同地同权仅针对农村建设用地；（2）同地同权必然蕴含着农村建设用地使用权的财产化或者去身份化改革；（3）同地同权土地改革的核心是农村土地的商业化、市场化。①他所讲的"同权"改革方向是集体建设用地立法向国有建设用地法律看齐，重点是集体建设用地的改革，而不是国有建设用地的改革。

然而，笔者认为，统一城乡住宅建设用地改革的方向应该是两方面的改革，既有集体住宅建设用地的改革，也有国有住宅建设用地的改革。其中城市国有住宅建设用地向集体住宅建设用地方向靠拢是重点，即实现城市住宅用地的公平占有。

所谓宅基地公平占有是指每个公民均有权对国家所有的土地享有以满足居住需要为目的的占有权。我国城市土地属于国家所有，即全民所有。全民所有的土地理应满足全民的使用需要。对于居住在城市的居民而言，每个定居城市的居民无论是城镇户籍还是农村户籍均有权公平占有城市宅基地。宅基地是生存必须之地，唯有公平占有才能确保每个公民的生存之地，唯有确保每个公民公平占有宅基地的权利才能充分体现土地的国家所有权性质。因此，城乡宅基地改革的方向是在"同地同权"的道路上新

---

① 参见高富平《推进农村建设用地改革，实现农村自主发展——城乡一体化背景下的农村土地制度改革思考》，载中国（海南）改革发展研究院《"十二五"：城乡一体化趋势与挑战》，中国长安出版社 2010 年版，第 226—229 页。

建城市宅基地的公平占有权。

（一）现有城市住宅建设用地制度不能充分体现土地社会主义公有制的精神和国家土地所有权的内涵，需要进一步加强对城市住宅建设用地的约束

李开国认为城市建设用地使用权制度在对旧的以"无偿、无期"为特征的行政划拨土地使用制进行改革时，忘记了社会主义全民所有制的精神，没有正确理解以社会主义全民所有制为基础的国家所有权的性质及其真正内涵。[①] 这在城市住宅建设用地出让制度上体现得更为明显。中国国家土地所有权的法律性质是全民所有，[②] 全民所有即全体人民共同所有。全体人民是国家所有财产的享有者，利用国家所有财产须造福于全体人民。国家代表人民行使国家所有的财产所有权时，只能遵照最广大人民群众的意志、维护最广大人民群众的利益。

居住是人类最基本的生活需要，为公民提供居住用地是主权国家应尽的义务。土地的社会主义公有制为国家满足全民居住用地需要提供了坚实的制度保障。在中国，人人享有一块居住用地、家家享有一处居住用房，不存在任何政治制度和基本经济制度上的障碍。为实现国家土地所有权的全民性质，住宅建设用地制度的价值追求只能是全民居住利益。所谓"全民居住利益"是指国家在主权范围内的土地上为全民提供适宜居住的土地。"适宜居住的土地"是指在一定社会物质条件下国家提供的能基本满足有尊严的居住生活需要的住宅用地，其面积大小受限于国土面积和人口数量。

现行住宅建设用地使用权出让制度，不利于实现全民居住利益。部分人的宜居住宅利益已实现，但低收入阶层的宜居住宅利益得不到满足。更严重的是，一部分人因购买多套住宅、多幢住房而多占了别人的"份地"。为满足"无房户"的居住需要，国家必然要继续增加住宅建设用地的供应，而住宅建设用地的增加必然导致耕地面积的减少，最终，多占住宅建设用地的人多占了耕地。

现有城市住宅建设用地制度不能满足多数城市居民的宜居利益，这从

---

① 李开国：《我国城市建设用地使用权的完善》，《现代法学》2006 年第 2 期。

② 参见《中华人民共和国宪法》第 6 条，《中华人民共和国民法通则》第 73 条，《中华人民共和国土地管理法》第 2 条，《中华人民共和国物权法》第 45 条。

住宅建设用地使用权的法律规则上可略见一斑。（1）住宅建设用地出让制度片面强调住宅用地的市场配置，忽略了住宅用地的社会属性。住宅建设用地出让制度是市场配置和自由竞争思想的体现，它不能准确反映土地所有权内含的私益性和公益性。土地所有权的私益性与公益性，存在于一切类型的土地所有权制度中，无论实行土地的公有制的国家，还是实行土地私有制的国家，由法律确认的土地所有权都具有私益性与公益性两项特征。① 住宅用地的私益性体现为每个单个的社会成员都要有一块安身立命的土地，住宅用地的公益性表现为确保大多数社会成员居住生活品质的提升。但是，住宅建设用地出让制度不是按照人人有份的"大同理想"构建的，它最终只能满足有钱人的私益、提升有钱人的居住生活品质。这在任何国家或地区都是难以长久的。瑞典、芬兰、以色列等国为满足全民的居住需要，在土地私有制背景下，以公地租赁方式推进住房建设。② 芬兰的住宅用地租金远低于工业用地租金。③ 英国长期的公共住房建设，中国香港政府为近一半居民修建公共住房等事实，都说明土地私有制国家或地区在统筹考虑住宅用地的私益与公益。土地公有制国家应当更加全面地统筹兼顾住宅用地的私益与公益。土地公有制下的城市土地国家所有权必然包含住宅用地公平占有的内涵。（2）住宅建设用地70年使用权出让的"批租制"，剥夺了穷人享有宜居住宅用地的资格。每一个购买商品房的人需要为全民所有的土地一次性支付一笔长达70年的地租，这本身就有悖于土地社会主义公有制的初衷。土地全民所有和土地国家所有权意味着每个公民都有权享有一份居住用地，但现在需要一次性支付70年的地租才能得到这份居住用地，这必然将无力负担的人群排斥在外，从而使全民所有的住宅用地在分配和占有上出现不公。（3）住宅建设用地使用权的出让和流转，增加了购买住宅自住家庭的地租负担。从国家出让，到房地产开发商转让，再到住宅业主转让，每一次转让过程都是一次"地租"

---

① 梁慧星、陈华彬：《物权法》，法律出版社2003年版，第138页。

② 参见［美］史蒂文·C.布拉萨《公有土地租赁制度——国际经验》，康宇雄译，商务印书馆2007年版。

③ 通过协商制定的住房土地租赁合同，租金为"适度土地价值"的4%。"适度土地价值"大概低于市场价值5%—10%。商业和工业目的土地合同租金通常为市场价值的5%（Helsingin Kaupunki，1994）。转引自［美］史蒂文·C.布拉萨《公有土地租赁制度——国际经验》，康宇雄译，商务印书馆2007年版，第80页。

的加价。在国家地租之外,产生了私人间的地租剥削。这种地租剥削是土地社会主义公有制所忌讳的。中国之所以要用土地的全民所有制代替土地私有制,目的就是要克服土地的私人垄断所造成的种种社会弊端,大大改善租地者的经济法律地位,让政府取代土地私有者的地位绝不是土地全民所有制的内涵。[①]　如果住宅建设用地出让制度让政府成为土地私有主,让前一次购买住房的人成为小土地私有主,那么,最后购买住房的人必然要负担过于沉重的地租,而这种地租负担本来是不该由全民所有制下的家庭来承担的。最后承担住宅土地地租的一些工薪阶层以"房奴"自嘲,因为他要用毕生的收入去偿还房屋贷款,并且还有许多人因无力成为"房奴"而耿耿于怀。如果不控制这种住宅建设用地上的地租负担,用不了多久,这种层层递增的地租就会演变为"社会一部分人在这里向另一部分人要求一种贡物,作为在地球上居住的权利的代价",演变为"剥削生命维持和发展的权利"[②]。这当然不是土地社会主义公有制国家希望看到的结局,即使土地私有制国家也在尽力避免这种悲剧。当城市工薪阶层和低收入者的人生梦想就是拥有一套饱含土地地租的住房,并为此奉献了生命维持和发展权利,社会的活力和人的创造力必然受到极大的压抑,更不用说什么"人的自由而全面的发展"了。城市住宅建设用地使用权出让制度,因其让普通民众承担过重的土地地租负担而背离了土地公有制性质。

(二)农村住宅建设用地制度充分实现了土地公有制下集体土地所有权的分配正义,对于保障安居具有启发意义

农村村民一户只能拥有一处法定面积的宅基地,并且农户取得宅基地是无偿的,即由集体无偿划拨给农户一块宅基地,以满足农户建造住宅的需要。同时,为确保农民不因贫困而流离失所,法律还禁止农村宅基地使用权自由转让。与商品化的城市住宅建设用地使用权相比,宅基地使用权的非商品属性似乎损害了农民的住宅财产利益,因而学者不断呼吁宅基地使用权上市交易,以实现农村宅基地的商品属性。[③]　这种让农村宅基地法

---

① 李开国:《我国城市建设用地使用权的完善》,《现代法学》2006 年第 2 期。

② 马克思:《资本论》(第 3 卷),中共中央马克思、恩格斯、列宁、斯大林著作编译局译,人民出版社 1975 年版,第 903—904 页。

③ 韩松:《新农村建设中土地流转的现实问题及其对策》,《中国法学》2012 年第 1 期。

律向城市住宅建设用地使用权看齐的主张不足取。城市住宅建设用地使用权的商品化带来了诸多社会问题，它无论如何不能成为农村住宅建设用地制度改革的榜样。实践证明，现有农村宅基地使用权发挥了土地社会主义公有制的优势，它解决了耕者的居住问题。在中国农村既没有高房价的困扰，也没有"房奴"的忧虑。稳定的宅基地和稳定的承包地共同构筑了中国农村社会秩序稳定的基础。试想，如果农民要利用耕种土地的收入来购买商品房，那会是怎样一番景象。虽然一些偏远农村地区的农房还较为破败，配套设施还不尽齐全，住房便利程度还比不上城市商品房，但也基本能满足农业生产、生活需要。农村宅基地的统一分配制度确保了农村居民"居者有其屋"，使得中国农村不管在怎样的经济形势下都能维持相对的稳定局面。因而，从满足基本居住生活需要角度考察，城市住宅用地法律制度应向农村宅基地法律学习。

（三）现有的集体建设用地改革试点不利于维护农民的土地发展利益，迫切需要改革农村住宅建设用地制度

集体建设用地使用权改革试点中，集体既可以自主开发利用土地，也可以流转土地，只不过，不管自主开发还是流转，集体建设用地都不能用于商品房开发和住宅建设。禁止集体建设用地开发商品房，抑制了集体商业化开发土地的动力。实践中，集体建设用地使用权主要通过出让、出租等方式流转，集体建设用地使用权"同权"改革最终仅仅是集体建设用地直接上市。

然而，集体建设用地直接上市不宜成为集体土地改革的主要方向。

其一，集体建设用地直接入市是准私有化。"集体建设用地的直接入市就是在符合规划和建设用地指标控制的条件下，把本来由国家征收为国有土地再出让给建设用地人的土地直接由集体出让，省去国家征收这个环节。"[①] 可见，集体建设用地直接入市，实质上就是把土地出让金从地方政府手中转移到农村集体手中。土地出让金由地方政府代表国家收取，并依法将其用于城乡建设，多少带有一些公益色彩。但集体收取土地出让金，土地的私有性质就相当明显了，因为只有集体成员才有资格分享这笔土地收益。农村土地出让收益归农村集体小团体私有，并不是土地社会主义公有制的追求。即使要求集体缴纳一定的土地流转税金，也不能从根本

---

① 韩松：《新农村建设中土地流转的现实问题及其对策》，《中国法学》2012 年第 1 期。

上克服农村集体之间因土地出让收益多寡而产生的苦乐不均。小部分农民因集体出让土地而致富,大部分农民因集体土地使用权"流拍"或出让金过低而无法致富,甚至还可能因低价出让土地导致农村集体自身失去发展空间。因此,集体建设用地直接入市这种"小团体"的准私有化土地改革,不应成为集体建设用地制度改革的标准样本。

其二,不彻底的"同权"改革会导致农民和农村集体土地利益的大规模流失。农村集体为了让上市流转的集体建设用地使用权获得更好的出让价,往往会打一些住宅开发的"擦边球"。例如,在一则集体建设用地使用权拍卖转让公告中,虽然明确"该宗用地属集体建设用地,故此不得用作经营性房地产开发建设",但同时又标明该地块的用地性质为商业、住宅及文化娱乐,并对该地块的文化娱乐用地和商住用地分别规定了使用强度。① 把地块的住宅开发与商业、文化娱乐组合在一起,可提高该地块的出让价。农村集体为避免集体土地"低价出让"而想出来的这种并不规范的应对之策,说明集体建设用地使用权"同权"改革不彻底。集体建设用地不能用于商品房开发,只能以非住宅用地的方式上市交易,这种不彻底的"同权"改革会导致农民和农村集体土地利益的大规模流失。(1) 从短期利益看,土地流转不比土地征收更有利于保护农民利益。政府征收农民土地后,除了依法支付土地补偿金和各种补偿费后,还会给农民一份社会保障,给农民一个就业、培训的承诺,甚至还要在将来为失地农民的生存发展设计各种救济和保障制度。而平等、自愿的土地使用权流转,是市场的自由配置,农民需要按照市场法则承担土地流转的全部风险。表面上,农民流转土地后得到的现金可能会多于土地征收补偿金和补助金,但总体上,农民收益未必高于土地征收。通货会膨胀,而无偿取得的能长期使用的农村土地使用权的价值不会贬值,正因为如此,才有许多人鼓吹农村土地使用权的上市交易,以便满足有钱人置地保值或套取土地增值利益的理财愿望。(2) 从长期利益看,土地流转侵占了农民的发展机会。集体建设用地使用权的流转最终要斩断集体成员与集体土地之间的直接联系,使土地使用权可以成为任何人都有资格取得的权利,而农民集

① 参见《集体建设用地使用权拍卖转让公告》,http://www.landgd.com/DesktopModule/BizframeExtendMdl/workList/bulWorkView.aspx?wmguid = 20aae8dc – 4a0c – 4af5 – aedf – cc153eb6efdf&recorderguid = 31781ad1 – b3b0 – 4c36 – bac6 – 6337a24e6d0c&oc = 0。

体所有权仅体现为分享出让土地使用权的收益。^① 这种局面实际上等于间接剥夺了农民的自主发展机会。农村集体建设用地"同权"改革应当革掉现行法限制农民和农村集体商业化利用土地的弊端，而不应该是农村土地使用权的"易主"。农村土地使用权的"易主"，等于革掉了农民的命根子。让农村集体享有商业化开发土地的同等权利，是对农民的放权让利，而只允许农村集体的土地上市交易，不允许农村集体享有自主开发农村土地的权利，实际上是对农民发展权利的剥夺。

农村集体建设用地制度一定要改革，关键是怎么改，是朝着维护农民利益、壮大农村集体经济的方向改，还是沿着驱逐农民、资本入主农村的方向改，答案应当是不言自明的。农村建设用地制度改革的政策和制度创新始终要围绕维护农民利益、壮大农村集体经济的大方向。让农民和农村集体对农村土地的直接占有支配权，变为股权，而由外来出资人直接占有、使用和支配农村土地，这种让农民失去土地利用自主权的改革偏离了农村土地改革的方向，是对农民和农村集体商业化开发利用土地能力的不信任，是对农民和农村集体持续享有农村土地商业化开发利益的间接剥夺，是资本驱逐农民。

第三节 宅基地公平占有权的制度基础

构建城乡统一住宅法律就是要让城市住宅用地制度更多地体现土地公有制，实现城市住宅用地的公平占有，要让农村住宅用地制度更多地维护农民和农村集体的土地利益。换言之，城市的住宅用地制度要强化管制，农村的住宅用地制度要放松管制。确保城乡宅基地的公平占有需要改革现有的城乡住宅用地制度，为宅基地公平占有奠定制度基础。

（一）城市住宅建设用地出让制变为划拨制

为了还城市居民一份健康的工作心态，从而还整个社会一个健康的财富观念，有必要让城市住宅建设用地使用制度回归到划拨制度，即赋予每

---

① 参见高富平《推进农村建设用地改革，实现农村自主发展——城乡一体化背景下的农村土地制度改革思考》，载中国（海南）改革发展研究院《"十二五"：城乡一体化趋势与挑战》，中国长安出版社 2010 年版，第 229 页。

个城市居民无偿享有一份宅基地使用权的资格。确保每个城市居民享有一块宅基地和一处住房，是农业转移人口和城市居民实现"人的成员化"的重要基础。要想成为城市大家庭中的一位成员，不能总像"客人"一样租住在城市中别人的住房里。每位城市成员都享有一份宅基地和住宅，是城市法人"成员权"的基本要求，也是城市土地国家所有权的具体表现。

复制农村宅基地使用权制度，将城市住宅建设用地出让制度改为划拨制度，能有效解决城市居民居住问题。为克服农村宅基地使用中非集约利用的弊端，城市住宅用地划拨应坚持走节约集约的道路。具体而言，国家应将成块的住宅建设用地采取招投标方式交给住宅开发商，在限定的住宅建筑面积和住宅套数内，开发商围绕住房价格、绿化、配套设施等内容展开竞争。同等质量下，价低者得。这样可继续发挥集中开发住宅的集约效益，确保城市合理的规划布局，也能促进住宅房地产行业的健康发展。购买此类商品房的城市居民应持有宅基地"份地"指标。法律可以直接规定人均占地面积数，也可以间接规定人均住宅建设面积数。比如规定人均占地面积为 10 平方米，或者规定人均住宅建设面积为 50 平方米。

城市住宅建设用地采用划拨制度，需要解决的关键问题是划拨土地从哪里来。一是来源于国家依法收回的建设用地和储备土地，二是来源于农村集体整理出来的存量建设用地，三是来源于城市"一户多宅"家庭转让和腾退的土地。依法收回的国有建设用地和储备土地用于城市住宅划拨土地已经在保障性安居工程建设管理政策中得到体现。① 后文将详细讨论以另外两种方式获取城市住宅划拨用地的方法。

（二）农村住宅建设用地划拨制变为双轨制

目前，中国农村住宅建设用地采取的是划拨制。在坚持为农户划拨宅基地的基础上，可以引入出让制，即在农村存量宅基地上，可以允许农民通过宅基地整理等方式，腾出一部分存量宅基地，用于住宅建设用地的出让。

有人担心，农村土地商业化开发，可能会导致土地利用失控，大量农业用地转用于建设，会导致耕地减少。这也是集体建设用地制度改革试点

---

① 参见《关于保障性安居工程建设和管理的指导意见》（国办发 [2011] 45 号）。

禁止农村集体建设用地用于商品房开发和住宅建设的主要理由。但这种说法缺乏事实依据。真正导致耕地大量流失的原因是城市商品房开发和住宅建设。城市房地产业的暴利，诱使地方政府大量征收农村土地，并通过出让商品房建设用地使用权获取高额垄断出让金。一些地方政府的土地出让金已经占到财政收入的大头，形成所谓的"土地财政"。为了获得大量的土地出让收入，政府势必不断征收农村土地，不断蚕食耕地。禁止农村集体建设用地开发商品房的真正目的是为了维护地方政府的"土地财政"。"在地方财政收入约一半左右为土地出让收入的现实状态下，面对刚性的财政支出，如果允许集体土地用于商品房地产开发建设和住宅建设，政府的财政收入将大大减少，从而面临入不敷出的困境。"① 阻止集体建设用地流向商业性房地产，正是考虑了地方政府的这一现实困难。所以，开禁集体建设用地的建设范围和建设项目，不是"能不能"的问题，而是"想不想"的问题。政府作为耕地保护者要限制自己占用耕地，比较困难，但要限制农村集体占用耕地，却相对容易。因而，开禁农村存量宅基地的商业化开发，基本不会发生耕地流失问题，即使出现了部分流失现象也不会比现在的情况更严重。

有人说，降低房价、解决城市人的住房问题，不能成为集体建设用地进入房地产开发领域的理由。② 的确，单单让集体建设用地进入房地产开发领域，不足以降低城市房价、也不足以解决城市人的住房问题。然而，集体建设用地进入房地产开发领域具有特殊的意义和价值。（1）在当前高房价的形势下，可以迅速增加城市郊区农民的收入。农民在集体建设用地上自主开发商品房，可"一举三得"，既能把地方政府收取的商品房土地出让金和房地产商赚取的商品房利润全部收入囊中，又可在第一时间拿到自己劳动的工资。农民需要做的只是从遥远的城市商品房建设工地回到农村的工地，农民完全有能力、有技术独立自主地修建好商品房。（2）在世界金融和经济危机的紧要关头，可以促使地方政府转变经济增长方式，大力发展战略性新兴产业。集体建设用地进入商品房市场，必然大幅降低政府的土地财政收入，逼迫地方政府集中精力改革现有的依靠土地资源投

---

① 吴建瓴、蒋青：《同地同权同价之前提条件分析及实现路径》，《经济体制改革》2008 年第 6 期。

② 韩松：《集体建设用地市场配置的法律问题研究》，《中国法学》2008 年第 3 期。

入发展经济的模式,让城市经济变得更有竞争力、创造力和影响力。短期内,地方政府要过更加精打细算的日子,但长远看,地方政府从土地财政转向科技创新财政、文化创新财政等新经济,于国于民,都是一种最优选择。(3) 集体建设用地商品房建设的"财富效应",将会带动远郊农村旅游、度假、居住、消费的一体化发展,使农村逐步摆脱贫穷落后面貌。城市的住宅用地只能为城市居民修建人均面积限定的普通商品房,不能再建高档商品房,富人要住别墅就得到远郊农村去。富人移居远郊农村,会刺激农村消费,进而带动农村公共事业的发展,比如,医院、学校等公益事业就会因大量富人的到来而迅速发展起来。农民在此过程中既能赚取销售别墅的利润、维护别墅的收费,还能分享公益事业发展带来的各种利益。在远郊农村修建高档商品房,可以吸引先富裕起来的人群,这些先富起来的人来了之后,他们的消费就会带动农村居民后富起来。

农村集体住宅划拨用地用于农村村民和"农转非"家庭的住宅建设;出让土地用于修建高档商品房。双轨制下的农村住宅建设用地主要来自农民存量宅基地的整理。农村人口城市化需要占用大量住宅建设用地,这些划拨土地不需要通过征收农村土地后再划拨出来,只要盘活农村存量建设用地,从农民节约出来的存量建设用地中划出一部分,就可解决进城农民的住宅用地问题,也就是说,城市新增的住宅建设用地来源于农民存量建设用地。存量宅基地整理出来的土地,既不占用耕地,也不挤占城市存量建设用地。农民宅基地整理得到的住宅建设用地,一部分划拨给留在农村的农民建住宅,一部分划拨给进城农民建住宅,还有一部分可用于农村高档商品房建设。用于农村高档商品房建设的这部分住宅用地采取出让方式,由农村集体出让高档商品房建设用地,收取土地出让金。农村高档商品房建设用地的受让人限于农村集体企业或农村集体为控股股东的企业,以确保农村高档商品房开发利益留在农村、留给农民。购买农村高档商品房的富裕人群需要依法缴纳房产税,作为多占住宅用地的法定"对价"。

(三) 城市"一户多宅"向农村"一户一宅"看齐

为确保城市住宅用地划拨制和农村住宅用地双轨制的实现,还需要解决城市"一户多宅"问题。目前,城市家庭占有城市住宅用地数量不受法律限制。一些城市的"限购"政策规定已有一套住房的家庭只允许再购买一套住房，已有 2 套住房的家庭暂停其购买住房的资格。① 这些"限购"政策增加了房东继续囤积商品房的难度，把城市"一户多宅"现状摆上了"台面"，但它毕竟不是限制城市家庭拥有城市住宅建设用地的数量和面积，不是针对城市家庭多占住宅用地问题的。城市住宅用地数量和面积不受限制的敞开供应是城市房价居高不下的深层次原因之一，必须改变。

改革的基本思路是让城市的"一户多宅"变为"一户一宅"。所谓"一户一宅"，是指一个家庭只能拥有一块住宅用地或者面积不超过法定标准的多块住宅用地。假设法律规定每户住宅占地面积不超过 30 平方米，那么，每户家庭在不超过 30 平方米占地面积的前提下，可以拥有一套大的住房或者几套小的住房。

在我国城市实行"一户一宅"的立法理由至少有四点。第一，这是宪法"法律面前人人平等"原则在公民居住条件上的要求。住宅用地是用来满足人们基本居住需求的，人人享有一份住宅用地是公民的基本人权。无论土地公有制国家还是土地私有制国家，都会把人人享有一份住宅用地和一处住房作为基本的民生事业来做。法律在规定住宅用地的供给时，应当明确人人有份、一户一份的原则。在我国农村，村民一户只能拥有一处宅基地，但城市居民却不受"一户一宅"的限制。显然，在住宅用地法律面前，城市居民与农村居民不平等、城市富人与穷人不平等。名义上，农村村民和城市穷人也有购买城市住宅的资格，但事实上，由于购买力的不足，绝大多数农村村民和城市平民无法与富人竞买城市商品住宅。城市平民获得城市住宅用地的资格在商品房市场自由配置的旗号下事实上被剥夺了。住宅用地法律制度在土地社会主义公有制国家应当首先满足每个公民的居住用地需求，城市居民在住宅用地法律制度面前的人人平等应首先从城市"一户一宅"开始。

第二，这是限制城市无限扩张、保护耕地的现实需要。我国耕地保护任务任重道远，如果不在城市实行"一户一宅"，多占城市住宅用地的家庭不腾退过量住宅，国家为解决城市无房户的居住问题，必然要继续征收农村土地。即使再严格的耕地保护制度也难以确保耕地面积不减少、耕地

---

① 参见《北京市人民政府办公厅关于贯彻落实国务院办公厅文件精神进一步加强本市房地产市场调控工作的通知》（京政办发［2011］8 号）。

质量不降低，因为在城市"一户多宅"制度下，农村人口市民化的住宅
用地需求和城市住宅的投资需求，必然在市场和资本的带领下走上不断吞
噬农村土地的道路。城市"一户一宅"制可以斩断城市住宅的投资需求、
限制城市扩张，进而控制耕地的流失。

第三，这是广大人民群众的愿望。在我国，有钱人毕竟是少数，大量
囤积住宅、大量占用住宅用地的人就更少了。在这个意义上，城市"一
户多宅"只满足了少部分人囤积居奇的投机需求。少数人大量囤积住宅
的现象也诱使富足的工薪阶层加入"炒房"行列。一方面使得大量社会
财富沉淀在城市房产上，不利于城市实体经济的发展和壮大，不利于就业
机会的增加；另一方面进一步加大了住宅用地与居住需求之间的矛盾，使
普通工薪阶层和大量低收入阶层的居住问题演变为突出的社会矛盾。广大
人民群众的愿望只是想在城市里有一块立足之地、有一处栖身之所，并希
望有钱人投资实业，提供更多的就业机会。城市实行"一户一宅"制，
既能满足广大人民群众的宜居生活需求，又能将房产上的巨额资金驱赶出
来，为提供更多的就业岗位创造条件。

第四，这是实现"人的成员化"的首要物质基础。无论城市居民还
是农业转移人口，要真正成为城市法人的成员，首先需要一块安身立命之
地。但城市的宅基地不可能无限敞开供应，要确保每个城市居民的居住用
地，唯有限制每个家庭的居住占地数量。城市"一户一宅"的含义是给
每个城市居民一块安身立命之地，给每个城市居民划拨一块宅基地。当
然，这里的"一块宅基地"未必表现为一幢"独栋"的别墅下的宅基地，
它可以是更加节约用地的高层建筑中一套房屋被平均分摊到的宅基地。城
市"一户一宅"，是城市居民作为城市成员捍卫城市共同体最起码的身份
象征。宅基地是城市居民的"身份证"，不是"储钱罐"。城市富裕阶层
储存的宅基地越多，低收入阶层立足城市的机会就越小。要实现城市居民
的成员化，需要控制城市居民的宅基地财产收入，或者说，不鼓励居民持
有多余的宅基地财产。城市需要鼓励居民持有货币性财产，如现金、股
票、债权等财产，鼓励居民积极参与城市实业投资，而不是房地产投资。
要实现这一目标，唯有在城市实行"一户一宅"。

城市"一户一宅"制面临的最大困难是，除了市场交易之外，"一户
多宅"家庭如何退出多占住房。实施城市"一户一宅"制度和城市住宅
建设用地划拨制度后，"一户多宅"家庭可能会因市场无人购买而面临无

法退出多占住房的问题。政府回购多余住房的方案不足取，它会使政府背上沉重的财政负担。应采取征收加出售的办法，即政府征收超过法律规定的多余住房，并按照征收成本价向无房户出售。政府征收多余住宅，是为了满足居住面积不达标家庭的基本居住需求，确保人人住有其屋，维护土地社会主义公有制，因而可以动用公权力征收多占住宅用地家庭的住房。政府将征收来的住宅按照成本价，面向无房户或住宅用地面积不达标的家庭出售，并根据情况对购买这些住房的人减免、部分减免土地出让金，或者让买房人以年租形式支付土地出让金。

当然，考虑到清理城市"一户多宅"的现实困难，可采取妥协政策。其基本思路是，超过法定宅基地面积的第 4 套以上住房一律征收；3 套以内的多余住宅可根据业主意愿自主选择被征收或者保留，但保留的超过法定住宅面积的住宅应依法缴纳高额的房产税；因继承而形成的超法定住宅面积应征收高额遗产税。政府征收来的房产税和房屋遗产税主要用来为无房户修建公共住房。

实施城市"一户一宅"制，对城市"一户多宅"家庭带来的最大的"不利益"是，他不能再通过囤积炒卖房屋获取超额利润，他失去了轮流居住多处住宅的惬意享受。但是，与"一户一宅"带给更多家庭的幸福相比，与"一户一宅"带给整个社会安定和谐的秩序相比，这些所谓的损失又算得了什么呢？更何况，城市"一户一宅"，并不完全消灭富人高品质的居住需求，有钱人还可以到乡下购买专门为他们准备的高档商品房。

城市"一户一宅"改革，还会遭遇"反市场经济"的批判。不是农村"一户一宅"制变为"一户多宅"制，而是城市"一户多宅"变为"一户一宅"，这或许会让不少人感觉是在走"回头路"。的确是要回到过去，但不是回归计划经济，而是回归社会主义市场经济，回归土地社会主义公有制。住宅用地本不该成为商品，更不该成为普通商品。住宅用地不是可以不断再生出来的商品，它是不可再生的稀缺的自然资源，它走向市场必然要有严格的控制。只有在确保人人都有一份住宅用地之后，才有可能满足有钱人多占住宅用地、改善居住条件、追求奢华居住品位的愿望。而现实是，有钱人多占住宅用地的愿望满足了，大部分人得到一份住宅用地的梦想落空了。因而，改革不是反市场，只是回到法治的市场、公平的市场。任何法治的、现代的、文明的市场经济都不会允许有钱人自由地多占住宅用地。即使现代土地私有制国家，也会在富人多占住宅用地的同时，极力地满足全民的居住需求。当土地私有制国家大力修建公共住房时，没有人会指责这个行为反市场，那么，土地社会主义公有制国家首先满足全民居民需求的行为又怎么会成为反市场的行径呢！本质上，城市"一户一宅"，旨在纠正城市住宅用地市场化的偏差，旨在克服城市住宅用地市场配置的失灵。

城市居民在城市只能"一户一宅"，这种居住制度会不会导致富人纷纷移居国外呢？这种担心是多余的，因为国家干预住宅问题基本上是各国法律的通例，很少有资本能在一个国家形成一种仅仅依靠投资住宅就可获取高额利润的产业。打造住宅房地产投资产业以留住富人的财富无异于"饮鸩止渴"。鼓励富人将财富投资于公司，不断创造就业岗位，才能实现经济的可持续发展和社会的和谐。

综上所述，取消城市住宅用地地租负担、建立城市住宅用地划拨制度是土地社会主义公有制的必然要求。禁止城市一户多宅是建立城市住宅建设用地划拨制度的保障。允许农民利用存量宅基地修建高档商品房是反哺农民的手段。课征农村高档商品房的房产税是遏制多占住宅建设用地面积的需要。运用法律手段调整城乡土地利益关系，防止城市土地高额级差地租利益的争夺演化为大规模的社会冲突，是建立宅基地公平占有权利的初衷。

参考文献

著　作

1. 贺雪峰：《地权的逻辑Ⅱ：地权变革的真相与谬误》，东方出版社 2013
   年版。

2. 高富平：《土地使用权和用益物权——我国不动产物权体系研究》，法
   律出版社 2001 年版，第 450 页。

3. 王卫国：《中国土地权利研究》，中国政法大学出版社 2003 年版。

4. 陈健：《中国土地使用权制度》，机械工业出版社 2003 年版。

5. 刘俊、杨惠、白庆兰等：《地票的制度基础与法律性质》，法律出版社
   2012 年版。

6. 夏勇主编：《走向权利的时代——中国公民权利发展研究》（修订版），
   社会科学文献出版社 2007 年版。

7. ［美］罗斯科·庞德：《法理学》（第三卷），廖德宇译，法律出版社
   2007 年版。

8. ［美］罗斯科·庞德：《法理学》（第四卷），王保民、王玉译，法律
   出版社 2007 年版。

9. ［意］布鲁诺·莱奥尼等：《自由与法律》，秋风译，吉林人民出版社
   2011 年版。

10. ［美］本杰明·内森·卡多佐：《法律的生长》，刘培峰、刘骁军译，
    贵州人民出版社 2003 年版。

11. ［英］弗里德利希·冯·哈耶克：《法律、立法与自由》，邓正来、张
    守东、李静冰译，中国大百科全书出版社 2000 年版。

12. 孙笑侠等：《先行法治化："法治浙江"三十年回顾与未来展望》，浙
    江大学出版社 2009 年版。

13. 刘杨：《法律正当性观念的转变——以近代西方两大法学派为中心的

研究》，北京大学出版社 2008 年版。

14. 蒋省三、刘守英、李青：《中国土地政策改革：政策演进与地方实施》，上海三联书店 2010 年版。

15. ［古希腊］亚里士多德：《政治学》，吴寿彭译，商务印书馆 1965 年版。

16. ［意］彼德罗·彭梵得：《罗马法教科书》，黄风译，中国政法大学出版社 1992 年版。

17. 周望：《中国"政策试点"研究》，天津人民出版社 2013 年版。

18. 《陈云文选》（第三卷），人民出版社 1995 年版。

19. 中共中央文献研究室编：《十三大以来重要文献选编》（上册），人民出版社 1991 年版。

20. 中共中央文献研究室编：《十四大以来重要文献选编》（上册），人民出版社 1996 年版。

21. 孙国华：《法的形成与运作原理》，法律出版社 2003 年版。

22. ［美］本杰明·卡多佐：《司法过程的性质》，苏力译，商务印书馆 1998 年版。

23. ［美］布赖恩·贝利：《比较城市化》，顾朝林等译，商务印书馆 2010 年版。

24. ［英］梅因：《古代法》，沈景一译，商务印书馆 1959 年版。

25. 周枏：《罗马法原论》（上册），商务印书馆 1994 年版。

26. ［德］卡尔·拉伦茨：《德国民法通论》（上），王晓晔、邵建东、程建英、徐国建、谢怀栻译，法律出版社 2003 年版。

27. ［德］迪特尔·梅迪库斯：《德国民法总论》，邵建东译，法律出版社 2000 年版。

28. ［英］休谟：《人性论》，关文运译，商务印书馆 1981 年版。

29. 彭万林主编：《民法学》，中国政法大学出版社 2002 年版。

30. 韩俊主编：《中国农村土地问题调查》，上海远东出版社 2009 年版。

31. 曹杰：《中国民法物权论》，中国方正出版社 2004 年版。

32. 全国人大常委会法制工作委员会民法室编：《中华人民共和国物权法：条文说明、立法理由及相关规定》，北京大学出版社 2007 年版。

33. 《建国以来重要文献选编》第 12 册，中央文献出版社 1996 年版。

34. 房维中主编：《中华人民共和国经济大事记（1949—1980）》，中国社会科学出版社 1984 年版。

35. 刘俊：《中国土地法理论研究》，法律出版社 2006 年版。

36. 丁关良：《农村土地承包经营权初论》，中国农业出版社 2002 年版。

37. 张红宇：《中国农村的土地制度变迁》，中国农业出版社 2002 年版。

38. 陈小君等：《农村土地法律制度研究——田野调查解读》，中国政法大
    学出版社 2004 年版。

39. 孟勤国、张里安主编：《物权法》，湖南大学出版社 2006 年版。

40. 胡昌银：《土地承包经营权的物权法分析》，复旦大学出版社 2004
    年版。

41. 梅夏英、高圣平：《物权法教程》，中国人民大学出版社 2010 年版。

42. 林诚二：《民法理论与问题研究》，中国政法大学出版社 2000 年版。

43. 朱岩、高圣平、陈鑫：《中国物权法评注》，北京大学出版社 2007
    年版。

44. 吴清旺：《房地产开发中的利益冲突与衡平——以民事权利保障为视
    角》，法律出版社 2005 年版。

45. 徐永前主编：《农民专业合作社法 100 问》，企业管理出版社 2007
    年版。

46. 刘凯湘：《民法总论》，北京大学出版社 2006 年版。

47. 王利明：《国家所有权研究》，中国人民大学出版社 1991 年版。

48. 孟勤国：《物权二元结构论》，人民法院出版社 2004 年版。

49. 左平良：《土地承包经营权流转法律问题研究》，中南大学出版社
    2007 年版。

50. 梁慧星：《民法学说判例与立法研究》（二），国家行政学院出版社
    1999 年版。

51. 柴强：《各国（地区）土地制度与政策》，北京经济学院出版社 1993
    年版。

52. 沈守愚：《土地法学通论》（下册），中国大地出版社 2002 年版。

53. 程信和：《房地产法学》，中国人民公安大学出版社 2003 年版。

54. 巴里·卡林沃思、文森特·纳丁：《英国城乡规划》，陈闽齐等译，东
    南大学出版社 2011 年版。

55. 杨惠：《土地用途管制法律制度研究》，法律出版社 2010 年版。

56. 马克斯·韦伯：《非正当性支配》，康乐、简惠美译，广西师范大学出

版社 2011 年版。

57. ［美］哈罗德·J. 伯尔曼：《法律与革命：西方法律传统的形成》
（第一卷），贺卫方、高鸿钧、张志铭、夏勇译，法律出版社 2008
年版。

58. 梁慧星、陈华彬：《物权法》，法律出版社 2003 年版。

59. ［美］史蒂文·C. 布拉萨：《公有土地租赁制度——国际经验》，康
宇雄译，商务印书馆 2007 年版。

60. ［德］G. 拉德布鲁赫：《法哲学》，王朴译，法律出版社 2005 年版。

61. 梁上上：《利益衡量论》，法律出版社 2013 年版。

论　文

1. 高圣平、刘守英：《集体建设用地进入市场：现实和法律困境》，《管
理世界》2007 年第 3 期。

2. 刘俊：《农村宅基地使用权制度研究》，《西南民族大学学报》（人文社
科版）2007 年第 3 期。

3. 朱岩：《"宅基地使用权"评释——评〈物权法草案〉第十三章》，《中
外法学》2006 年第 1 期。

4. 孟勤国：《物权法开禁宅基地交易之辩》，《法学评论》2005 年第 4 期。

5. 韩世远：《宅基地的立法问题——兼析物权法草案第十三章"宅基地使
用权"》，《政治与法律》2005 年第 5 期。

6. 陈小君、蒋省三：《宅基地使用权制度：规范解析、实践挑战及其立法
回应》，《管理世界》2010 年第 10 期。

7. 汪晖、陶然：《论土地发展权转移与交易的浙江模式制度起源、操作模
式及其重要含义》，《管理世界》2009 年第 8 期。

8. 万国华：《宅基地换房中的若干法律问题》，《中国房地产》2009 年
第 3 期。

9. 曹俊英：《关于小产权房合法化的思考》，《江苏警官学院学报》2008
年第 3 期。

10. 赵海萍：《小产权房合法化问题的立法探讨》，《湖南农业大学学报》
（社会科学版）2009 年第 2 期。

11. 杨海静：《小产权房拷问〈物权法〉》，《河北法学》2009 年第 9 期。

12. 任辉：《利益衡量视角下"小产权房"的出路探究》，《西南政法大学

学报》2009 年第 1 期。

13. 鲁晓明：《论小产权房流转——原罪的形成与应然法的选择》，《法学杂志》2010 年第 5 期。

14. 黄忠：《地票交易的地役权属性论》，《法学》2013 年第 6 期。

15. 朱兴祥：《法律突破与利益均衡——农村土地使用权"两分两换"制度路径探索》，《法治研究》2009 年第 8 期。

16. 张鹏、刘春鑫：《基于土地发展权与制度变迁视角的城乡土地地票交易探索——重庆模式分析》，《经济体制改革》2010 年第 5 期。

17. 江必新：《法治思维——社会转型时期治国理政的应然向度》，《法学评论》2013 年第 5 期。

18. 孟勤国：《论当今中国的双轨法制》，《当代法学研究》1988 年第 2 期。

19. 孟勤国：《关于政策法的若干问题研究》，《天津社会科学》1990 年第 1 期。

20. 张建伟：《"变法"模式与政治稳定性——中国经验及其法律经济学含义》，《中国社会科学》2003 年第 1 期。

21. 徐国栋：《权利能力制度的理想与现实——人法的英特纳雄耐尔之路》，《北方法学》2007 年第 2 期。

22. 徐国栋：《人身关系流变考（上）》，《法学》2002 年第 6 期。

23. 付翠英：《人格·权利能力·民事主体辨思——我国民法典的选择》，《法学》2006 年第 8 期。

24. ［日］星野英一：《私法中的人——以民法财产法为中心》，王闯译，《民商法论丛》1997 年第 8 卷。

25. 王泽应：《论人的尊严的五重内涵及意义关联》，《哲学动态》2012 年第 3 期。

26. 王崇敏、孙静：《农村宅基地使用权流转析论》，《海南大学学报》（人文社会科学版）2006 年第 2 期。

27. 陈建贞：《如何走出农村私有房屋买卖的困境——谈非集体组织成员能否成为农村私有房屋买卖合同的买主》，《人民司法》2007 年第 1 期。

28. 黄宗殿、王军：《农村房屋是否可以自由买卖》，《河南公安高等专科学校学报》2006 年第 2 期。

29. 应秀良：《农村房屋买卖合同效力辨析》，《法律适用》2009 年第 7 期。

30. 高巧丽、刘欣：《农村房屋买卖法律问题探究》，《合作经济与科技》2008 年 5 月号下。

31. 孟勤国：《禁止宅基地转让的正当性和必要性》，《农村工作通讯》2009 年第 12 期。

32. 李文谦、董祚继：《质疑限制农村宅基地流转的正当性——兼论宅基地流转试验的初步构想》，《中国土地科学》2009 年第 3 期。

33. 王洪亮：《小产权房与集体土地利益归属论》，《清华法学》2009 年第 5 期。

34. 李长健、邵江婷、张磊：《"三农"视野下的我国小产权房法律问题研究》，《三峡大学学报》（人文社会科学版）2008 年第 4 期。

35. 扈映、米红：《经济发展与农村土地制度创新——浙江省嘉兴市"两分两换"实验的观察与思考》，《农业经济问题》2010 年第 2 期。

36. 诸培新、曲福田、孙卫东：《农村宅基地使用权流转的公平与效率分析》，《中国土地科学》2009 年第 5 期。

37. 韩松：《农村建设中土地流转的现实问题及其对策》，《中国法学》2012 年第 1 期。

38. 万国华：《宅基地换房中的若干法律问题》，《中国房地产》2009 年第 3 期。

39. 宁清同：《农村宅基地使用权的有条件流转探析》，《河南省政法干部学院学报》2008 年第 3 期。

40. 王军：《宅基地有限自主流转的可行路径》，《农村经济》2009 年第 3 期。

41. 宋刚、马俊驹：《农业专业合作社若干问题研究》，《浙江社会科学》2007 年第 5 期。

42. 陈彦晶：《论农民专业合作社的财产权》，《云南大学学报》（法学版）2007 年第 3 期。

43. 葛云松：《股权、公司财产权性质问题研究》，《民商法论丛》（第 11 卷），法律出版社 1998 年版。

44. 梁慧星：《论企业法人与企业法人所有权》，《法学研究》1981 年第 1 期。

45. 佟柔、史际春：《我国全民所有制企业"两权分离"的财产权结构》，《中国社会科学》1990 年第 3 期。

46. 郭富青：《合作社公司化发展趋向：合作社的终结或是制度创新》，《公司法评论》2006 年第 3 辑。

47. 崔建远：《行政合同之我见》，《河南省政法管理干部学院学报》2004 年第 1 期。

48. 余凌云：《论行政契约的含义——一种比较法上的认识》，《比较法研究》1997 年第 3 期。

49. 梁红霞、郭勇：《行政契约的识别标准探析》，《行政与法》2003 年第 7 期。

50. 余凌云：《行政法上的假契约现象——以警察法上各种责任书为考察对象》，《法学研究》2001 年第 5 期。

51. 孙笑侠：《契约下的行政——从行政合同本质到现代行政法功能的再解释》，《比较法研究》1997 年第 3 期。

52. 胡兰玲：《土地发展权论》，《河北法学》2002 年第 2 期。

53. 刘国臻：《论我国设置土地发展权的必要性和可行性》，《河北法学》2008 年第 8 期。

54. 宋国明：《英国土地规划管理》，《国土资源情报》2010 年第 12 期。

55. 张新平：《试论英国土地发展权的法律溯源及启示》，《中国土地科学》2014 年第 11 期。

56. 程雪阳：《土地发展权与土地增值收益的分配》，《法学研究》2014 年第 5 期。

57. 陈柏峰：《土地发展权的理论基础和制度前景》，《法学研究》2012 年第 4 期。

58. 白永秀、王颂吉：《由"被动城市化"到"主动城市化"——兼论城乡经济社会一体化的演进》，《江西社会科学》2011 年第 2 期。

59. 孙建波、黄旭平：《周期与转型的双重过渡：后危机时代经济形势和投资环境前瞻》，《世界经济与政治论坛》2010 年第 2 期。

60. 李强：《中国城市化进程中的"半融入"与"不融入"》，《河北学刊》2011 年第 5 期。

61. 蔡昉：《城市化与农民工的贡献——后危机时期中国经济增长潜力的思考》，《中国人口科学》2010 年第 1 期。

62. 金励、梁彤:《集体建设用地使用权流转绩效之探索——以广东省改革实践为视角》,《理论月刊》2011 年第 10 期。

63. 高富平:《推进农村建设用地改革,实现农村自主发展——城乡一体化背景下的农村土地制度改革思考》,载中国(海南)改革发展研究院主编:《"十二五":城乡一体化趋势与挑战》,中国长安出版社 2010 年版。

64. 李开国:《我国城市建设用地使用权的完善》,《现代法学》2006 年第 2 期。

65. 吴建瓴、蒋青:《同地同权同价之前提条件分析及实现路径》,《经济体制改革》2008 年第 6 期。

66. 韩松:《集体建设用地市场配置的法律问题研究》,《中国法学》2008 年第 3 期。

后 记

柏拉图说，沉思带来快乐。然而，世人只看到沉思者的白发和落寞，惟沉思者自己乐此不疲。萦绕在脑海的每一缕思绪，流淌在笔尖的每一个句子，都是沉思者快乐的源泉。

这年头，文章能发表，书能出版，读书人已然感觉幸福，如若还能收到稿费、甚或得到出版资助，那足以让作者倍感荣耀。浙江省社会科学界联合会全额重点资助我的书在中国社会科学出版社出版，对我而言，这不是短暂的快乐，而是一生的荣誉。

感谢匿名的、素未谋面的专家评审。公正的评审必将在被评审者的心中种下公正的种子。感谢浙江省社会科学界联合会。还有什么比资助出版更能彰显对知识分子的尊重？感谢中国社会科学出版社。你们让我这样默默无闻的作者也能戴上知名出版社的桂冠。

这本书是我扎根生活的产物。从2008年到嘉兴市七星镇东进村参与宅基地置换入户动员工作算起，陆续已有八年多了。开始是对"生活中的法律"与"书本上的法律"的差异感到诧异，后来是专注于发现生活中的法律。等我把《中国宅基地立法基本问题研究》和《中国宅基地权利发展研究》这两本书写完时，才发现身边的学友已登上法律的高山，而我依然在山脚下的宅基地上转悠。

有朋友揶揄我每年都申报有关宅基地的研究课题，说研究这么多年都还没研究出个成果来，看来没必要再研究了。我说我智力中等偏下，只能慢慢来。一边要教学、一边要调研、一边要读书，只能慢。不仅要慢，还要坚持。虽然有了两本关于宅基地法律的书，但我依然还会继续钻研它，希望能写出第三本、第四本。

即使我终其一生，专"格"宅基地这一"物"，也未必能探究出真知。因此，我并不"格"宅基地的全部原理，只"格"宅基地法律，期待能"格"出宅基地权利的某些道理。

　　如果有一天我终于有幸"格"出了宅基地法理，我相信，我"格物"的方法和心路历程一定会影响我的学生。我不确定，我的学生会不会喜欢我这一套。也许他们更热衷于学习"七十二般变化"而不屑于"面壁格物"。但我可以骄傲地说，我从我的业师孟勤国那里学到了"格物"的快乐。

向勇

2015 年 6 月 18 日